法学・憲法要説

斎藤靜敬・覺正豊和 著

八千代出版

は し が き

　今日、法治国家に暮らすわれわれの日常社会生活は、好むと好まざるとを問わず、意識すると意識しないとを問わず、つねに法的な判断を要求される数多くの具体的事例の連続であるといえる。したがって、現代社会においては、法学的素養を身につけることは必須であるといわなければならない。すなわち、法のもつ役割および法の必要性、すなわち法とは一体何であるかを理解しておくことが求められている。

　近年、わが国では、憲法の改正論議が盛んに行なわれており、立憲主義、集団的自衛権をはじめ基本的人権保障のあり方にまで及んでいる。2014（平成26）年6月には「日本国憲法の改正手続に関する法律（国民投票法）」が改正・施行され、国民投票法の具体的手続きが定められるなど、憲法改正への動きが高まっている状況であるといえる。

　このような法を取り巻く状況の変化に対応するため、2014年に発行した『法学・憲法（新訂版）』では多岐にわたる加筆修正を施したところであるが、今般、さらなる改訂を行ない、『法学・憲法要説』と書名を新たにし発行することとした。

　本書は『法学・憲法（新訂版)』の理論構成を基軸としている。すなわち、一般に公刊されている多くの法学・憲法の教科書の領域をあえて越えるところはないが、必要にして最小限度修得しておかなければならない法的基礎知識についてできる限り体系的な記述を試みている。そして、本書を通じて、法的認識、法的思考、法的判断という、いわゆる「法律的なものの考え方（legal mind)」、また、国家の最高法規である憲法について、しっかりと身につけてほしいというところに著者の願いがある。

　本書は、第1編法学総論、第2編憲法の2編からなりたっており、入門者を法学の世界へと導く基礎法要論ともいうべき構成をとっている。一般教養科目としての法学を学ぶ大学の学生はもちろんのこと、はじめて法学を勉強する者の入門書としても大いに役立つことだろう。記述は、可能な限り平明

にし、誰にでも理解できるような理論的展開を心がけたつもりである。また、巻末には資料として、日本国憲法、大日本帝国憲法および、日本国憲法にとっても大きな存在であるアメリカ合衆国憲法を掲載した。

　本書の性質から、本文中に文献の引用、参照などいちいちその出典は意識的に示していないが、先学諸氏の著書・論文からの御教示を受けるところが非常に大きいことはいうまでもない。ここに、記してその学恩に厚く御礼を申し上げる次第である。

　最後に、本書を出版するにあたり、終始格別の御配慮にあずかった八千代出版社長森口恵美子氏をはじめ、編集部の皆様方に対して心から感謝の意を表するものである。

　平成 30 年　春

　　　　　　　恩師のシーアイヴィラ那須高原 II・ラムダにて

　　　　　　　　　　　　　　　　　　　　　　　著　　者

iii

目　　次

はしがき　i

第1編　法学総論

第1章　法の概念 ………………………………………3

第1節　法とはなにか …………………………………3

　　1　法の本質　3　　2　法と法則　4

第2節　法と道徳 ……………………………………6

　　1　序　6　　2　法と道徳との差異　7　　3　法と道徳との関係　9

第3節　法の構造 ……………………………………9

第2章　法の目的 ………………………………………12

第1節　法の理念としての正義 ………………………12

第2節　法的安定性 …………………………………15

第3章　法と国家 ………………………………………17

第1節　国家の起源 …………………………………17

第2節　国家の構成要素 ……………………………19

　　1　国民　19　　2　領域　20　　3　主権　21

第3節　国家の形態 …………………………………22

　　1　君主制国家と共和制国家　22　　2　専制国家と立憲国家　22

　　3　単一国家と連邦国家　23　　4　直接民主制と間接民主制　23

第4章　法の淵源 ………………………………………25

第1節　成文法 ………………………………………25

　　1　憲法　26　　2　法律　27　　3　命令　30　　4　規則　32

　　5　自治法規　33　　6　条約　34

iv　目　次

　　第 2 節　不　文　法 ……………………………………………………34

　　　　1　慣習法　35　　　2　判例法　40　　　3　条理　43

第 5 章　法 の 分 類 …………………………………………………44

　　第 1 節　公法と私法および社会法 ………………………………44

　　　　1　公法と私法　44　　　2　社会法　46

　　第 2 節　一般法と特別法 ……………………………………………47

　　第 3 節　実体法と手続法 ……………………………………………47

　　第 4 節　強行法と任意法 ……………………………………………48

　　第 5 節　固有法と継受法 ……………………………………………49

　　第 6 節　国内法と国際法 ……………………………………………50

　　　　1　国内法と国際法　50　　　2　国内法と国際法との関係　50

　　第 7 節　自然法と実定法 ……………………………………………51

　　　　1　自然法　51　　　2　実定法　52

第 6 章　法の適用と解釈 ……………………………………………53

　　第 1 節　法 の 適 用 …………………………………………………53

　　　　1　法の適用の意義　53　　　2　事実の確定　53

　　　　3　法を適用する手続　55　　　4　法を適用する機関　56

　　第 2 節　法 の 解 釈 …………………………………………………58

　　　　1　法の解釈の必要性　58　　　2　概念法学と自由法論　59

　　　　3　法の解釈　61

第 7 章　法 の 効 力 …………………………………………………66

　　第 1 節　法の実質的効力 ……………………………………………66

　　　　1　法の妥当性と実効性　66　　　2　法の効力の根拠　67

　　　　3　悪法もまた法である　70

　　第 2 節　法の形式的効力 ……………………………………………71

　　　　1　時に関する効力　72　　　2　場所に関する効力　75

目　　次　　*v*

　　3　人に関する効力　76

第8章　権利と義務 ……………………………………………78

第1節　法 律 関 係 ………………………………………78

第2節　権　　　利 ………………………………………79

　　1　法と権利　79　　2　権利の概念　79　　3　権利の分類　81

　　4　権利の行使　84

第3節　義　　　務 ………………………………………89

　　1　義務の概念　89　　2　権利と義務との関係　90

　　3　義務の分類　90

第4節　権利義務の主体と客体 ………………………………91

　　1　権利義務の主体　91　　2　権利義務の客体　92

第2編　憲　　　法

第1章　序　　　説 ……………………………………………97

第1節　憲法の概念 ………………………………………97

　　1　憲法の意義　97　　2　憲法の種類　98

　　3　憲法改正手続による分類　99　　4　憲法の改正と変遷　99

第2節　日本国憲法 ………………………………………100

　　1　大日本帝国憲法の成立　100　　2　日本国憲法の制定　101

第3節　日本国憲法の基本原理 ………………………………104

　　1　国民主権主義　104　　2　永久平和主義　105

　　3　基本的人権尊重主義　106

第4節　三権分立主義 ……………………………………107

第2章　天　　　皇 ……………………………………………109

第1節　天皇の地位 ………………………………………109

　　1　象徴としての天皇　109　　2　皇位の継承　110

第2節　天皇の権能 ………………………………………111

vi　目　　次

　第3節　摂　　　政 ………………………………………………113

　第4節　皇室の経済 ………………………………………………114

　　　1　皇室財産の国有化　114　　　2　皇室の費用　114

　　　3　皇室の財産授受　115

第3章　戦争の放棄 …………………………………………………116

　第1節　平和主義と戦争放棄 …………………………………116

　第2節　戦争の放棄 ……………………………………………117

　　　1　戦争の放棄　117　　　2　交戦権の否認　118

　第3節　戦力の放棄 ……………………………………………118

　　　1　前項の目的の意義　118　　　2　戦力の意義　119

　　　3　自衛権　120

第4章　基本的人権の保障 …………………………………………123

　第1節　基本的人権の概念 ……………………………………123

　　　1　基本的人権　123

　　　2　大日本帝国憲法と日本国憲法との基本的人権保障の差異　125

　第2節　基本的人権の一般的原則 ……………………………126

　　　1　基本的人権の一般原理　126　　　2　基本的人権と公共の福祉　127

　第3節　基本的人権の種別 ……………………………………128

　　　1　平等権　128　　　2　自由権　132　　　3　社会権　148

　　　4　参政権　152　　　5　請求権　153

　第4節　国民の義務 ……………………………………………154

　　　1　教育の義務　154　　　2　勤労の義務　154　　　3　納税の義務　155

第5章　国　　　会 …………………………………………………156

　第1節　国会の地位 ……………………………………………156

　　　1　国民の代表機関　156　　　2　国権の最高機関　156

　　　3　唯一の立法機関　157

目　　次　*vii*

第2節　国会の構成 ………………………………………………158

　1　二院制　158　　2　組織上の区別　158　　　3　権限の優劣　159

　4　活動上の関係　160

第3節　国会の活動 ………………………………………………160

　1　会期　160　　2　会議の諸原則　163

第4節　国会の権能 ………………………………………………165

　1　国会の権能　165　　2　議院の権能　166

第5節　国会議員の地位 …………………………………………167

　1　議員の地位の得喪　167　　2　議員の権能　167

　3　議員の特権　168

第6章　内　　　閣 ………………………………………………169

第1節　内閣の地位 ………………………………………………169

　1　行政権の主体としての内閣　169　　2　議院内閣制　169

第2節　内閣の組織 ………………………………………………170

　1　内閣総理大臣　171　　2　国務大臣　172

　3　内閣の総辞職　172

第3節　内閣の権能 ………………………………………………173

第4節　内閣の責任 ………………………………………………174

第7章　裁　判　所 ………………………………………………175

第1節　司　法　権 ………………………………………………175

　1　司法権の意義　175　　2　司法権の独立　176

第2節　裁判所の組織 ……………………………………………177

　1　裁判所の種類と審級　177　　2　最高裁判所　178

　3　下級裁判所　179

第3節　違憲立法審査権 …………………………………………182

第4節　裁判の公開 ………………………………………………183

第8章　地方自治 ……………………………………………………184

第1節　地方自治の基本原則 ………………………………………184

第2節　地方公共団体 ………………………………………………184

　　1　地方公共団体　184　　2　地方公共団体の機関　185

　　3　地方公共団体の権能　185

第3節　地方自治特別法 ……………………………………………186

第9章　憲法の改正 ……………………………………………………187

第1節　憲法改正の意義 ……………………………………………187

第2節　憲法改正の手続 ……………………………………………187

第3節　憲法改正の限界 ……………………………………………190

第10章　最高法規 ………………………………………………………191

第1節　基本的人権の確保 …………………………………………191

第2節　最高法規性と国際条約の遵守 ……………………………192

　　1　憲法の国家の最高法規性　192　　2　国際条約等の遵守　192

第3節　憲法の尊重擁護義務 ………………………………………193

資　　料

　　日本国憲法　196　　大日本帝国憲法　205

　　アメリカ合衆国憲法　209

主要参考文献　221

索　　引　223

第1編

法学総論

第1章　法 の 概 念

　法学を学ぶにあたって最初に当面する課題は、法（law, Recht, droit）とはなんであるか、ということである。この問題は法学における最も基本的で重要な問題とされている。そして昔から数多くの学者によってその解明が試みられてきているが、今日なお一致する理論はみられていない。ドイツの哲学者カント（Immanuel Kant, 1724〜1804）は、この事態をさして、「法学者は今もなお法の概念についての定義を探し求めている」と称したが、そのように法とはなんであるかは困難な問題である。

　すなわち、法とはなにかというこの問いは、法学の全体を学んだ後に初めて答えられるべき最後の問題なのである。そうすると、これは法学を学ぶ者の出発点であると共に、究極の目標ということになる。

第1節　法とはなにか

1　法 の 本 質

　人間は、本来「社会的動物」（zoon politikon）〔アリストテレス〕であって、共同社会秩序の中に生まれそこで育ちそこで暮らす集団的存在すなわち、社会的存在である。精神生活でも、物質生活においても、他人との交渉（有機的連関）をもつことによってのみ、人間としての生活を営むものであり、人間はまったくの意味では孤独たりえないものである。だから他の人間と無関係に存在するロビンソン・クルーソー的な人間は、擬制的な存在としては考えられるが、現実的なものではない。人間が人間として生きる限り、社会生活は、彼にとって一種の必然であり、社会生活は人間の本性にもとづくもの

なのである。しかしながら、人間には利己的、あるいは反社会的性向を内在している一面のあることを忘れてはならない。そうすると、共同の社会生活を維持するためには、一定の秩序が必要になる。したがって社会規範としての法の役割も不可欠になるのである。そこで法とは、社会の共同生活を規律するための規範（Norm）ということになる。

「社会あるところ法あり」(Ubi societas, ibi ius) といわれるけれども、すべての社会規範が法なのではない。社会は、法以外の道徳、宗教、習俗、あるいは愛情、人情等のつながりで結ばれ、それらによって円満に秩序立てられているのである。しかし人間社会は非常に複雑であって、これらの道徳とか、愛情によっては律しえない対立や、利害関係をもっている。そうすると、社会は政治権力的な統一と規律がなければ秩序を維持することはできない。法はこのような対立や、紛争を調整する社会規律の規範である。現在、国家は各種の社会のうちで、最も強力な統一的中心権力をもつ社会であり、その意味で法は、他の規範と異なり、国家という政治的に組織された社会の規範であるということになる。

それに、法は国家権力によって強制される規範である。これが法の本質的契機である。法の法たるゆえんは、人に対して必ずこれに従うべきことを要求しその違反に対して一定の不利益すなわち強制力を発動して自らの意思（法の目的）を実現することにある。イェーリング（Rudolf von Jhering, 1818~1892) は、「法的強制を欠く法は、それ自身が矛盾であり、燃えざる火、照らない灯のようなものである」といっている。

2 法と法則

法は社会生活の規範であり、秩序の維持のために存在するものである。そこで「法とはなにか」をよりよく理解するために、法と法則について説明をしてみたいと思う。法という名称はきわめて広く、まず法則として理解されているところである。広い意味の法則の中には、自然法則も含まれるが、同じ法則であっても、法すなわち規範と自然法則は厳に区別して考えなければならない。

自然法則とは、地球が自転するとか、春夏秋冬が繰り返しめぐってくるとか、水を摂氏 100 度以上に熱すれば沸騰するというように、自然の世界の出来事の間の関係を一定の条件のもとでは特定の原因が必ず特定の結果を生ずる、という因果律を示しているもので、それは事実の世界に属するものである。そこで自然法則は、人間の意思から独立して生起する客観的過程を反映して、「……である」という説明の形で「存在」(Sein) として表現されるもので、それは存在の法則である。ある原因が与えられれば、必ずある結果をひきおこすので、「必然」(Müssen) の法則でもある。

　これに対して法は、他人のものを盗んではならないとか、借りた金銭は返さなければならないとかいうように、社会の秩序を維持するため、人の意思にもとづいて「……してはならない」(禁止)、あるいは「……しなければならない」(命令) 等の形で人間に対しまさになすべきこと「当為」(Sollen) を定めている。法は当為の法則である。

　法すなわち規範は、事実と不一致にもかかわらず妥当する法則である。その意味で当為の法則は、価値の世界のルールである。規範は、当為を示し、それに対する違反行為に結果としての責任を帰属させるもので、それはつねに、違反の可能性を予定しているものである。違反のおそれや、命令の必要のない事柄は、当為の内容たりえないから法はこれに無関心であり放置している。「食え・飲め」と命ずる法が存在しないのはそのためである。それに、法はなにもよりも通常人または平均人を対象とした規範であり、通常人の守りうる可能性の範囲において当為を強制する規範である。

　ところで、純粋法学 (Reine Rechtslehre) の創唱者として世界的に有名なケルゼン (Hans Kelsen, 1881~1973) は、この法と法則との問題について独特の見方をしているので傾聴してみよう。法の場合は、要件と効果とが結びつけられ、法則は原因と結果とが結びついている。しかし両者の結びつきは異なる。法の場合の要件と効果との結びつきは、自然法則特有の因果関係が欠けているのである。たとえば、他人の物を盗んだという事実から必然的に罰せられるということにはならない。他人の物を盗むという要件と罰せられるという効果との結びつきは、因果関係ではなく特殊の関係であり、帰属 (Zurechnung）の関係だとする。すなわち、他人の物を盗んだ者は、罰せられる（因果関係）のではなくて、罰せられなければならない（帰属関係）のである。しかし法の世界においての当為は、ケルゼンのように他人の物を盗んだ者は罰せられなければならないということをいっているのではなく、他人の物を盗んではならないという事態をさしているのである。彼の理論は、当為の世界と存在の世界との間に明確な一線を引き、法なるものを当為すなわち規範としての側面からのみ考察しようとするものである。しかし法は、一面では当為としての性格をもつと同時に、他面では存在としての性格をもつものであり、換言するなら、それは規範と事実の二元的な領域にまたがった立体的な構造をもつ秩序態なのである。

第2節　法と道徳

1　序

　法は、道徳（moral, Moral, morale）、宗教、習俗と共に人間共同生活における社会規範の一種である。これらの規範は、その担う領域、役割こそ異なるものの、社会にとって欠くことのできない重要な使命をはたしている。これら社会規範のうちで、特に重要な意味をもっているのは、法と道徳である。法と道徳とは、原始時代には、混然としており判然と区別することは不可能とされていた。人々が国家社会を組織し始めた頃から両者の区別についての理論的考察が試みられるようになったが、体系的には認識されず、両者を体系的に研究したのは、18世紀ドイツの代表的な哲学者カントである。彼は、行為の道徳性（Moralität）と合法性（Legalität）とに着眼し、両者を区別しようとした。法と道徳との両者の間にはいかなる差異があるのか、またいかなる関係があるのだろうか。これらの課題は、法律、哲学上の最も基本的な中心問題としてすでに二千年来、多数の学者によって議論されてきた。19世紀の著名な法学者イェーリングは、これを「法哲学のホーン岬」（Cape Horn der Rechtsphilosphie）と呼んでいる。

2 法と道徳との差異

　法と道徳との完全な区別は困難である。両者の差異をどこに求めるかについては、従来からいろいろな学説があり、それぞれ根拠をもっているものであるが、その主なものをとりあげて紹介することにする。

1）法は人の外面的な行為や態度を規律するが、道徳は人の内面的な意思または心情を規律するとの説

　法と道徳とは、規律の対象を異にするという見解であり、別の名を対象説ともいわれている。法の支配する領域は、人の外面的な身体の運動であるが、これに反し道徳のそれは、人間の内面的な意思の作用である。すなわち「法の外面性、道徳の内面性（Äusserlichkeit des Rechts, Innerlichkeit der Sittlichkeit）という言葉で表されている。この見解は、人の行為や態度と人の意思または心情を内外2面に明確に分けているものの、法は、単に外面的な行為や態度ばかりでなく、場合によっては内面的な意思または心情をも規律しており、たとえば法が刑罰を科したり、民事上の責任を負わせたりする場合に責任能力、故意、過失等を要求している。道徳も、単に内面的なものばかりでなく、外面的なものをも規律するもので、この点が非難されるところである。

2）法は経験的な規範であるが、道徳は先験的な規範であるとの説

　法は、国家機関によって制定されたり、あるいは社会全体または社会の一部で慣習として行なわれているが、これは経験的な事実にもとづいて成立しているものである。これに対し道徳は、先験的な理性を源泉として生まれるのである。要は、真の道徳は先験的なものでなければならないとし、経験的なものから生まれた道徳は、真の意味の道徳ではないというのであるが、実際には、道徳もまた経験的規範であるといわざるをえない。

3）法は現実にもとづく規範であるが、道徳は理想をめざす規範であるとする説

　法は事実に対して不即不離の関係にあるもので、法は現実に行なわれているもの、あるいは行なうことのできるものがその内容になるもので、通常の判断力をもつ人間、いわゆる平均人（l'homme moyen）を対象にしているのに

8　第1編　法学総論

対し、道徳は、事実から遠い距離にあって世俗の現実を超絶した平均人には
とうてい守りえないような純粋な理想をかかげるものである。この説は、確
かに両者の特異性の一面を示しているが、あまりにも具体性を欠き両者の決
定的な相違を明らかにする基準とはなりえない。

4）法は単に行為の適法性（Legalität）を要求するにすぎないが、道徳は行　為の道徳性（Moralität）を要求するとの説

　法と道徳とは、その行為の動機を異にするという見解であり、カントが主
張したもので別の名を動機説ともいわれている。法は、外面に現れた行為が
心理的動機すなわち自発的に行為が行なわれるかどうか無関係に規範に合致
することを要請するのである。これに対して、道徳は行為の心理的動機すな
わち純粋な気持にもとづき、自発的に行為をすることが規範に合致すること
を要請するものである。交通道徳、公衆道徳等は、単に適法性を充たすだけ
で十分に道徳的であり、この意味で法と道徳とを区別することはできない。

5）法は強制を伴うが、道徳は強制を伴わないとする説

　法と道徳とは、その意味する強制を異にするという見解で、別の名を強制
説ともいわれている。法は強制権能によって実効化される規範であるが、道
徳はその遵守を個人の良心に負わせて強制を加えることはない。強制の意味
を広く解すれば、道徳にも一種のいわゆる心理的強制を見い出すことはでき
るが、それはあくまでも内面の精神的過程を媒介とするものである。この見
解は、強制という要素の有無によって両者の区別をするものであり、「法の
前に権力がある」（Macht geht vor Recht）といわれるように、法にはその実現
が国家の強制力によって保障されているところに特色がみられるものである。

　以上の諸学説は、いずれも法と道徳との差異を説明したものであるが、要
するに道徳は善の理念に指導され人格そのものの完成をめざし、法において
は、正義それに奉仕し人格者と人格者との関係そのものを規律するのである。
法を道徳から分かつ基本的な基準として、まず法の外面性、道徳の内面性に
求め、他は強制の有無に本質的な差異を見い出すことができるのである。

3　法と道徳との関係

　法は道徳と本質的に差異があり、区別されるが、それは同時に道徳と密接な協同関係をもっているものである。法と道徳とは概して一致する場合が多いものである。

　法は道徳とその領域を異にするが、道徳の基本原則に従ってその要素を法規範の中にとり入れている。たとえば、人を殺してはならない、他人の物を盗んではならない、約束は守らねばならないということは道徳であるが、このような道徳は同時に法の内容とされている。法は、道徳によって支持されるときに最も強力なのであり、道徳に反する法は、法としての価値にとぼしいものである。ただし、注意することは、すべての道徳が法として成立するものではないということである。高度の道徳をそのまま法とすることは、かえって国民を萎縮させ、弊害を生む結果になる。道徳のうちで社会にとって本当に必要なもののみが、とりだされてそして法になるのであり、その意味でドイツの法学者イェリネック（Georg Jellineck, 1851～1911）が、法は「道徳の最少限度」（ethisches Minimum）を保障するものであるといったが、まさにそのとおりである。

　つぎに、法と道徳とは重複しあっているが、必ずしも一致するものではなく、法の中には道徳的に無色なものも少なくない。たとえば、道路は右側を通行せよ、ということがあるが、これは本来道路とはなんの関係もないことで、右側通行が道徳的であるとはいえない。交通整理とか、衝突を避けるためにつくられたいわば技術的な規範なのである。いうならば、両者は相交錯する2つの円のような関係にあるものである。

第3節　法の構造

　法は、国家の強制力によってその規範を現実の社会に実現しようとする。道徳を始め、他の規範と区別する主要な基準もまたここにあった。通常の法律は、つねに強制規範の形をとって表現されているものである。たとえば、

刑法で「人を殺した者は、死刑又は無期若しくは5年以上の懲役に処する」（第199条）としているが、これは、人を殺した者に対していかなる強制すなわち刑罰を加えるものかを定めているもので、強制的効果を端的に規定している。このような強制規範には、ある行為を命令しまたは禁止する行為規範が先行しており、それはその背後に前提されて表面に現れない場合が多いのである。すなわち法は、一方においては「なにをしなければならない」（命令）かまたは「なにをしてはならない」（禁止）かを示すと同時に、他方では「いかなる強制によってこれを実現させる」または「いかなる強制を加える」かを示し、強制効果は当為の違反行為に対して帰せられるのであり、論理必然的に行為規範を前提としているものである。したがって、この条文は直接には強制規範を規定し、間接には行為規範を規定しているのである。道徳が単に行為規範（単層構造）であるのに対し、法は本質的にみて行為規範と強制規範との複合体からなりたつもので、これを法の重層構造という。法の法たるゆえんは、基本的な形として重層的な構造をもっているのである。個々の法規の中には直接には強制規範にも行為規範にも属さない規定たとえば定義規定等も少なくない。また、行為規範や強制規範を統合して法の定立、適用、執行を定めているいわゆる組織規範たとえば国会法、内閣法、裁判所法、国家行政組織法等も存在している。

　ところで、法の構造において法規範の名宛人すなわち受規者は誰かということである。この問題を提起したのは、イェーリングであるが、彼は法の真の名宛人は国家機関であるとし、彼の影響を受けたマイヤー（Max Ernst Mayer, 1875～1923）は、法には、一般人にむけられた規範で社会生活の中に行なわれている宗教や道徳や習俗の文化規範（Kulturnormen）と、法益の保護を目的とする規律として法律を運用する任務をもつ裁判官にむけられた強制を手段とする法規範（Rechtsnormen）があるとしている。そこで、人を殺すなかれ、約束は守るべしという行為規範は、社会生活をおくる一般個人にむけられた規範であり、それが法の真の名宛人である。強制規範のことを裁判規範とも呼ぶが、その意味するところは、その名宛人が社会生活をおくる一般個人ではなく、主として司法機関すなわち裁判を行なう裁判官である。

そしてそれは裁判の準則を定めるという特異な性格規定を受けているものである。

　このようにして、法は行為規範、強制＝裁判規範、組織規範の3種が複雑に組みあわされてできているもので、法規範の特殊性は、このメカニカルな重層構造の中にあるものである。

第2章　法 の 目 的

　個々の法には、それぞれの目的がある。法は、その目的に奉仕する手段と
して意義をもつのである。たとえば刑法は犯罪から社会を防衛し、法益を侵
害する者から保護する目的をもち、道路交通法は、交通を円滑にし交通から
生ずる危険を防ぐ等の目的をもっている。このように、制定法にはその冒頭
に具体的な目的（国家公務員法第1条、地方公務員法第1条、感染症法第1条、私立
学校法第1条、公職選挙法第1条、刑事訴訟法第1条、土地収用法第1条、食品衛生法第
1条、労働組合法第1条等）を掲げているものが多いが、たとえ立法目的が規定
されていなくてもすべてなんらかの目的をもつものであり、1つひとつの法
は、その目的の達成を予定して規定されているものである。そうすると法の
目的は、法の実現すべき目標ということになるが、法の究極的な目的となる
ものを法の理念（Idee des Rechts）という。ところで個々の法律は、それぞれ
の目的をもっているわけであるが、それらの法の目的の上に、さらに広い法
全体の大きな目的があるものである。そこで法全体の目的はなにか、という
ことについて考えてみたいと思う。

第1節　法の理念としての正義

　法は正しかるべきものであり、正しくない法は、法たるに値しないもので
ある。世の中には数多くの法が存在するから、客観的に判断すればたとえ名
称は法であっても正しくない法もあるかもしれない。しかし客観的には正し
くない法も自己自身は正しいものであることを標榜するところに、いわゆる
法の法たるゆえんがある。道徳が善にかない、芸術が美にかない、学問が真
にかなうのと同様に法は正義（Justice, Gerechtigkeit）にかなうものでなけれ

ばならないといわれている。そうすると法の目的とは、法の理念でありそれ
は正義であるということになる。

　ところで法は力によってつくられるのが普通である。そのことから場合に
よっては、法が現実には権力者の利益に奉仕する傾向のあることは否定でき
ない。Might is Right とはよくいわれる例であるが、このことを表現してい
るものであろう。いやしくも法である以上は、その中に正義が含まれていな
ければ、法としての価値はない。それでは人類が永い歴史を通じて求めてき
た正義とは、一体いかなるものであろうか。正義とはなにか、何人もはっき
りしたことは分からない。正義というものは、それ自身としては、具体的な
内容のないものであり、ただ観念的なものにすぎない。各人が、これが正義
であると確信することは、ある意味では絶対的正義の一面をもっているが、
これをもって絶対的正義を定義づけることはできない。正義に関して古くか
ら多くの学者によって多種多様な見解があるが、これといった定説はないの
である。正義とはなにかという問題については、すでに古く二千数百年の昔
から、「正義は人間の平等である」というまぎれのない答えが与えられてい
るところである。人間平等の正義の理念について、客観的な意味づけをした
のはピュタゴラス学派の哲学者たちである。すなわち数理哲学の立場から、
正義の本体を自乗数の基本形態としての「4」とみなし、4は図形としては
正方形をもって表現され、その形のように平等、衡平、均分の意味をもつと
するのである。

　このような人間平等の正義思想に最も周到な説明をしたのは、今日なお多
くの学者によって支持され踏襲されているアリストテレス（Aristoteles, B.C.
384~322）である。彼は、正義を 2 種に分けた。その 1 は平均的正義（aus-
gleichende Gerechtigkeit）である。これは社会における個人相互間の給付およ
び反対給付の均衡をはかることであり、たとえば損害と賠償、犯罪と刑罰の
均衡を図ることにある。これらは、すべての人間をまったくの等価を有する
個人として取り扱い、その間の差別を排除することを要求しているものであ
る。そしてそれは、算術比例的平等の原理とも称される。平均的正義は、形
式的平等であり、個人間の関係について認められるものである。その 2 は配

14　第1編　法学総論

分的正義（austeilende Gerechtigkeit）で、団体が公の名誉および公の財貨その他の利益を各個人の能力および功績などその価値に応じて公正に配分することであり、その原理は幾何比例的平等である。人間の中には、才能、人格、経験、勤惰等において大きな差があるのにかかわらず、それを対等に取り扱うことは、かえって正義の欠くべからざる要請の要求に反するものであるというのである。アリストテレスは、個人差を公共の福祉を尺度として測定するのが正しいのであるとする。配分的正義は、団体と個人間について認められるもので、その意味では実質的平等であるといえる。アリストテレスの正義論は、その後の法思想に決定的影響を与えたことは事実である。

　ローマの法律家ウルピアヌス（Domitius Ulpianus, 170~228）は、正義とは「各人に彼のものを」（suum cuiqve tribvere）であるといい、それは各人に彼に相当するものを与えることだとする。これは「正義は、各人の彼の権利を帰属させる確定的恒常的意思である」という定義を、簡単に表現した言葉であり、正義について簡明にして要をえた定義であるとし、今日でも広く語られている名言である。正義が要請するところの、各人に彼のもの、すなわち、いかなる個人にいかなるものが与えられるべきかの明確な基準についてはいまだにえられていない。その時代その社会の特定の世界観によらなければならないであろう。ベンサム（Jeremy Bentham, 1748~1832）は、「最大多数の最大幸福」（the greatest happiness of the greatest number）を増進することが法の目的であるとした。イェーリングは、「法における目的」（Der Zweck im Recht, 1877~83）の中で、法は、すべて目的の所産であって、目的こそ法の創造者であると主張し、目的法学を樹立した。彼に従えば、法はなんらかの目的によって生み出されるものであるということで、目的論的立場から法の目的を強調し、そしてその内容は社会の生活条件の確保にあるとする。しかし社会の生活条件と称してもそれは人間の主観的判断によって目的とされるところである。そうすると主観的考察に傾いていることはまぬがれない。彼の提唱した所説は、今日においても高く評価されている。

　新カント学派の立場を確立したシュタムラー（Rudolf Stammler, 1856~1938）は、時と場所とにより変わらない自然法を否定し、「自由に意欲する

人々の共同体」（Gemeinschaft frei wollender Menschen）が法の理念であるとし、これに従って規定された制定法あるいは社会理想に適応する法を正当な法すなわち正法であるとした。そしてこの正法は、個人尊重の原則と共同生活参加の原則からなりたつものであるとする。メンガー（Anton Menger, 1841～1906）によると、理想主義の立場から法の理念は正義にあるとする。そしてこの理念を実現する手段として経済的基本権をあげ、その内容として生存権、労働権、全労働収益権の３つを提出し、現行法制をこれらにそって改正することを主張するものである。

第2節　法的安定性

法は、人々の社会生活の秩序維持のために存在するもので、秩序なくして人々の社会生活は不可能である。その意味で法は、規範の世界と事実の世界とにまたがっているものである。秩序は法の生命であり、同時に法の価値なのである。法は秩序の安定をめざすことを目的としているが、人々が安心して社会生活ができるのは、法的な秩序そのものが社会に確立し安定していることすなわち法的安定性（stability of law, Rechtssicherheit）があるからである。秩序は静的なものであるが、それはまた動的でもある。秩序は安定を目的とするが、その安定は置物の安定ではなく、いわゆる電車の安定でなければならない。法的安定性が維持されるためには、まず法そのものの安定ということで、法の存在、その内容が明確であること、また法がむやみに変更されてはならないということも重要である（たとえば朝令暮改）。それに法が国民の意識に合することも必要である。このように、われわれが法に期待するのは、法そのものが安定していることであり、また法によって社会に安定がもたらされるということであり、法の安定性の要請は、古くはゲルマン人の間に行きわたった「古い法は良い法である」というところにもみられる。

ところでラードブルッフ（Gustav Radbruch, 1878～1949）は、法の理念として、狭義においては正義に他ならないとし、広義においては、正義（Gerechtigkeit）、合目的性（Zwechmässigkeit）、法的安定性（Rechtssicherheit）

の3要素をあげた。そして、正義にかなった結果が与えられるよりも法的見解に従った結果が与えられるという事実の方がより重要であるということで、法実証主義の立場から、法的安定性の重要性を強調したのである。ここでいう法的安定性は、「法による安定」ではなく、「法そのものの安定」を意味した。法の目的の定め方について彼は、個人主義、超個人主義、超人格主義の3つの目的観に分けている。そこでどれが正しいかというと、絶対的価値なるものは、これらの価値基準の中から互いに競いあって選択されるので、彼の相対主義をとる限り絶対の価値を定めることはできず、各人の世界観に委ねられることになる。

　かようにして、法の目的は正義の実現ばかりでなく、法的安定性も重要な目的の1つであることが分かったのであるが、ラードブルッフに従うと、法において正義と法的安定性との要請は矛盾するものであるという。それでは両者が調和しない場合には、いずれに重点がおかれるべきであろうか。具体的な事例について異なるから、これを一概に論ずることはできない。そのいずれをとるべきかは結局のところ、個人の良心の問題である。正義を実現するのが正しいと思慮される場合でも、革命によって従来の法をくつがえすごときそれは超法的な事実であるため、もはや法の範囲内の問題ではなくなり、法によって説明することができなくなるのである。

第3章　法　と　国　家

　法と国家とは、つねに相伴って離れることのできない関係にあるものであるが、この関係において、法は国家を前提とするかという問題が生ずる。

　これについては、社会法説と国家法説との対立がある。前者に従うと、法と国家との関係につき法は必ずしも国家を前提とするものではなく、すべての社会を前提とするというのであり、後者は、法は国家を前提とし国家権力によって認定、定立されることによってはじめて法規範になるとする。

　国家がなくて法のあることなく、法がなくて国家のあることなく、「法は国家の存在を前提とする」だけではなく、「国家は法を前提とする」ということになり、法と国家とは互いに前提的な密接不可分の関係にあるといえるのである。

第1節　国家の起源

　国家 (state, Staat) は、どのようにして発生したか。その起源については古くから幾多の学説があるが、その代表的なものをあげてみると、次のようなものがある。

　(1)　**神意説**　　国家は、絶対者である神が創造したものであるとか、神の命令によって建設されたものであるとする説である。言葉を変えていうと、国家の発生を、神の意思に求めるものである。この種の見解は、古くから行なわれたが、中世キリスト教の勢力が盛んな時代に広く唱えられたものである。近時において、ドイツのシュタール (F. J. Stahl, 1802~1855)、フランスのボシュエ (Bossuet, 1627~1704) によって代表されている。君権神授説は、多くこの神意説から派生したものである。

18　第1編　法学総論

(2)　**家族説**　国家は家族団体が拡大し、発展したとみる学説である。こ
れに従うと、君主権は、家長権の発展転化したもので、君臣間の統治関係は
家族共同体的倫理観によって基礎づけられるべきものであるとする。この学
説は、イギリスのフィルマー（Sir. R. Filmer, 1604～1653）によって提唱された
といわれている。

(3)　**財産説**　国家は財産たる土地を獲得し、維持するために成立したと
する説である。人類が、採取、遊牧の自給自足自然経済から、定住による農
業経済の段階に入るにおよんで、土地の私有がはじまり、土地が人の生活に
不可欠な資本となる。ここに財産制度が発生した。国家は、このような重要
資源の土地を獲得し、維持するために成立したといわれるのである。

(4)　**実力説**　強者が弱者を支配する関係、すなわち、実力的支配におい
て国家が成立したとする説である。言葉を変えていえば、武力的、経済的強
者がその実力的支配を政治的権力に転化させることにより、ここに国家が成
立したという。「実力は権力である」との思想のあらわれといえる。この説
は、古代ギリシャにおいてソフィスト一派によって提唱され、近世において
は、ホッブス（Thomas Hobbes, 1588～1679）、スピノザ（Baruch de Spinoza, 1632
～1677）などの学者によって主張されたものである。

(5)　**契約説**　国家成立の起源を、国民相互間の契約によるものであると
する説である。すなわち、人間は、国家成立以前は自然状態であった。この
闘争的な自然状態を脱して、安寧と幸福を維持増進するために、相互に自由
と権利の一部を譲歩しあい、各人の無制限な恣意的活動を規制することによ
って、ここに国家という権力的政治組織を形成したとする。要は、国家発生
の原因を社会契約に求める見解である。

　以上の諸学説は、いずれも国家成立の原因を列記したものであるが、(1)の
神意説は、宗教的信仰をもつ者にとっては説明が可能であるが、現代におい
て、経験的な事実に反し科学的根拠を欠くものであるとの批判がなされる。
(2)の家族説は、国家と家族とを同一視しているのであるが、この説は、ある
国家に説明できても、これをもってすべての国家一般にあてはめることはで
きない。(3)の財産説は、物質面を必要以上に偏重するあまり、中世の封建時

代において妥当しても、今日の国家には合理的な説明がなしえない。(4)の実力説は、国家成立の起源を、支配者の実力に求めているが、国家存立の要素たるべきものは、単に実力のみに限定されるものではない。精神的側面を度外視している点は、この説の欠点といわざるをえない。(5)の契約説は、近世の国家観、国家理論に対し大きな貢献をしたことは事実であるが、国家成立の時期に、国民が契約を締結するということは1つの擬制にすぎないとの批判がなされる。国家成立の時期は、各々国家によって異なり、それぞれの時代にそれぞれの目的や経過をもって成立するもので、その国の民族精神の歴史的または文化的所産の裏づけをもっているのである。それゆえ、これらのうちの1つの学説によって一律に説明できるものではない。

第2節　国家の構成要素

　国家は、一般に国民、領域それに主権の三者よりなるもので、普通これを国家構成の3要素といっている。これら3要素のうち、どの1つを欠いても国家の存立はありえない。

1　国　　民

　国民 (nation, people, Volk) とは、特定の国家の構成員としての自然人をいう。これは、人民といわれることもある。ある国家の国民であるためには、国籍をもつことが必要である。国籍とは、身分上ある国家に所属する関係にあることを意味する。結局、国民たる資格の有無は、国籍の有無によって定まるのである。国籍をもつ者が、その国の構成員として国民であり、国民でない者は外国人といわれ (国籍法第4条1項)、これには、外国の国籍をもつ者と、いずれの国の国籍をももたない無国籍の者とが含まれる。

　いかにしてある国の国籍を取得しまたは喪失するかについて、各国法が自由に定めている。わが国では、憲法第10条に、「日本国民たる要件は、法律で定める」とし、特別法である国籍法 (昭和25法147号) で詳細に規定している。これによると、日本国籍の取得は、先天的取得 (出生) と、後天的取

得（帰化）の2つの場合を認めている。なお、出生による国籍の取得には、血統主義（ドイツ、スイス、オーストリア、ベルギー）と生地主義（アメリカ、イギリス、中・南米諸国）の2つがあるが、わが国では血統主義を原則とし、例外的に生地主義をとっている。国籍法第2条によると、次の場合、子は日本国籍となる。

① 出生の時に父または母が日本国民であるとき。

② 出生前に死亡した父が死亡の時に日本国民であったとき。

③ 日本で生まれた場合において、父母がともに知れないとき、または国籍を有しないとき。

これらのうち、①・②は血統主義であり、③は生地主義である。後天的取得は、帰化による場合である。ここで帰化とは、外国人がその意思にもとづいて、その国の国籍を取得することである。帰化による国籍の取得は、一定の条件を具備している者について、法務大臣の許可にもとづいて行なわれることになっている（国籍法第4条、第10条、なお、第3条の準正も参照）。

なお、国籍法は、国籍変更の自由を認めているが、これを各人の自由に放任すると、かえって諸国家間に混乱あるいは国際法上いろいろな問題を生じさせる結果となる。そこで、二重国籍、無国籍をなくすため、「国籍法の抵触についてのある種の問題に関する条約」（1930年4月12日ハーグ、1937年7月1日発効）とか、「二重国籍の場合における軍事的義務に関する議定書」（1930年4月12日ハーグ、1937年5月25日発効）などがある。

2 領　　域

国家は、一定の領域（territory, Staatsgebiet）をその存立の基礎とする地域団体である。地域団体であるところから、他の一般の団体から区別されている。

領域は、領土、領海、領空からなりたっている。領土は、陸地および内水を含んでおり、領海とは領土を囲む一定の海域を意味する。その範囲は、最低潮時の水際から、3海里以内とされているが、その他、6海里説、12海里説、今日では200海里以内で定める説などが主張されている。わが国では、

1870（明治3）年以来3海里説がとられていた。3海里説は、沿革的には大砲の射程を基準として主張されたものであるが、今日において、領海法（昭和52法30号）は、12海里説をとっている。いずれの国の領海にも属しない全海域のことを、公海といっている。領空とは、領土、領海を覆う上空をいうが、航空機の発達に伴い領域の観念の中に加えられた。

3　主　　権

　国家は、強制力のある統治組織である。国家の統治を行なうために必要な統治権力を、主権（sovereignty, sovereignpower, Souveränität）という。別の名を、統治権あるいは国権ともいわれている。

　主権という言葉には、いろいろな意味がある。この主権の観念をはじめて確立したのは、16世紀後半のフランスのボダン（Jean Bodin, 1530～1596）であるといわれている。彼によれば、最高、独立、固有、不可分の権力を意味した。ここで最高とは、他に優越する権力のないことをいい、独立とは、他のいかなる国家からも干渉されることがなく対外的に自由に行動できることであり、固有とは、国家が本来的に具有するもので他から付与されたり委任されたりするものではないことであり、不可分とは、権限行使する場合は立法、行政、司法と作用的には異なっていても、究極的には1つのものであることを意味している。当時、国王の権力に対して内からは国王に対して自主権を主張しようとする封建諸侯の抵抗があり、外からは国王をして従僕たらしめようとする教会権力の圧力が加わった。そこで、ボダンはこの局面を打開すべく、フランス国王の権力の最高性を確立し、もって中央集権体制の実をあげるために、独自の主権論を展開したといわれている。

　他に、主権ということは、国家権力の淵源をいい、国家の政治のあり方を基本的・最終的に決定する権力を意味する。主権が君主にあれば君主主権であり、国民にあれば国民主権である。日本国憲法で、「ここに主権が国民に存することを宣言し」（前文1段）とか、「主権の存する日本国民」（第1条）といっている場合の主権は、この意味である。

第3節　国家の形態

　国家の形態は、種々の標準によって種々に分類される。

1　君主制国家と共和制国家

　マキァヴェリ（Macchiavelli, 1469～1527）以来、国家の形態は君主制（monarchy）と共和制（republic）とに分類されているが、両者をいかなる標準によって区別するかについては、従来多くの説が唱えられている。この区別の基準は、国体のいかんにある。国体とは、国家権力の担い手すなわち統治権の総攬者が何びとに帰属するかによる国家の態様をいう。

　ここで、君主制とは、国家最高機関として特殊な地位と権限を有する君主の存在する国家であり、共和制とは、主権が国民の全体もしくは一部の特権階級に帰属しており、国の政治が国民の代表機関によって行なわれる国家をいう。結局、両者の区別は君主の有無によるが、なにをもって君主たる要素とするかが問題である。従来一般にいわれていることは、

　　①　統治権の総攬者であるか少なくとも行政権の首長であること。
　　②　対外的に国家を代表する地位にあること。
　　③　独任機関であること。
　　④　伝統的な特殊の尊厳性をもっていること。
　　⑤　世襲制と不可廃立性を有すること。
　　⑥　象徴面があること。

などがその要素であるとされる。

2　専制国家と立憲国家

　この区別の基準は、政体のいかんにある。すなわち、国家権力の主体がいかなる組織、方法で主権を行使するか、統治権行使の形態をいうのである。

　専制国家（despotic state）とは、国家の全権力が1人、一政党などに集中し、統治権の総攬者がなんの拘束も受けることなく、独断専行的に統治権を

行使しうる政治団体をいう。これに対し、立憲国家（constitutional state）とは、憲法をもち、統治権の作用を立法、行政、司法の３種に分かち、それぞれ別個の機関に担当させるという三権分立が認められている統治形態をいい、立憲主義にもとづく国家のことである。そして基本的人権の保障、法治主義を特色とする。今日世界の国々は、いずれも立憲体制をとっているといえる。

3　単一国家と連邦国家

　両者は、国家の構成形態による区別である。単一国家（unitary state）は、統治権が中央に集中統一されており、他の国家と結合することのない国家をいう。これに対し、連邦国家（federal state）は、多数の国家が結合してなったものである。連邦を形成している国家は、別の名を支分国または支邦ともいわれる。

　連邦と各支分国との関係について述べる。支分国は、連邦内においては相互に独立対等の間柄にあるが、それぞれ連邦に属しているので、国家主権は連邦のみが有し、支分国はこれを有しないとされている（通説）。しかし、支分国は広汎な自主組織権をもち、連邦の意思形成の構成に参与するなど、たんなる自治団体とは異なった国家に近い性格をもつものである。この種の類に属するものとして、アメリカ合衆国、スイス連邦、ドイツ連邦共和国、ソヴィエト連邦（1991 年 12 月崩壊）などがある。

4　直接民主制と間接民主制

　直接民主制（unmittelbare Demokratie）は、国民が直接に国の立法その他の統治作用に参与する制度である。これに対し、間接民主制（mittelbare Demokratie）は、国民は通常、単にその代表者を選定するだけで、この代表者の意思を国民の意思とみなすことによって国政に参与する制度をいう。代表民主制（repräsentative Demokratie）ともいわれている。間接民主制を採用する国においても、国民発案、国民表決、国民解職など直接民主的な制度を併用している。ところで、前者は古代ギリシャの都市国家で行なわれたものであり、今日ではスイスの若干の州で行なわれている。民主制の本質からすれば、

この直接民主制が理想形態であることは言をまたないが、人的条件などを考慮すると、これを行なうことは現実には無理である。

　わが国では、憲法前文において「日本国民は、正当に選挙された国会における代表者を通じて……」、憲法第43条1項で「全国民を代表する選挙された議員で……」と間接民主制を採用している。

第4章　法の淵源

　われわれが日常社会生活を送るさい、なにによって法を知ることができるのであろうか。法は、法源 (source of law, Rechtsquelle, source du drodo) にもとづいて認識される。法が実際には、どのような形で存在しているか、すなわち法の発現形式をさして法源または法の淵源というのである。法源という語は、この他に法を制定する力（神、君主、人民、国家等）、法の妥当性の根拠（神の意思、宇宙の理法、国民の法意識、事物の合理性等）、法の認識を得るための資料（法典、判例集、著書、論文）などといろいろな意味に用いられているが、ともあれ、ローマ法でいう法の泉 (fontes Juris) からきたものである。そして法の形式としての法源は、成文法 (written law) と不文法 (unwritten law) とに大別される。現在、世界の国々は、成文法主義か、不文法主義いずれかを建てまえにしているが、大陸法系諸国では、成文法であることを原則とし、これに反し、英米においては不文法主義である。ここで、ある国の建てまえを成文法主義であるといっても、決して不文法をその国の法源として排斥しているものではない。不文法を採用している英米においても、成文法は法源となっているのである。要するに、一国の法源は、いろいろなものが組みあわされ、形成されているものであり、成文法と不文法のうちでどちらに比重をおき、重要性をおいているのかということになる。

第1節　成　文　法

　成文法とは、文書をもって表現された法のことであるが、一定の手続を経て定立され一定の形式に従って公布される法をいい、別の名を制定法 (statute law, gesetzes Recht) とも呼ばれる。近代に入ってから、ドイツ、フランス

を中心とする大陸法系諸国における成文法制定への動向が顕著に認められた
が、その理由とするところは、一面においては複雑な社会生活において、各
個人の遵守する行為の基準を明示し、そして法的生活の安定性を期する社会
的要求と、他面自我の覚醒に伴い国家に対する個人の権利と自由を確保しよ
うとする政治的要求に求められる、とする。このように、近代的意味での法
典編纂の事業は、19 世紀のヨーロッパ大陸において広く認められた。今日
世界の多くの国は、大体成文法主義を基本としており、成文法はその国の法
の中で最も重要な地位を占めるものである。わが国も、いうまでもなく明治
維新 (1868 年) 以後ドイツ法の影響により、成文法主義国である。

　成文法は、その内容が、文書の形式をとっているので、不文法にくらべ優
れていることはいうまでもない。成文法は、法の存在と、その意味内容を明
確に示し、国民の法的社会生活の安定を期することができる。それに、国内
の法律を統一整備することもでき、また人間の意思にもとづいて合目的的に
作出されるものであるから、法の理想とされるものが具体化されるなどの長
所をもつものである。しかし他方において成文法は文章をもって表現された
ものであるから、一度制定されるとその内容は、形式的、固定的となり、流
動変転する社会の実状に応じえないきらいがある。また立法が複雑化し、技
術的になり一般国民の理解を困難にするとか、成文法の人為性が社会地盤を
みのがし、もって法規万能視の弊害が生じるなどの短所はまぬがれないであ
ろう。わが国の成文法に属するものとして、制定手続の差異によって、憲法、
法律、命令、規則、自治法規、それに特殊のものとして、外国との間に締結
される条約などがある。

1 憲 法

　憲法は、国家の組織、統治機構および統治作用などに関する基本的なこと
を定めている根本法をいう。そして憲法には、形式上憲法という名称を付さ
れた法典、すなわち 1946 (昭和 21) 年 10 月 7 日に制定され、同年 11 月 3 日
に公布、1947 (昭和 22) 年 5 月 3 日から施行された日本国憲法の他に、実質
上、国家の基本的なことを定めた法規はすべて含まれるのである。そして日

本国憲法は、国の最高法規であって、国家の法の中では首位にあり、その効力は他の法律、命令等すべての国法に対して優先し、最上位の形式的効力（憲法第98条1項）をもっている。その改正手続については、法律の場合に比べて特別厳重な手続（憲法第96条）を必要とし、いわゆる硬性憲法である。

2　法　　律

　法律には、広狭2つの意義がある。広義においては、法と同意義に用いられ、成文・不文形式の法のすべてを包含し、狭義においては、国会の議決を経て制定された特別の法形式をさす。すなわち、日本国憲法によれば、「法律案は、この憲法に特別の定のある場合を除いては、両議院で可決したとき法律となる」（第59条1項）と定めている。以下、法律とは、主としてこの狭義における意味である。

1）法律の制定

　⑴　**法律案の国会提案**　　わが国の憲法は、国会をもって国の唯一の立法機関であるとしているので（第41条）、法律は国会の議決によって制定される。法律の制定は、法律案の国会提案から始まる。提案は、「国会議員の発議」と「内閣の提出」によってなされる。国会法（昭和22法79号）の規定によれば、すべて議員は、議案を発議することができる。議員が、法律案を発議するには、衆議院においては議員20人以上、参議院においては議員10人以上の賛成を得なければならない。ただし、予算を伴う法律案を発議するには、衆議院においては議員50人以上、参議院においては議員20人以上の賛成を要することになっている（国会法第56条）。なお、議員発議の変型として、各議院の委員会もまた、その所管に属する事項に関して、法律案を提出することができる。

　重要法律案の大部分は、内閣によって提出されるが、まず、主務省においてこれを起草し、内閣法制局の審査を経た後、閣議に付し、各大臣の意見が一致すれば、ここに内閣の意思としてこれを決定する。このようにして、法律案が閣議で決定されると、内閣総理大臣は、内閣を代表して国会に法律案を提出するのである（内閣法第5条）。この場合、衆議院あるいは参議院の両

28 第1編 法学総論

院いずれに提出すべきかは、法制上なんらの規定もないので、内閣の自由な判断に任せられている。ただし、予算については、憲法上衆議院に提出しなければならないことになっている（憲法第60条）。

(2) **法律案の審議・議決**　　衆議院または参議院に法律案が発議または提出されたときは、議長は、これを適当の委員会に付託し、その審査を経て会議に付する（国会法第56条2項）。各議院に発議または提出された議案につき、議院運営委員会が特にその必要を認めた場合は、議院の会議において、その議案についての提案趣旨の説明を聴取することがある（国会法第56条の2）。特に緊急を要するものは、議院の議決によって委員会の審査を省略することができるのである（国会法第56条2項但書）。

国会に発議または提出された法律案は、原則として両議院で可決したときに法律となる。もし、他の議院で否決したとき、その法律案は原則として廃案になる。両議院の議事は原則として、出席議員の過半数をもって決め、可否同数のときは、議長の決するところによっている（憲法第56条2項）。このように、法律は両議院の意思が一致した場合に、成立するのが原則であるが、これには、憲法上認められた3つの例外がある。

①　衆議院の再議決　　衆議院で可決し、参議院でこれと異なった議決（修正可決または否決）をした法律案は、衆議院で出席議員の3分の2以上の多数で再び可決したときは、法律として成立する（憲法第59条2項）。この場合には、参議院の議決のいかんにかかわらず、衆議院の議決のみによって法律が成立する。これは、憲法が認めた参議院に対する衆議院の優越性の1つの現れである。

なお、参議院が、衆議院の可決した法律案を受け取った後、国会休会中の期間を除いて60日以内に、その法律案についてなんらの議決をしないときは、衆議院は、参議院がその法律案を否決したものとみなして、上述した再議決の手続をとることができる（憲法第59条4項）のである。

②　参議院の緊急集会　　衆議院が解散された場合に、参議院は同時に閉会となる。総選挙によって一定の期間内に新しい衆議院議員が選出されるが、まだ新国会が成立しないうちに、立法措置など国会の議決を必要とする事件

がおきた場合、「内閣は、国に緊急の必要があるときは、参議院の緊急集会を求めることができる」(憲法第54条2項但書) とされている。緊急集会中の参議院は、国に緊急の必要があるものに関する限り、国会と同じ権能を果たすことができ、法律を制定することもできるのである。この場合には、参議院の議決だけで法律が制定されることになる。

ただし、参議院のとったこの緊急措置は、あくまでも臨時的のものであって、暫定的な効力をもつにすぎない。そこで、次の国会の開会後10日以内に、衆議院の同意がないときは、それらの緊急措置は、将来に向かってその効力を失うことになっている (憲法第54条3項)。

③ 地方特別法　一の地方公共団体のみに適用される特別法は、法律の定めるところにより、その地方公共団体の住民の投票においてその過半数の同意をえなければ、国会は、これを制定することができない (憲法第95条) ものとされている。これには、たとえば、長崎国際文化都市建設法 (昭和24法220号) などがある。法律の制定について、地方公共団体の住民の過半数の同意を要する点において、国の法律が両議院の可決によって成立するという原則に対する例外となっている。このような地方特別法が、その地方公共団体の住民の意思を無視して制定されるとなると、地方自治の本旨 (憲法第92条) にそぐわないという趣旨によるものであるが、ある地方公共団体の特殊性を重んじて、国会の単独立法を制限しようとするものでもある。

2）法律の公布

法律が成立すると、主任の国務大臣がこれに署名し、さらに内閣総理大臣が連署する (憲法第74条)。そして最後に議決をした議院の議長より内閣を経由して、天皇に奏上される。法律は奏上の日から30日以内に天皇が内閣の助言と承認により、国民のために公布する (憲法第7条、国会法第65条、第66条)。法律は官報に記載して公布されることになっている。ここで、公布とは成立した法律を国民一般に広く知らせる公示行為であり、一定の周知期間を経て施行される。この期間は、原則として公布の日より起算して満20日である (法の適用に関する通則法第2条) としているが、法律によっては、その施行期日を定めているものもある。

30　第1編　法学総論

3）法律の形式的効力

　法律は、憲法に対しては劣位の地位にある法源であって、憲法の規定に違反する法律は、その効力を有しない (憲法第98条1項)。しかし、法律は、国権の最高機関である国会によって制定される法形式であるから、国法の諸形式の中では憲法についで他の法源よりも強い形式的効力をもち、重要な地位を占めている。

4）法典・単行法

　成文法の代表的なものは国会で制定される法律であるが、法律と一口にいってもこの法律には、憲法を始めとして大小無数のものが存在している。これらの法律は、ある場合には法典の形をとり、あるいは単行法の形をとっている。これらの点について少し説明をしておくと、憲法をはじめとして民法、商法、民事訴訟法、刑法、刑事訴訟法などは、通常、1条、2条……というように法文の形式でつくられ、普遍的な事柄を規定している。概して多数の条文から編、章、節などの形式から構成されており、ただそれだけではなくそれらは体系的に編別に組織されている。このようなものを、通常、法典と呼んでいる。これに対し、内閣法 (昭和22・1・16法5号)、裁判所法 (昭和22・4・16法59号)、借地借家法 (平成3・10・4法90号)、利息制限法 (昭和29・5・15法100号)、手形法 (昭和7・7・15法20号) などの法律は、たんに1つのある目的を達するため特殊の事柄について規定したものであり、概して法文の分量が比較的少ないものである。たとえば、「年齢計算ニ関スル法律」(明治35・12・2法50号) のごときは、「年齢ハ出生ノ日ヨリ之ヲ起算ス」と規定しているがただこれだけのことである。このような法律のことを、通常、単行法と呼んでいる。そして、法律のうちの大部分を占めているのは、このような単行法である。

3　命　　　令

　命令とは、国会の議決を経ないで制定される成文法であり、行政機関によって出されるものである。成文法を採用しているわが国において法律は国法の中心形式になっているが、例外としてこの命令という成文形式を認めてい

る。命令は国会の議決を必要としないので法律と異なるが、国家の法令である点について両者は同一でありなんの差異もない。

命令は、つぎのように分類することができる。

1）制定の目的すなわち、命令の発せられる法律上の根拠を標準としてみると

(1) **執行命令**　行政官庁が、ある法律または上級の命令の規定を実施するのに、それに必要な事項を定めるために発せられる命令である。「公職選挙法施行令」とか、「国籍法施行規則」等はその例であり、普通、施行令、施行規則と称されている。

(2) **委任命令**　ある法律または上級の命令の委任にもとづき、具体的な細目を定めるために行政官庁によって発せられる命令である。「出入国管理令」等はその例である。

2）制定の主体すなわち、命令を制定する権能を標準としてみると

(1) **政令**　内閣は、憲法および法律の規定を実施するための事項と、法律によって特別に委任された事項の場合について、政令を制定する権能をもっている（憲法第73条6号）。政令には特にその法律の委任がある場合を除いては、罰則を設け、義務を課し、権利を制限する規定を設けることはできない（憲法第73条6号但書、内閣法第11条）。政令には主務大臣が署名し、内閣総理大臣が連署する（憲法第74条）。そして天皇が公布する（憲法第7条1号）。

(2) **内閣府令**　内閣総理大臣が、法律または政令を施行するため、あるいは法律または政令の特別に委任された事項について発する命令である。そしてこれには、法律の委任がなければ、罰則を設けたりまたは義務を課し権利を制限する規定を設けたりすることはできない（内閣府設置法第7条）のである。

(3) **省令**　各省大臣が、法律または政令を施行するため、あるいは法律または政令の特別に委任された事項について発する命令で、たとえば、法務省令、文部科学省令、経済産業省令等がある。そして法律の委任がなければ、罰則を設けたり、または義務を課し、権利を制限する規定を設けたりすることはできない（国家行政組織法第12条）のである。このように各種の命令は、

いずれも国会で制定した法律の範囲内か、あるいはその委任にもとづく立法である。

命令の形式的効力であるが、法律に対して劣った地位にあり、命令によって法律を改廃することはできない。それでは、命令相互間の効力はいかがであろうか。政令は内閣府令、省令に対しては優位にたち、内閣府令と省令とはまったく同格である。また、外局の庁の長官が発する命令は、内閣府令・省令に劣る。

4 規　　則

規則とは、行政機関に対して独立の地位をもつ国家の機関が、内部規律に関して定める法である。これには、つぎのようなものがある。

1) 議院規則

憲法は、両議院は各々その会議その他の手続および内部の規律に関する規則を定めることができる（憲法第58条2項）と規定しているが、衆議院規則、参議院規則等がそれである。現代文明社会においては、どこの国の議会でも各議院は、憲法の範囲内で議院規則を制定する権限をもつのが普通になっている。これらの議院規則は、各議院の議決によって成立する。

2) 最高裁判所規則

「最高裁判所は、訴訟に関する手続、弁護士、裁判所の内部規律及び司法事務処理に関する事項について、規則を定める権限を有する」（憲法第77条1項）と規定しているが、最高裁判所裁判事務処理規則、下級裁判所事務処理規則、刑事訴訟規則、民事訴訟規則、少年審判規則等はその例である。

このように、最高裁判所に規則制定権を認めているが、その理由とするところは、司法権の自主独立性を保障するためと、司法に関する技術的、専門的なことについては、それらの事項によく通じている裁判所自身に規定させることによって、より合目的的な立法が期待されると考えられるためである。注意すべきは、これは法律の委任にもとづくものでなく、直接に憲法によって与えられている権能である。それに直接国民の権利義務には関していない点について認められている。

5 自治法規

　自治法規とは、国家以外の団体すなわち地方公共団体が、法律の範囲内においてその自治権にもとづいて制定する法規をいう（憲法第94条、地方自治法第14条）。ここで地方公共団体というのは、普通地方公共団体すなわち都・道・府・県・市・町・村をいう。憲法は、「地方自治の本旨」（第92条）にもとづいてと規定するが、これはできるだけ地方住民の意向にもとづいて地方の施政を行なうことを意味する。

　自治法規が法源と認められる理由であるが、それは国家行政組織の一部を形成している地方公共団体が制定したものであるからである。この自治法規は、国家の法令と異なり地方公共団体の区域内にのみ適用される。自治法規の法形式として、条例と規則の2種類のものがある。

1）条　　　例

　普通地方公共団体は、法令に反しない範囲で一定の事務につき条例を制定することができる（地方自治法第14条1項）。この条例は、普通地方公共団体の議会の議決によって制定されるものである。この条例には、その効力を保障するために違反者に対し2年以下の懲役あるいは禁錮、100万円以下の罰金、拘留、科料、没収の刑、または5万円以下の過料を定めることができる（地方自治法第14条3項）。谷川岳遭難防止条例、公害防止条例、東京都足立区自転車等の駐車秩序及び自転車等駐車場の整備に関する条例（昭和58・3・19条例3号）、東京都暴力等防止条例等はその例である。

2）規　　　則

　普通地方公共団体の長（都道府県知事、市町村長）は、法令に反しない範囲で、その権限に属する事項につき規則を制定することができる（地方自治法第15条1項）。規則の制定については、普通地方公共団体の長の決定によって成立する。この規則には、規則の違反者に対して、5万円以下の過料を科する規定を定めることができる（地方自治法第15条2項）。自治法規の形式的効力であるが、国の法令のそれよりも下位にあり、これらは国の法令に抵触しない範囲内においてのみ認められるのである。

34 第1編 法学総論

6 条 約

条約 (treaty, Vertrag) とは、国と国との間の明示的な文書による契約であり、それは参加締結国家を拘束するものである。条約は国際法の法源として重要な役割を演じているが、この条約は場合によっては協定、協約、議定書、取極、宣言等の名称で締結されることもある。たとえば、「国際紛争平和的処理条約」(1907 年) とか、「不戦条約」(1928 年) 等はその代表的な条約である。条約の成立手続は、外国との微妙な交渉によって締結されるので内閣の権限に属するものとされる。条約が、国内の人民の権利義務に関係をもつところから事前に、時宜によっては事後に国会の承認を経ることを必要とするのである。批准は、内閣総理大臣の名をもって行なわれ、天皇はこれを認証し、公布する (憲法第 7 条 8 号、第 73 条 3 号)。

条約の形式的効力については、条約が憲法に抵触する場合、いずれが優位に立つかは、憲法優位説と条約優位説の学説上の争いがある。それでは、条約と法律の関係はいかがであろうか。この点、憲法は「日本国が締結した条約及び確立された国際法規は、これを誠実に遵守することを必要とする」(憲法第 98 条 2 項) と規定しているところから、条約により法律を変更する効力をもつものと解される (第 2 編「憲法」第 10 章「最高法規」191 頁参照のこと)。

第2節 不 文 法

不文法とは、成文法以外の法すなわち文書をもって表現されない法のことである。一定の手続と形式に従って制定されるものでないところから、非制定法とも呼ばれる。歴史的にみれば、不文法は成文法より先にできている。

社会が複雑化している今日において、成文法がいよいよその重要性を増してきていることはいうまでもないが、しかし、成文法は社会全般のすべての生活関係をもらさず規律することはできない。いかに制定の技術が高度化しても、つねに社会の要求にかなう完全無欠の成文法を整備することは不可能なことといわざるをえない。そこでこの固定的な成文法と、社会生活の実際

との間に生ずる空白を補綴しなければならない。ここに不文法の存在が認められるのである。このようにして、成文法のそれらの欠陥を補う意味で、今日でも不文法が、法の重要な部分を占めていることはいうまでもない。不文法においては、あたかも成文法と正反対の長所、短所をもっている。英米法においては、不文法主義を原則としているが、最近では社会生活が複雑化するにおよんで、これに対応するために成文法が著しく制定されつつある。この不文法に属するものとして、慣習法、判例法がある。

1 慣　習　法

　慣習法（customary law, Gewohnheitsrecht, droit coutumier）とは、「慣習」を内容として成立する法をいう。それは、社会の慣行によって発生した社会生活の規範が、立法機関によって成文化されることなく、そのままの形で国家によって承認され強行されるものをいう。「慣習は、事実的な規範である」といわれるが、これは慣習というものが社会生活の実情に則して生まれた規律であるためである。ところで慣習法が成立するためには、その前提としてまず慣習の存在が必要になる。ここで慣習というのは、いかなるものであろうか。それは社会生活において人々がある事柄について同じ行為をくり返しくり返し事実上一般に行なってきたものであり、しきたりあるいはならわしのことである。たとえば、正月には門松を立てて新年を祝うとか、大晦日には借金を返さなければならないとするのは、われわれの日常生活に行なわれているところであり一種の慣習である。これらの事柄について人々の間に、反復行為が存するとそれは1つの慣行となり、他人もまたそれをみならってその慣行に従うというように、慣習は知らず知らず自然にでき上がるのである。そうすると、そこに慣習の存在が認められることになる。このような慣習には、全国的に行なわれている一般慣習もあれば、ある地方のみで行なわれている地方慣習もあり、またある職業や身分をもつという限定された範囲の人たちの間だけで行なわれている特別慣習等もある。

　慣習法は、慣習にもとづいて成立するものであるが、そのすべての慣習が慣習法になるのではない。慣習のうちで、人々により法的認識あるいは法的

36　第1編　法学総論

感情をもって、社会生活の秩序を維持するためには、これに従うことがぜひ必要であると思われ慣行されているものが慣習法なのである。そうでないものは、単なる慣習にすぎない。したがって、単なる慣習であれば、人はそれに従っても従わなくても任意であるが、国家によって承認された慣習法になると人に対する拘束力をもつようになり、それを破ると強制が加えられるようになる。

　これについてわが国では、1875（明治8）年に太政官布告第103号として「裁判事務心得」が出され、裁判官は民事の事件について成文法のないときは、習慣によって裁判すべしと命じている。これはあくまでも民事事件ということに限定されているので、刑事事件はこの中には含まれない。民事事件において裁判をするさいに制定法があればこれに従い、制定法がなければ慣習によって裁判するよう定めている。このことは慣習が国家によって法として認められる場合のあることを明示しているものに他ならない。このような考え方は、また1898（明治31）年に制定された法例（明治31法10号。平成18年全部改正〔法の適用に関する通則法〕）にも引きつがれているところである。

1）慣習法の成立要件

　わが国の法の適用に関する通則法第3条は、慣習法の成立要件について「公の秩序又は善良の風俗に反しない慣習は、法令の規定により認められたもの又は法令に規定されていない事項に関するものに限り、法律と同一の効力を有する」と規定している。このことから慣習法が成立するためには、次の要件を具備する必要がある。

　⑴　**慣習が存在すること**　　われわれの社会生活において、多数の人々によって特定の事柄につき、同じ行為がくり返し反復続行される慣行の存在が必要である。

　⑵　**慣習が公序良俗に反しないこと**　　公序良俗というのは、公の秩序（öffentliche Ordnung）、善良の風俗（gute Sitte）を略した用語であり、ここで公の秩序とは、国家社会の一般的利益をさし、善良の風俗とは、社会の一般的道徳観念をさす。両者はその範囲が大部分において一致するもので、ことさら区別するために一線をひくことは不要といわざるをえない。公序良俗は、

法に内在し法をして法たらしめる価値理念、換言するなら社会的妥当性を意味するものであるから、慣習法の実体である慣習が公序良俗に反するものであってはならない。

(3) **慣習が法令の規定によって認められたものか、または法令に規定のない事項に関するものであること**　法令の規定によって認められた慣習とは、建築する場合を例にとれば、民法では隣の土地との境界線から50cm以上離してたてなければならない（民法第234条）と規定しているが、しかしそれについて別の規定（民法第236条）が存し、それと違った慣習があればその慣習に従うと規定している。この後の規定が、法令によって認められた場合ということになる。法令に規定のない事項でも、たとえば、大晦日に借金の支払をするという慣習は別段法律に規定はないが、やはり慣習法として法律と同じように拘束力をもつのである。

(4) **国家によって法として承認され、強制され、強制力を付与されたもの**　事実たる慣習は、いうまでもなく社会規範の1つとして存在しているが、しかしそれだけではまだ法たる性格をもつものではない。ある慣習が慣習法となるのは、その慣習を尊重することが、われわれの社会生活において国家の秩序維持および発展のために必要不可欠であると国家によって認められたときである。

2）慣習法の効力

　慣習法の法源たる効力を認める場合に、現在存在する成文法を改廃する効力を認めるのか、それとも単に成文法のない部分について補充的効力を認めるにすぎないものかは、古くから大いに争われてきたところである。慣習法は、近代国家が成立する前から行なわれており、また現在でも存在し社会の秩序維持に貢献していることはいうまでもない。古代ローマの共和制時代には、法は人民の総意にもとづいてつくられるものであるとの理由から慣習法が重んじられたわけだが、17～18世紀における自然法論は、時と場所によって影響されない万代不易の大法則があるとして、慣習法の存在を認めず、成文法を尊重した。19世紀初頭においては、フランスをはじめとして大陸諸国では盛んに国家の手で統一的な法律制度すなわち法典編纂が行なわれ、

38 第1編 法学総論

社会の法規範の源泉は国家が独占するものであるとし、いずれも慣習法の成立を認めなかったのである。ところが19世紀の法思想において、歴史法学派は、慣習法をして民族精神（Volksgeist）の発現であり、それは民族の法的確信にもとづくものであるとして、法典編纂に反対し、次第に自然法学派の説を覆すと共に、従来の国家を法規範の唯一の源泉とする思想をも否定し、ここに慣習法を優越的な法とみなし、その地位を認めたのである。

　ここで成文法と慣習法との競合、すなわち法源としてどちらを優先するかという問題が提起される。わが国の慣習法は原則として、成文法に規定のない事項に関してのみ効力を有するものとされ、成文法に対して補充的な意味をもつ法源として認められている。しかし、近時の法思想は、いっそう慣習法の地位を重要視し、補充的効力から一歩前進して対等の効力を認めようとしているのである。それに法令自身が、それと異なる慣習法の存在を容認している場合は、法令の規定に対して変更的効力を認めているのである。すなわち成文法の規定と異なった慣習法は、その存在を認められないものだが、これには例外がある。商法第1条2項は「商事に関し、この法律に定めがない事項については商慣習に従い、商慣習がないときは、民法（明治29法89号）の定めるところによる」と規定し、「特別法は普通法に優先する」との原則により、商慣習法が成文法たる民法よりも優先するものとしている。

　つぎに、慣習法と事実たる慣習の関係について、少し説明しておこう。民法第92条は、「法令中の公の秩序に関しない規定と異なる慣習がある場合において、法律行為の当事者がその慣習による意思を有しているものと認められるときは、その慣習に従う」と規定するが、これを事実たる慣習という。われわれが社会生活を営んでいる場合に、成文法の規定と異なった慣習が多く行なわれているものである。事実たる慣習は、慣習法とは異なるが、法律行為の当事者が、意思表示の中で当事者がその慣習と反対の意思を表示しない限り、積極的な表示がなくとも慣習による意思があったと認められれば、その慣習に従って当事者間を規律するというのである。この慣習は、法源としての慣習法には認められないが、これに準ずる特別の地位が与えられているということができる。この民法第92条にいう慣習は、法的確信によって

裏づけられていないものでこれを「事実たる慣習」といい、法の適用に関する通則法第3条にもとづく慣習法を「法たる慣習」といっている。

3）慣習法の根拠

慣習法が、法として人を拘束する力をもつ根拠はなにかについては、従来からいろいろな学説が対立しているが、ここではその主なものをあげてみる。

⑴ **慣行説（チーテルマン）**　ある事項について、事実上の慣習が長い年月の間くり返し行なわれる慣行の事実をもって慣習法は成立するとみるのである。しかし慣行たる事実をもって法とし、法たる根拠についてはなに一つふれていないのは欠点とするところである。

⑵ **法確信説（サヴィニー、プフタ、ヴィンドシャイド、ラバンド）**　慣習法は、多数の国民がある慣習に従うことを権利であり義務であると確信すること、すなわち慣習を法であると確信することにもとづくとなすもの（第4章「法の淵源」）である。なぜそれが法としての効力をもつのかの説明はなされていない。

⑶ **法廷承認説（ベンサム、オースティン）**　慣習法は、裁判所が裁判をするさい、慣習を承認しこれを適用することによって成立するものとする。これについては、裁判所は、法を適用するところであって法を制定するところではない。また裁判所が承認するから慣習が慣習法になるという考え方には、賛成し難い。

⑷ **国家承認説（ラッソン、ビンディング）**　慣習法は、国家がある慣習の内容を、法として承認することによって成立するものである。成文法も慣習法も共に国家の法であり、両者には異なるところはない。ただ成文法は、国家が立法という積極的な行為を必要とするのに対し、慣習法においては、慣習を国家が法としての効力を承認するものであり、そこに差異があるにすぎない。わが法の適用に関する通則法第3条は、一定の制限の下に慣習法が成立することを規定しており、慣習法の根拠は国家承認説に求められる。

2 判 例 法

1）判例の意義

　判例法（case law, Judge-made law）とは、裁判所で下される判決にもとづい
てなりたつ法であり、それは成文化されることなくして、そこに自ら判決に
よる法としての効力をもつようになるものをいう。裁判所の判決は、具体的
な訴訟事件の解決のためになされるものであるが、英米においては、その中
に含まれる合理性——趣旨ないし原則——は、他の類似または同種の事件に
関して前と同じ判断を下すという、いわゆる将来における先例（precedent）
として認められている。そしてこれに準拠するよう裁判官に義務づけている
のであり、これを判例法主義といっている。そしてここに上級裁判所の判決
は、将来発生する同種の事件に関して下級審の裁判所を拘束するという判例
の拘束力（binding force of decided case）が認められているのである。このよ
うにして、英米法系においての判例法は、重要な意義をもつと同時にその主
要な法源になっている。英米法の大部分は、判例法の集積である普通法
（common law）からなりたっており、判例中心主義をとる結果、ここにおい
ての成文法の地位は、普通法を修正したり、補充したりするにすぎず、その
意味で従たる性格をもつにすぎない。これに対し、わが国をはじめとしてヨ
ーロッパ大陸諸国は、純然たる法典主義に徹しているので、上級審の裁判所
の裁判における判断は、その同一の事件については、下級審の裁判所を拘束
するが（裁判所法第4条）、一般的にいって、下級裁判所といえども、同級お
よび上級裁判所の判決には拘束されぬことを原則としている。したがって裁
判所の判決は、その判決を下した事件についてのみ効力をもち、裁判制度と
して判例の拘束力は認められていないのである。

　しかし実際問題として、わが国においても裁判所は通常類似または同種の
事件について、同じような趣旨ないし原則の判決をくり返していることは事
実である。下級裁判所の裁判官が類似の事件につき従来の上級裁判所の判例
と異なる判決をするときは、往々にして上級審で破棄される可能性が強いも
のである。そこで、下級裁判所も上級裁判所の判例を尊重するのが普通であ

る。また最高裁判所自身でも、前の判例と異なった判決をするのには、大法廷で取り扱わねばならない（裁判所法第10条3号）ので慎重な態度でのぞんでいる。このように裁判所は、法的安定性の要請から特別の事情のない限り容易に従来の判例を覆すことはあえてしないものである。たとえば、法律上正式の婚姻と認められるためには、婚姻の届出をしなければならない。そういう届出をしていないいわゆる内縁関係について、わが民法はなんの規定ももたず、内縁の妻は、法的保護が与えられず、まことに不利な立場にあった。ところが、内縁の妻が棄てられたという場合に、「これを婚姻予約の不履行とみなして損害賠償の義務を負わせる」（大判大正4年1月26日民録21輯63頁）という、すなわち内縁関係にも届出をすませた婚姻に準じた保護を与えた判決が下され、これを契機として、多数の判決がこの考え方を踏襲し、これ以来、裁判所の態度は一貫して同様の趣旨の判決をくり返し示している。ここで判例法の判例とは、個々の判決をさすのではなく、判決の中で示されている一般抽象的な趣旨ないし原則をいうのである。

２）判例法の法源性

　判例法を法源の１つとして認めるかどうかについては、従来から議論のあるところである。判例は、裁判所や国民に対し法規としての拘束力をもつものではないという理由、また裁判所が法を定立することは三権分立の原則に反するという理由、また、判例法の法源性を認めると判例は刻々と変化してゆくものであるから法の安定性を害するという理由から、判例法の法源性を否定する見解がある。しかし、裁判所は、法的安定性のために特別の理由と、それ相当の根拠がない限り従来の判例を容易に変更することはしない。また、同趣旨の判決が永年にわたり反復して適用されると、国民は同種の事件については、同趣旨の判決が下されると予測することができ、それは、自己の行動を規律し、同時に社会生活を送る際の１つの指針ともなりうるものである。法的には拘束力のない判例も事実上は拘束力をもっている。同趣旨の判例は、事実上、裁判所や国民を拘束し、法の適用は裁判所を通じて法の定立と同様な結果をもたらすことになる。判例は、将来のことを予定して一般抽象的な法規範を定立するものではなく、個々の具体的事件に対する法の適用を通じ

42　第1編　法学総論

て、その規範性をもつものであり、これをもって立法権を侵害することにはならない。また判例法が、成文法規定と同一の社会的作用を営んでいるという実際的な考慮をしたとき、わが国は成文法主義を採用しており、英米のような明確な根拠はないが、上述したことから判例法を独自の法源として、これを認めてもよいと思われるのである。

〔参考〕　婚姻予約事件

【事実】　原告（X女）は、Aを媒酌人として被告（Y男）と事実上の婚姻をしたものであるが、X女は3日目に実家に帰り、Y男宅に戻ったが、1泊して再び実家に帰ってしまった。そこでAは、その行く末を案じて媒酌人を辞退し、Y男においても熟慮した結果、離縁するほかないと結論してその意思をX女に申し入れた。これに対してX女は、Y男の行為は正当な理由なく婚姻予約に反しているものであるとして、不法行為を理由に損害賠償を請求した。原審は、X女の主張を認めたが、Y男は離別の原因はX女にあるゆえY男が不法行為の責任を負う理由はないとして上告した。これに対して大審院は、Y男の主張を認めて原審に差し戻した。

【判旨】「仍て按ずるに、婚姻の予約は将来に於て適法なる婚姻を為すべきことを目的とする契約にして、其契約は亦適法にして有効なりとす。法律上之により、当事者をして其の約旨に従い婚姻を為さしむることを強制することを得ざるも、当事者の一方が正当の理由なくして其約に違反し、婚姻をなすことを拒絶したる場合に於ては、其一方は相手方が其約を信じたるが為に被むりたる有形無形の損害を賠償する責に任ずべきものとす。蓋し婚姻は戸籍吏に届出づるに因りて初めて其の効力を生じ、其当時に於て当事者は婚姻を為すと為さざるとの意思の自由を享有するを以て、当事者が将来婚姻を為すべきことを約したる場合に於ても、其約旨に従ひ、婚姻を為すことを強ゆること得ず。然れども婚姻を為す当事者は其届出以前に先づ将来婚姻を為すべきことを約し、而して後、其約の実行として届出を為すは普通の事例にして、其約を為すことは実に婚姻成立の前提事項に属し、因より法律上正当として是認する所なれば適法の行為なるや言を俟たず。而して其契約は当事者が相互間に将来婚姻の成立せんことを欲して誠実に之が実行を期し、其確乎たる信念に基き之を約すべきものなることは、其の契約の性質上当に然るべき所なり。従って既に之を約したるときは、各当事者は之を信じて相当なる準備の行為を為し、尚は進みて慣習上婚姻の儀式を挙行し事実上夫婦同様の生活を開始するに至ることあり。斯の如きは婚姻の成立するに至るに相当なる経路として普通に行わるる事例にして、因より公序良俗に反することなく、社会の通念に於て正当視する所なり。然るに若し当事者の一方が正当の理由なくして其約に違反し婚姻を為すことを拒絶したりとせんか、之が為めに相手方が其約を信じて為したる準備行為は徒労損失に帰し、其の品位声誉は毀損せらるる等有形無形の損害を相手方に被らしむ

るに至ることなしとせず。是れ其契約の性質上当に生すべき当事者の婚姻成立予期の信念に反し、其信念を生ぜしめたる当事者一方の違約に原因するものなれば、其違約者たる一方は被害者たる相手方に対し如上有形無形の損害を賠償する責任あることは正義公平を旨とする社会観念の当然とする所にして、法律の精神亦之に外ならずも解すべきを以てなり。……畢竟上告人が当事者間に成立したる婚姻の予約を履行せざるものに外ならざれば、之に因りて生じたる損害の賠償は違約を原因として請求を為すことを要し不法行為を原因として請求すべきものにあらず。然るに本訴請求は全く不法行為を原因として主張したるものなること記録上明確にして其原因とする所既に失当なれば此点に於て棄却すべきものとす」。

3 条　　理

条理（nature of things, Natur der Sache）とは、事物の性質、ものごとの道理あるいはすじみちをいう。裁判は法に準拠して行なわれるものであるが、成文法も、慣習法も存在しない場合に裁判所は一体なににもとづいて裁判をしたらよいのであろうか。この点について 1875 年 6 月 8 日の太政官布告第 103 号「裁判事務心得」は、「民事ノ裁判ニ成文ナキモノハ習慣ニ依リ習慣ナキモノハ条理ヲ推考シテ裁判スヘシ」（第 3 条）と定めている。同様の規定はスイス民法（1907 年）にもみられ、その第 1 条で、この法律に規定がないときは、裁判官は慣習法に従い、慣習法もないときは、自己が立法者であるならば、法規として定めるであろうと考えるところに従って裁判をなすべきであるとしている。この規定は、条理の内容を示したものと考えられているのであるが、成文法も慣習法も適用すべき法がないからといって、裁判を拒否することが許されない裁判制度の建てまえを明らかにしたものである。

ところで条理が、法源になりうるかどうかについては議論の存するところである。条理が裁判にあたって判断の基準になることは事実であるが、条理は法そのものではなく、あえてこれを法源とみなすことはできないものである。

第5章 法 の 分 類

第1節 公法と私法および社会法

1 公法と私法

1）公法と私法

　法を公法（public law, öffentliches Recht）と私法（private law, Privatrecht）とに区別することは、ローマ法以来の伝統的な法律学の一般とするところである。公法と私法との区別をわれわれの社会生活に即してみてみるならば、公法というのは、縦の関係すなわち上下の垂直線的な生活関係を規律する法規範の系統であり、私法は、横の関係すなわち左右にひろがる水平線的な生活関係を規律する法規範の系統である。両者の区別は法体系においてみられるもので、具体的には憲法、行政法、刑法、訴訟法等は公法に属し、民法、商法等は私法に属するものとされる。

2）両者の区別に関する学説

　公法と私法の両概念を区別する理論的標準に関しては、従来種々の説があり、これは主に19世紀におけるフランス、ドイツの法学者によって研究されてきているところであるが、今日なお学説の一致をみていない。今その主なものをあげてみる。

　⑴　**利益説**　　法の保護する利益が、公益か私益かを標準として区別する説であり、公法は公益の保護を目的とする法であり、私法は私益の保護を目的とする法であるとする。この見解は、すでに古くはローマのウルピアヌスの「公法は、ローマ国の地位に関するもので、私法は、個人の利益に関する

第5章 法の分類　45

ものである」という学説にもとづくが、その後ドイツの学者でこれを受けつ
いだ者が多く、近くはトーン (Thorn)、アーレンス (Ahrens)、ラッソン
(Lasson)、シュミット (R. Schmidt) 等によって主張されている。しかしこの
説に対して非難がないわけではない。それは、法は元来、国家社会生活に関
するもので、法は公益と私益両面の保護を目的とする場合が多いのである。
たとえば、民法で規定している制限行為能力者制度、相続制度等は、私益を
保護しつつ、それと同時に公益的見地からもこれを規定しているのである。
理論的に考えて、純粋な私益といわれるものはないのであり、いずれにして
もこの説は、公益と私益との区別を不明瞭にしているといわれる。

　(2)　**主体説**　　法律関係の少なくとも一方の主体が、国家その他の公共団
体である場合の法律関係を規律するのが公法であり、法律関係の主体の双方
が私人である場合の法律関係を規律するのが私法であるとする。これは、法
律関係の主体を標準として公法と私法とを区別するもので、フランスの学者
や、ドイツのイェリネック、イギリスのホーランド (E. Holland) 等によって
唱えられた。たとえば、国家その他の公益団体と私人との間に行なわれる法
律行為すなわち、売買、請負、運送等の契約は、本来私法の支配に服するも
のである。ところがこの説に従うと、この法律関係は公法関係であって私法
関係でないことになる。主体説は、この点を十分に説明することはできない
ことになる。

　(3)　**法律関係説**　　法の規定する関係を標準として、公法と私法との区別
を試みる説で、国家と国民との間の権力服従関係を規律するものが公法で、
国民相互間の平等関係を規律するものが私法であるとする。この説をとる者
がすこぶる多い。

　(4)　**生活関係説**　　人の生活関係は、国民としての国家的な生活関係と、
人類としての市民的な生活関係に区別され、前者を規律するものが公法であ
り、後者を規律するのが私法であるとする。この説をもって通説とされてい
る。

3）公法私法区別の歴史性

　公法と私法の区別は、理論的なものではなく歴史的なものである。これは

特定の政治的、経済的、社会的な実際の必要にもとづいているものである。公法と私法の区別の起源はローマ法に求められるが、その重要な意義が認められるようになったのはいうまでもなく近代資本主義社会に入ってからのことである。封建国家においては、領土や人民は君主の私有物視されていたため公法私法の区別が生じる余地はなかった。ことにフランス革命によって、はじめて近代的市民社会が成立し、私有財産や契約自由の原則等の確立により、概念的にではあるけれども国家生活と社会生活が一応分離した。そしてここに、私法は公法に対して区別される指導精神を創造したのである。そこで、私人が広い範囲で自由に法律関係を創設することを認められるにおよび、国家は国民の私生活に対して直接的、権力的に干渉することをさし控え、国家は、ただいわゆる夜警国家として自由な取引を保護、育成すべきものであるとする建てまえが貫かれた。ここにおいての個人の私的活動は、まったく自由平等に営まれなければならないとされ、自治に委ねられた。このようにして近代自由主義国家は、当然にして公法と私法とを完全に分離した。ところが近代資本主義経済の発展があまりにも高度化するにつれ、いくつかの病弊に見舞われることになった。この弊害を規整するために、ここに社会本位、団体本位という国家的な立場から、公共の福祉を実現すべく私法原理の修正が試みられた。これが、いわゆる私法の公法化という現象である。

2 社 会 法

　公法と私法の区別に関連して社会法（social law, Sozialrecht）が存在する。社会法は、国家生活と社会生活とが密接不可分の関係になり、団体本位、社会本位の原理から生成されたものであり、公法と私法との中間に属し、公法にも属さず、私法にも属さず、しかも両者の性質を同時に備えているものでいわゆる第3の法域といわれているものである。社会法は、近代市民社会の秩序を認めながら、経済的被支配階級の利益を、経済的支配階級の社会経済的優位に対し保護し、もって個人の実質的平等を実現することを目的としていると解されている。社会法の分野として種々のものが考えられるが、労働法と経済法がこの領域を形成している。従来の通説は、法を公法と私法との

２つに区別していたが、第３の法域の出現により、この社会法を加えて法を三分するのが普通になっている。

第２節　一般法と特別法

　法は、法の効力および範囲を基準として、一般法（general law, gemein-gültiges Recht）と特別法（special law, Spezialrecht）とに分けられる。一般法とは、人、事項、地域についてなんの制限もなく法が全般に適用されるものをいい、たとえば民法や刑法等である。これに対して特別法とは、それらにつき特別に適用される法をいう。たとえば国民の一部に対してのみ適用されるものとして、皇室典範、弁護士法、医師法それに国家公務員法等があり、特殊の事項についてのみ適用されるものとして、借地借家法がある。それに領域の一部にのみ適用されるものとして、地方公共団体の条例、首都圏整備法（昭和31法83号）、大規模な災害の被災地における借地借家に関する特別措置法（平成25法61号）等がある。一般法と特別法というのは、絶対的な概念ではなく相対的な概念である。たとえば、商法は民法に対しては特別法であるが、小切手法、銀行法、信託法、倉庫業法等のように特殊の事項について規定した法に対しては一般法である。そこで両者の区別は、法律の効力の視点からする区別で、それを区別する実際上の実益は、「特別法は一般法に優先する」（lex specialis derogat legi generali）という原則にあり、特別法は一般法に対して優先して適用されることにある。つまり、特別法の規定のない部分については一般法が補充的に適用されるのである。

第３節　実体法と手続法

　実体法（substantive law, materielles Recht）とは、権利義務の実体すなわち、権利義務の種類、変動、効果等に関して規律する法をいい、手続法（adjective law, Verfahrensrecht）とは、権利義務の実質的内容を実現するための手段、方式等の手続を規律する法である。たとえば、民法、商法、刑法等は前者に

属し、民事訴訟法、刑事訴訟法等は後者に属する。

　沿革的にみると、法律はまず手続法から発生し、しかる後に漸次実体法ができたのであるが、論理的には、実体法が成立し、それを実現するために手続法がつくられるのである。今日においては、実体法が重要な意義をもち、手続法はこれに対し従属的なものとみられているが、実のところ実体法は手続法の存在があってこそはじめてその法律（実体法）は実現されることから、実体法と手続法は独自の存在意義を有しつつも密接な関係にあるといえる。

第4節　強行法と任意法

　強行法（imperative law, zwingendes Recht）とは、当事者の意思いかんにかかわらず適用される法であり、任意法（dispositive law, nachgiebiges Recht）は、当事者がその法と異なる意思を表示しない場合に限って適用される法をいう。この区別は、法を解釈する際にきわめて重要な意味がある。ところで憲法、行政法、刑法、刑事訴訟法、民事訴訟法等の公法の規定は、いずれも公の秩序に関するものであって強行法に属し、民法、商法等の私法の規定は、一般的に私的自治を許すから任意法である。民法第91条は「法律行為の当事者が法令中の公の秩序に関しない規定と異なる意思を表示したときは、その意思に従う」と規定しているが、実はこの趣旨をいっているものである。しかし、私法の中にも強行規定は少なくない。たとえば、物権、親族、相続等の法がそれである。強行法は、さらに①効力規定すなわちこれに反する行為が無効になるものと、②取締規定すなわちこれに反する行為自体は無効にしないが、違反者に対して一定の制裁を加えるものの2種類があり、任意法も、①当事者の意思を補充する補充規定と、②当事者の意思が不明な場合これを解釈し確定する解釈規定とがある。

　強行法と任意法との区別について、概念的形式的な標準を示すことは不可能である。これについては、法文中に明示されていることもある。たとえば「当事者が反対の意思を表示した場合には、適用しない」とか、「別段の定めがある場合を除き」等がそれである。しかしながら、このように明白な規定

がない場合には、強行法か任意法かの区別は非常に困難になる。そこで各個の法文について具体的に考えてきめられなければならない。それは解釈の問題となるが、その法文が公益、公序、公共福祉等に関するものかどうかを標準に、また同時に立法目的、理由を検討し、そして判断すべきである。

第5節　固有法と継受法

　固有法 (native law) とは、特定の国家において自ら生み出し、固有的に成立、発展した法であり、継受法 (adopted law) とは、外国で生成発展した法を自国に継受して成立する法をいう。これは、法規範成立の素材の差異を基準とした区別である。継受の根源となった諸外国の法を、母法 (mother law) と称し、これに対し継受法は、子法 (daughter law) とも呼ばれる。継受法は、直接継受法と間接継受法とに区別される。前者は、外国法をそのまま移入して自国法としたものであり、後者は、外国法を資料として自国法としたものである。

　ところで、固有法と継受法との区別は、絶対的ではなく相対的なものである。かつて継受した法も、長い年月の間に、その国の国民生活の中に浸透しやがて社会に定着し固有の文化と融合するに至った場合には、それはもはや継受法とはいわず、固有法と称して構わないであろう。たとえば、わが国において、上古・中古時代に、大宝律令や養老律令をはじめとして多数の中国法制を継受したことは周知のことであるが、それらは時間的経過と共に変化し、わが国情に完全に融合して日本的性格をもつに至っているので、明治維新以降（すなわち、ドイツ法・フランス法などの大陸法、第2次世界大戦後の英米法）の継受法に対し、固有法と呼ばれている。

50　第1編　法学総論

第6節　国内法と国際法

1　国内法と国際法

　国内法（municipal law）は、一国の主権の認められる範囲内において、国家と国民との関係および国民相互の関係を規律する法で、主として国の内部関係を規定するものである。国際法（international law）とは、国際社会における2個以上の国家間の合意にもとづき国家相互の権利義務を規律する法で、主として国家と国家との関係を規定するものである。国内法と国際法は、法を支持する主体および法の行なわれる範囲を標準とした分類である。

　従来、国際法が、はたして法としての性格を有するかどうかについて問題があった。国際法の法的性質を否定する説は、国際法は単なる実体的な国際道徳にすぎないとし、また統一的な政治権力がないから、法の本質である強制力に欠けているということを理由にあげている。しかし、今日においては、国際連合の組織があり、常設の国際司法裁判所も存在している。現に、国際法上の制裁、損害賠償、陳謝、復仇、自助、戦争などもある。ここで強制力ということは、事実的な意味ではなく、規範的な意味に解されるべきである。そのような意味で、今日では国際法も、強制手段を有しておりやはり法であるということになる。

2　国内法と国際法との関係

　国内法と国際法とは、いかなる関係におかれているかについては、従来から学説上、2つの立場がある。その一は、国内法と国際法とは互いにその性質を異にし、まったく別個の法体系を形成しているとする二元論である。二元論は、別の名を対立説または分立説とも称されている。他は、国内法と国際法とは、1つの統一的な法体系にあるとする一元論である。別の名を統一説とも称されている。この一元論は、さらに国内法を国際法よりも上位におく国内法優位説（フィリップ・ツオルン）と、国際法を上位におく国際法優位

第5章　法の分類　*51*

説（ウイン学派のケルゼン）に分かれている。今日では、国際社会関係の重要性を考慮して、国際法優位説が有力となりつつある。

第7節　自然法と実定法

1　自　然　法

　自然法（natural law, Naturrecht）とは、人為的なところから独立して、なんらかの先験的根拠にもとづいて存在し、時と場所とを超越した普遍妥当性をもち理性によって先験的に認識されうるものとされる法であり、別の名を理想法ともいわれる。自然法は、まず古代ギリシャの哲学思想の中にその萌芽がみられ、ついでローマに伝えられ、その後中世を経て近世初期に開花をみたものである。自然法の源泉は、自然をいかに解するかによって一様ではない。古代においては事物の永遠不変の本質に、中世ではキリスト教の神を中心とする神の意思に、近代では人間の本性または理性の中に求められてきた。ともあれ、自然法は、社会生活における正しきものを判断し、正しきものを行なわんとする人間の理性にその根拠をもつ法なのである。そしてこれは、実定法の上に位するものあるいは実定法をして法たらしめる核心をなすものであり、自然法をもって真実の法とみるものである。とすればこれに反する実定法は、法たる効力を有しないということになる。自然法は、実定法の上に立ち、すでに二千年来追求されてきたもので近世における啓蒙思想として、各時代において大きな実践的役割を演じてきた。しかし19世紀初頭、自然法はヨーロッパ諸国の法典編纂を契機として急速に凋落の一途をたどり、実定法だけを法として認める法実証主義にその席をゆずった。19世紀末頃、従来永遠不変の法であるとされた自然法も、その内容は時代に応じて変化するものであるとされ、それがいわゆる内容において変化する自然法（Naturrecht mit wechselndem Inhalt）である。20世紀における新しい自然法は、自然の普遍妥当性ではなくその発展に着眼し、ここに種々の形態で再生されて復活している。

2 実 定 法

　実定法（positive law, positives Recht）とは、国家の機関によって定立または認定され現実の社会で実際に行なわれている法、すなわち各時代に存在する各国の制定法、慣習法、判例法であり、別の名を現実法ともいわれる。実定法は、経験的事実にもとづいて成立するから、経験的な性格をもつ法であり、それは歴史的過程の中にみられるもので、時代と国家によって異なる相対的な法である。その意味で超経験的な性格をもつ自然法と対比される。

第6章　法の適用と解釈

第1節　法の適用

1　法の適用の意義

　法は、実践的な性格をもつ規範であり、われわれの社会に実際に行なわれるところにその意味がある。法は、社会秩序を維持するためにわれわれの日常生活の行動を、一般的抽象的な形式で規定しているものであるから、この普遍的抽象的な法内容を実現しなければならない。ここで法の適用とは、社会に実際に生じた具体的な事実に、この普遍的抽象的な法をあてはめて、法の内容を実現することにある。たとえば、甲が乙を射殺したという事実があるとき、これについては刑法第199条の「人を殺した者は、死刑又は無期若しくは5年以上の懲役に処する」という規定がある。そこでこの抽象的な条文を大前提とし、甲が何日どこで乙を殺したという具体的な事実を小前提にし、この大前提と小前提とから判決として、「甲を死刑に処する」というように論理的に推理して帰結を導きだすものであり、それはいわゆる三段論法の形式をとって行なわれるものである。そこで法を適用するということは、まず具体的な事実の確定と、それに法の解釈とを基礎として行なわれるのである。

2　事実の確定

　法を適用するについては、まず適用されるべき対象たる具体的な事実の存否および内容が確定されなければならない。事実を確定するといっても、す

54 第1編 法学総論

べての社会的事実が、そのまま法的な判断の対象になるものではない。複雑
多様な事実の中から、法の要求する事実だけを選びだすもので、それに法の
立場から価値判断をなすものである。したがって客観的に正しい事実は１つ
であり、いろいろに確定されるようなことはない。たとえば、同じく人を殺
したといっても、計画的に殺したのか、それとも間違って殺してしまったの
か、殺人の事実は動くものではないが、殺人の意思があったかどうかによっ
てその犯罪類型はもちろんのこと、刑の種類も違ってくるのである。そこで
これらの事実を明確化すなわち事実の認定することなくして、法の適用はで
きないということになる。特に、過去の事実を現在において正確に認識する
ということになるので、ここにおいて事実の確定とはいかに困難な仕事であ
るかがよくわかるものである。

　ところで、わが法制上事実の確定は、証拠にもとづいてなされる（刑事訴
訟法第317条、民事訴訟法第247条）ことを必要としている。事実の認定は、裁
判官による証拠の取捨の作業も含まれており、法的に価値判断することによ
って事実を整理することにある。しかし実際には、立証および証拠立ては、
はなはだ困難な場合が多く、また時として立証することが不可能な場合も少
なくないものである。そこでこのような場合に、法は立証のわずらわしさを
回避する目的で、公益その他の理由から、一定の事実の存在あるいは不存在
について、推定（Vermutung, présomption）と擬制（Fiktion, fiction）との２種
の便法を採用している。推定とは、一定の事実が明瞭でない場合に、当事者
の立証のわずらわしさを避けるために、法が普通に存在する状態すなわち周
囲の事情やものの道理を推してそれを基準として、一応事実の存在、不存在
を判断しこれに相当する法律的効果を与えることである。推定は、１つの便
宜的な取り扱いにすぎないから、これにより不利益を受ける当事者は反対の
事実を立証することにより、推定を覆すことが許される。推定というのは、
法文に「……と推定する」と規定しているのがこれであって、たとえば「占
有者が占有物について行使する権利は、適法に有するものと推定する」（民
法第188条）とか、「妻が婚姻中に懐胎した子は、夫の子と推定する」（民法第
772条）とするのはこの場合である。これに反して擬制というのは、法文に

「みなす」と規定されている場合がこれにあたるもので、この擬制は、法が公益を維持するためその他の理由から、事実の存在、不存在を判断しこれに相当する法律的効果を絶対的不動的に法政策上確定することである。すなわち擬制は、事実に反することを事実として処理するものである。そうすることが、われわれの日常生活関係を法的に合理的に規制しうると考えられるからである。そういうわけで法律でいう「みなす」は、推定するのと異なりそれはあくまで法律政策上の見地からの判断である。したがって、それが真実に反していても、推定された事実とちがっていてたとえ反証をあげてもこれを覆すことはできない。

3 法を適用する手続

　法は、国家によって適用されるのであるが、裁判を行なう手続としての訴訟には、民事訴訟と刑事訴訟の2つがあり、その手続は法律で詳細に定められている。

　民事訴訟は、私人間の権利義務に関する訴訟であり、それは国家司法機関が、私人の要求がある場合に、これにもとづいて当事者の私法上の権利ないし利益を保護するのを目的とする法上の手続である。簡単にいえば、民事事件に関する裁判の手続を定めたものである。訴えを提起する者を原告、訴えられた者を被告という。訴訟は自分ですることもできるが、通常は弁護士を代理人として依頼することになっている。弁護士以外の者は、原則として訴訟代理人となることは許されない（民事訴訟法第54条）。それは、訴訟手続は非常に技術的に構成されているためである。民事訴訟では、原則として弁論主義が採用されており、証拠は当事者から提出された証拠にのみ限定され、訴訟における事実関係の解明を当事者の権能とし、かつ責任とする主義である。訴訟は、当事者の訴えによって始まるのであるが、裁判所は申立ての範囲をこえて裁判することはできない。また訴えを取り下げることもできる。ここで争われるのは、あくまで当事者間の権利、義務に関するものゆえ、裁判所は当事者の主張に反して職権で事実を調査するようなことはしない。民事訴訟には、1つとして、判決による保護を要求する手続たる判決手続と、

56　第1編　法学総論

2つには、強制執行による保護を要求する手続たる強制執行手続とがある。

　これに対し、刑事訴訟は、国家司法機関が、犯罪をおかした者に対し裁判の方法により国家の具体的な刑罰権行使を目的として、刑事処分をする手続である。簡単にいえば、刑事事件に関する裁判の手続を定めたものである。そしてその理念は、実体的真実主義にある。刑事訴訟には、裁判所と検察官と被告人の三者が関与し、検察官と被告人両当事者間で攻撃および防禦をすることにより訴訟は進行し、発展するもので、これに第三者たる裁判所が法の適用判決をするのである。裁判所の取調べは、民事訴訟と異なり、職権審理である。有罪の判決があり、判決の確定により公判手続は終了し、続いて、法律に従って刑が執行されるのである。このように、民事訴訟、刑事訴訟とも、国家制度であることについては共通の法理にたっているが、対象が異なることによりその原則には大きなちがいがあることに注意してほしい。

4　法を適用する機関

　法の適用は、最終的に公権的判断をする機能をもつ国家機関たる裁判所によって行なわれるものである。すべて司法権は、裁判所に帰属するものとされる。大日本帝国憲法においての司法権は、民事、刑事事件の裁判に限定されていたが、現行憲法はかつてみられた特別裁判所の設置を認めない（憲法第76条2項）から、裁判所は、民事、刑事事件に限らず行政事件をもひろく一切の事件の裁判を取り扱うことになったのである（裁判所法第3条）。わが国の現行法上認められる裁判所は、「すべて司法権は、最高裁判所及び法律の定めるところにより設置する下級裁判所に属する」（憲法第76条1項）と規定しているように、最高裁判所と下級裁判所に大別され、下級裁判所はさらに高等裁判所、地方裁判所、家庭裁判所それに簡易裁判所の4種類がある。裁判所における審級については、原則として三審制がとられているが、これは裁判を慎重にするというのがその意図するところである。すなわち、第一審判決に不服な者は、さらに上級審へと上訴することができる仕組みで、事件の内容によって異なるが、原則として地方裁判所が第一審、高等裁判所が第二審（控訴）、最高裁判所が第三審（上告）である。第一審および第二審は、

事実審であり、第三審は法令違反を理由としてのみするもので法律審である。

〔参考〕　裁判所の管轄と審級

〈民事訴訟〉

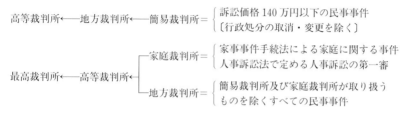

〈刑事訴訟〉

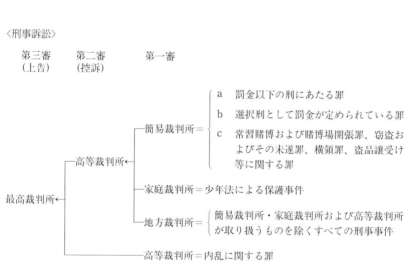

58　第1編　法学総論

第2節　法　の　解　釈

1　法の解釈の必要性

　法は、社会の秩序を維持するためにわれわれの行動を規制するものであるが、この生活関係において、個々の具体的事実に対し法を正しく適用するためには、ただ法を知るだけでは不十分であり、法の意味内容を正しく理解していなければならない。法が正しく理解されていなければ、正しい法の適用等は行なわれるはずがない。そこで、法の解釈 (interpretation of law, Rechtsauslegung) とは、抽象的に規定されている法の意味内容を明確化することにあるといえる。法の解釈は、成文法、不文法の両者について行なわれるものであるが、特に成文法については重要な意味がある。

　法は、われわれに対し当為を定めなにを命令し、なにを禁止しているか明言しているので、法の解釈をまたなくともよいはずである。しかし、ことさらその解釈を必要とするのは、いかなる理由にもとづくものなのだろうか。それは、法の規定の仕方が一般に抽象的、形式的、概念的などにできているためである。法は、有限の抽象的な形式によって、無限に変化するわれわれの千差万別の具体的な行動を規制するものであるから、どうしても個々具体的な事例がもつ特殊性を捨て、類型とか典型とかの形でいきおい一般的抽象的にその規範内容を規定せざるをえなくなる。法は、個々の具体的事実を予想して、抽象的に規定されたものであるから、ここにその意味内容を明確にするために法の解釈が必要になる。ところで法は、人間によって制定されるものであるから、そこには完全無欠な法など期待できるものではない。ナポレオンは、自分の制定した民法典が公布されて間もなく、トウリエによるその註釈書が世に公刊されたのをみて「わが法典は失われた」(Mon code est perdu!) といって嘆いたといわれている。立法者は、ある程度、将来を予測して法を制定するものではあるが、世の中に起こる事件は数多く、そのすべてのおこりうる事件をあらかじめ規定することは不可能である。また社会の

変遷と共に、社会の生活は、立法者の意図するところから遊離し、法律みずから予見しなかった新しい事実の発生に直面して、いかんともし難くなるものである。したがって法の解釈は、同時に法の不備あるいは欠陥を補うことでもある。

　ところで、法と国文は、同じく一定の文章で表現するという形態をとっているが、両者は本質的に異なった性格をもっているものである。法の世界には、国文の解釈とちがって法特有の解釈のあることを認識しなければならない。例をあげよう。刑法で窃盗罪について、「他人の財物を窃取した者は、窃盗の罪とし、10 年以下の懲役又は 50 万円以下の罰金に処する」(刑法第235条) と規定している。そこで「財物」をとりあげこれを解釈してみると、国文の解釈では、かねと品物と解する。これに対して法の解釈は、有体物と解されているが、物理的に管理が可能であれば無体物も含むとするのである。つぎに他人の財物の「の」というのは、いかなる意味があるのであろうか。国文では、他人と財物との間にあって両者の関係を示すもので、所属を意味するという。しかし、これだけでは法の解釈としては、不十分であり通用しない。なぜなら法の世界においては、所属の態様が問題になるのであり、それは所有権をもつという意味なのか、それとも占有という現実的な事態を意味するのか、この点が問題になるからである。占有といっても、正当な原因にもとづく占有なのか、また正当な原因にもとづかない占有の場合もある。ここで他人の財物の「の」というのは、所有権がなくとも占有をもって足りるものである。換言すれば、所持とか、管理といい、現実の事態を意味するもので、これが法特有の解釈というものである。

2　概念法学と自由法論

　19 世紀の後半、特にヨーロッパ諸国においては続々と法典編纂が行なわれ、これに対応してその制定法を唯一絶対のものとする法条崇拝の傾向が生まれた。これがいわゆる概念法学 (Begriffsjurisprudenz) といわれるものである。これは、法の無欠缺性と論理的自足完結性とを前提とするもので、法律の概念は、普遍的でそして不易のものであるとし、法律学の任務は、形式的

論理をもって精密な法概念の体系を構成する作業につきるとする。そして法の適用解釈は、文字解釈とか文理解釈とかに重点をおく形式論理を操作して行なわれるべきであるとし、いわば秩序に重きをおく。これはドイツのヴィンドシャイト (Windscheid, 1817~1892) や、デルンブルヒ (Derungburg, 1829~1907) 等によって主張された。これによると、裁判官は「上部の穴から事件を挿入して、下部の穴から判決を引き出す自動機械」にすぎないものである。制定法の解釈や、註釈のみに終始する概念法学は、法律を概念化すると共に固定化してしまい、そして人間の現実の社会からかけ離れ法本来の使命を忘れたものとして非難されるものである。この概念法学の宿命的な態度に徹底的な反対の意を示し、批判するためにたちあがったものが、いわゆる自由法論 (Freirechtstheorie) と呼ばれるものである。これは、概念法学の形式的論理主義を排斥し、変転する社会において生きた法を科学的に探究し、法の実践的使命をまず自覚することにより、また法典の前に自動機械化した裁判官をその拘束から解放し、もって自由な法の発見すなわち法の創造的機能を認め、実体的論理——形式的論理を超越して価値の論理によってわれわれの社会に妥当させようとするものである。いわば法律的衡平ということがその特長になっている。自由法論は、19 世紀から 20 世紀の初頭にかけてドイツおよびフランスを中心にして起こったものであり、その主唱者としてイェーリング、サレイユ (Saleilles, 1855~1912)、ジェニー (F. Gény, 1861~1959) 等がいる。しかし法の解釈を、法典を離れて生きた法を科学的に自由に探究するといっても、それは裁判官の独善的独断、恣意的価値判断に委ねられることになり、その意味では法的安定性を害することになる。それで自由法論をもって感情法学 (Gefühlsjurisprudenz) だと非難する者もいる。しかしながら、自由法論が、概念法学の欠点を露呈し、今日の法律学に多大の影響力をおよぼしたことは事実であり、それは認めなければならない。そこで主観的恣意を防止するために、なんらかの客観的基準が必要とされる。そのために、われわれの現実の社会生活の中に生きて活動している法に着眼し、事実としての社会現象として法を把握するという法社会学への道をひらいたのである。自由な法の発見という主張のもとに法社会学を提唱した者としては、ドイツの

カントロヴィッツ (H. Kantorowicz, 1877~1940)、オーストリアのエールリッヒ (E. Ehrlich, 1862~1922) がいる。

3 法の解釈

法の解釈は、1つの価値判断であり、価値的解釈である。法律は、社会の要求に応じてその意義はつねに変化するものである。したがってわれわれは、法律の精神をよくとらえて解釈しなければならない。ところで、法の解釈にはいろいろの方法があるが、これを大別すると有権解釈 (authentic interpretation, authentishe Interpretation) と学理解釈 (doctorinal interpretation, wissenschaftliche Auslegung) の2つに分けられ、後者はさらに数個に区別されるのである。

1) 有権解釈

有権解釈とは、法規の意味内容を国家機関によって確定され、あるいは明らかにされることで、法規の疑義を解決する権限を有するものによりなされるから、公権解釈または立法解釈とも呼ばれる。有権解釈は、新しい法律すなわち解釈規定を創設することであって、固有の意味における法解釈とはちがうものである。有権解釈は、解釈される法規と同一の法令中に解釈規定を設けるのがその典型的なものである。たとえば、民法第85条は「この法律において『物』とは、有体物をいう」と規定し、また刑法第7条は「この法律において『公務員』とは、国又は地方公共団体の職員その他法令により公務に従事する議員、委員その他の職員をいう」と規定しているのはこの類である。ときによっては、法令中に実例を挿入して解釈の標準を示している場合もある。たとえば民法第33条2項は「学術、技芸、慈善、祭祀、宗教その他の公益を目的とする法人、営利事業を営むことを目的とする法人その他の法人……」と規定しているが、これは公益に関することについて、具体的な例を提示しているものである。また場合によっては、解釈規定を附属法令に設けることもある。民法第467条2項で規定する「確定日付のある証書」の意義についての解釈規定が、その付属法の民法施行法第5条にみられるのがこの例である。それに有権解釈の中には、この立法解釈の他に、裁判所の

判決を通じて行なわれる司法解釈と、行政官庁が法の執行にさいして行なう行政解釈も含まれる。

2）学 理 解 釈

学理解釈とは、学理にもとづいて法の意味内容を確定するものであり、通常の意味における法の解釈である。これに文理解釈と論理解釈とがある。

⑴ **文理解釈**　　文理解釈とは、法文の文字や文章に重点をおき、この意味を確定することである。成文法は、文字文章の言語的表現の形式をとっているので、法の解釈はまずこの文理解釈からはじまらなければならない。そしてこれは、文字の意味、文章の配列、つながり、構成等を検討し、もって法文としての意味内容を一段と明確にするものである。この解釈においては、法規の文意に即し、通常の意味で解されるべきものとしているが、それでも法特有の用語、たとえば、人、物、故意、過失、善意、悪意等もあることに注意しなければならない。

⑵ **論理解釈**　　論理解釈とは、法文の文句にとらわれることなく、立法の目的、沿革、精神、適用結果等その他一切の事情を斟酌し、論理の法則にしたがって法文を合理的に判断してその意味を確定することである。しかしそれはあくまでも文理解釈との関連において行なわれるもので、法文の意味を無視して自由な論理的展開を許すものではない。論理解釈の中には、拡張解釈、縮小解釈、反対解釈、勿論解釈、変更解釈それに類推解釈等の方法がある。

まず拡張解釈であるが、法律の真意に合致するように法文やその文字を拡張して解釈するもので、その範囲においては法の文字から離れるものであるが、法の精神あるいは妥当性を得るような解釈の方法である。たとえば、「車馬通行禁止」という立札がある場合、車と馬の通行を禁止するものであるが、馬という意味はその中には牛もロバも含むとひろく解釈するのがこれである。また刑法第175条は、「わいせつな文書、図画、電磁的記録に係る記録媒体その他の物を頒布し、又は公然と陳列した者は、2年以下の懲役若しくは250万円以下の罰金若しくは科料に処し、又は懲役及び罰金を併科する。電気通信の送信によりわいせつな電磁的記録その他の記録を頒布した者

も、同様とする」と規定してあるが、ここで陳列とは、映画の映写も含む（大判大正 15 年 6 月 19 日刑集 5 巻 267 頁）ものと拡張して解釈されている。

　縮小解釈とは、法文の意味を通常の用例より縮小して解釈するもので、制限解釈ともいわれる。これは拡張解釈の反対の場合として存在するものである。たとえば民法第 177 条は「不動産に関する物権の得喪及び変更は、不動産登記法（平成 16 法 123 号）その他の登記に関する法律の定めるところに従いその登記をしなければ、第三者に対抗することができない」と規定しているが、ここにおける第三者というのは、法文をそのまま解釈すれば、当事者以外はすべて第三者ということになる。しかしながらここでいう第三者とは、第三者を限定して、登記の欠缺を主張するのに「正当の利益を有する第三者」に限るというようにせまく解釈するのがこれである。

　反対解釈とは、法が一定の事項を認めているとき、その他の事項に対して反対の効果を認める趣旨と推理する解釈をいう。民法第 3 条 1 項は「私権の享有は、出生に始まる」と規定しているが、これから、胎児には権利能力としての私権は認められないというように解釈するのがこの例である。

　勿論解釈とは、法令である事実を定めているときに、他の一定の類似事項について同じ法理が事物の性質上当然に妥当する場合に適用するもので、たとえば、前記の「車馬通行禁止」の場合で、馬の通行を禁止するのは、象やライオンはもちろん通行禁止であると解釈するとか、民法で過失が責任を負わせられる場合には、過失よりもっと重い故意はもちろん含まれると解するものである。

　変更解釈というのは、法文の字句が誤まっているとか、不正確であるとかの場合に、法文の文字を変更あるいは補正して法の趣旨に合致するように解釈することをいうのであり、補正解釈とも称されている。民法第 276 条で「永小作人が引き続き 2 年以上小作料の支払を怠ったときは、土地の所有者は、永小作権の消滅を請求することができる」と規定しているが、ここで請求という意味は、相手方の承認を必要とせず、直ちに法律的効果が発生する一方的な意思表示すなわち告知の意味に変更して解釈するのがこの例である。

　そして最後に類推解釈であるが、これはある一定の事項について規定して

ある法規を、その事項と類似する他の事項にも適用しようとするもので、これは法理が同じであるときは法律上同じ取り扱いを受けるのが当然であるという考え方にもとづくものである。前例の「車馬通行禁止」が、馬がいけないのは当然であるから、これから類推して象の通行もいけないと解するのがいわゆる類推解釈である。たとえば、有名な電気窃盗事件（大判明治36年5月21日刑録9輯14巻874頁）は、類推の適例である。

〔参考〕　電気窃盗事件
【事実】　電気商会を経営するXは、使用人Yに命じ、電灯線に勝手に支線をつけて工場に電灯をつけた。旧刑法は、現行刑法235条に相当する366条に「人ノ所有物ヲ窃取シタル者ハ窃盗ノ罪ト為シ、2月以上4年以下ノ重禁錮ニ処ス」と規定するのみで、現行刑法245条に相当する規定がなかった。そこで、この電気を窃取した行為が、旧刑法366条の「他人の所有物」の窃取に該当するか否かが問題とされた。第一審横浜地方裁判所は肯定したが、原審である東京控訴院は、窃盗罪の目的物は有体物（固体、液体、気体）に限られており、電気は有体物ではないから物ではないとして無罪にした。そこで検察官が上告をした。これに対して大審院は、つぎのように答えた。
【判旨】　「刑法に於て物と称するは果して如何なるものを謂ふやは自から刑法の解釈上の問題に属し、必ずしも物理学上及民法上の観念のみに依拠することを要せざるものなり。依て刑法第366条に所謂る物とは如何なる物を意味するかを按ずるに、刑法は一般的に物の定義を与えず、又、窃盗の目的たることを得べき物の範囲を限定せざるを以て、或物にして苟くも窃盗罪の基本的要素を充たし得べき特性を有するに於ては窃盗罪の目的物たることを得べし、之に反して窃盗罪の観念と相容れざる物は窃盗罪の目的たることを得ざるものと解釈せざるべからず。換言すれば、刑法が窃盗罪の基本的要素となせる窃盗の観念は自から窃盗罪の目的たることを得べき物の範囲を確定するの作用を為すものにして、窃盗罪の成立に必要なる窃盗の客体たるに適する物は窃盗罪の目的となり、窃盗の客体として不適当なる物は窃盗罪の目的たることを得ざるものと解すべきものとす。何となれば、刑法が窃盗の目的たることを得べき物の範囲を限定すれば即ち止む。既に其範囲を限定せず、又、目的物の窃取を以て窃盗罪の基本的要素となしたる以上は、法文の解釈上犯罪の上立の要件たる窃取可能の特性を有する物は其何たるを論ぜず総て窃盗罪の目的たることを得ると同時に此特性を具うる物にあらざれば本罪の目的たることを得ざるものと論結すべきは事理の当然にして、窃取可能性を具うるものたるに拘はらず之を窃盗罪の目的物より除外し窃取の不可能なる物を窃盗罪の目的中に包含せしむるは、法文の主旨に添はざるものにして格段なる憑拠あるにあらざれば為し得べからざるものなればなり。

第6章 法の適用と解釈　65

（中略）刑法366条の所有物なる語は民法に所謂る所有権の目的たる有体物を指したるものと解し得べきが如しと雖も、所有なる語も亦極めて広き意義を有し有体無体の別なく人と物との帰属関係を表明し、人が法律上目的物上に完全なる支配権を行うことを得べき状態を指示するが為めに用いられ来りたるものなれば、刑法に所謂る所有物なる語は直に民法に謂う所の所有権の目的たる有体物の意義に解すること能はざるものとす。要するに我刑法の解釈として窃盗の目的物を有体物に限定すべき確然たる証拠なきを以て、窃取の目的たることを得べき物を以て窃盗罪の目的物となさざるを得ず。而して刑法第366条に所謂る窃取とは他人の所持する物を不法に自己の所持内に移すの所為を意味し、人の理想のみに存する無形物は之を所持すること能はざるものなれば窃盗の目的たることを得ざるは論を待たず。然れども所持の可能なるが為めには、五官の作用に依りて認識し得べき形而下の物たるを以て足れりとし有体物たることを必要とせず。何となれば、此種の物にして独立の存在を有し人力を以て任意に支配せられ得べき特性を有するに於ては、之を所持し其所持を継続し移転することを得べければなり。約言すれば、可動性及び管理可能性の有無を以て窃盗罪の目的たることを得べき物と否らざる物とを区別するの唯一の標準となすべきものとす。而して電流は有体物にあらざるも、五官の作用に依りて其存在を認識することを得べきものにして、之を容器に収容して独立の存在を有せしむることを得るは勿論、容器に蓄積して之を所持し一の場所より他の場所に移転する等人力を以て任意に支配することを得べく、可動性と管理可能性とを共有するを以て優に窃盗罪の成立に必要なる窃取の要件を充たすことを得べし。故に他人の所持する他人の電流を不法に奪取して之を自己の所持内に置きたる者は刑法第366条に所謂る他人の所有物を窃取したるものにして窃盗罪の犯人として刑罰の制裁を受けざるべからざるや明なり。然るに原院に於て窃盗罪の目的物は有体物に限るものとし、而して電流は有体物にあらざるが故に窃盗罪の目的たることを得ずとの理由を以て被告に無罪を言渡したるは失当の判決たるを免れず」。

第7章 法の効力

第1節 法の実質的効力

1 法の妥当性と実効性

　法は、われわれの住んでいる現実の社会生活において実際に行なわれ、そして規律しているものである。そこで、法が目的としている内容を現実の社会の中で実現されていることを法の効力 (Geltung des Rechts) といっている。現実の社会において実現されているものには、法だけではなく、他に道徳、慣習、宗教等の社会規範も存在する。しかしここにおいて、法は他の規範と異なった法特有の実現のされ方すなわち効力がある。法は、行為規範と強制規範とからなる複合体をつくっているものである。法は規範であり、その規範内容が社会生活の事実の中に滲透し、事実を動かし、また事実となって自己を実現しなければならないという要求をもっている。ここで法が効力をもつということは、この法の内容が実際に実現されるために、その法が規範的な妥当性 (Gültigkeit) をもっているものでなければならない。同時にまた、行為規範に違反する行為があった場合に、違反者に対して強制規範が発動するというようにして、この法が人々にとって現実に遵守されることが必要であり、事実的な実効性 (Wirksamkeit) をもたなければならない。そこで法の妥当性は、法的規範意味内容の実現への要求であり、これに対して法の実効性は、法的規範意味内容が人間の行態に実現されることであるということになる。このようにして、法は、妥当性と実効性とをかね備えてはじめて実定法たりうるものであり、この両者は、相互に密接不可分の関係で結合するも

ので、これが法の効力の本質なのである。

2 法の効力の根拠

　法が、現実の社会において実現されている、といいうるためには、法はまず、その法自身、実現されるに足る正当な意味・内容、換言するなら妥当性をもつものでなければならない。ところで、法が効力を有するのはいかなる理由によるか、すなわち、法の効力を根拠づけるものはなんであるか、ということについては、古くから幾多の学説があるが、その代表的なもののみをあげてみるとつぎのようなものがある。

1) 神 意 説

　法の効力の根拠を、神の意思に求める説で、法は全能の神の意思の示現であるとする。そしてそれは、法と宗教との分離が明確でなかった時代に考えられた思想である。世界最古の法典といわれるバビロニアのハンムラビ法典 (Code of Hammurabi, Hammurabi's Gesetz) をはじめとして、ユダヤのモーゼ法典 (Code of Moses) 等多くは神の意思にもとづくものである。中世から近世初頭にかけてのあの有名な王権神授説も、この流れをくむもので神意説の一形態と考えられている。この説は、現在のように、宗教と科学とが明確に区別されてくると経験的事実にあわなくなり、科学的根拠を欠くものといわれ批判されている。

2) 自 然 法 説

　この説は、自然の条理、普遍的な正義にもとづく自然法すなわち時と場所とを超越して永久不変の法則の存在を考え、立法者は、この自然法を探究してこれを成文に表すべきであり、実定法がこの自然法に反するときは効力をもたないというのである。

3) 歴 史 法 説

　法は、言語や風俗と同様に歴史的慣行によって、民族の間に自然、無意識的に発生するもので、それは民族精神 (Volksgeist) の発現であり、法の効力の根拠は、民族の法的確信 (Rechtsüberzeugung) にあるとする説である。そして法の唯一の淵源を慣習法に求め、これが民族精神の発現であるとする。

68 第1編 法学総論

しかしドイツでは、ローマ法を継受したのであるから、この事実をこの説か
らは説明することはできないことになる。また、民族精神をあまりにも過大
視してしまい、立法者の権威を不当に軽視してしまうのではないかという批
判もある。これは、19世紀の初頭、歴史法学派に属するドイツのサヴィニ
ー（F. K. von Savigny, 1779~1861）によって、主張されたものである。

4）命　令　説

　この説に従うと、法は、君主その他の主権者の人民に対する命令であると
し、法の効力の根拠は、主権者の意思にありとする説である。それでは、そ
のような法がなぜ守られなければならないのかというと、それは単に法は主
権者の命令であるからと答えるのみでそれ以上の答えはみいだせない。これ
は、すでに古くローマ帝政時代の法学者の「君主の可とするところ法の効力
を有す」（quod principi placuit legis habet vigorem）という思想の中にみられる
が、近世においては、これを学問的に体系化したイギリスの分析学派のオー
スティン（John Austin, 1790~1859）によって代表される。

5）実　力　説

　実力説というものは、法の根拠をもって支配者の実力にあるとみなす説で、
力は正義なりの法思想にみいだすことができる。この説は、古代ギリシャの
ソフィスト一派によって主張され、近世初頭においてはスピノザ等により主
張され、それは専制国家の法に正当化の根拠を与えるために行なわれたもの
で、19世紀後半においてはプルードン（P. J. Proudhon, 1809~1865）、グムプロ
ヴィッチ（Ludwig Gumplowicz, 1838~1909）、ラッチェンホーファー（Gustav
Ratzenhoffer, 1842~1904）等によって主張され、最近においては法的社会主義
者ラッサール（F. J. G. Lassall, 1825~1864）、エンゲルス（K. F. Engels, 1820~
1895）、今日においては、ヴィシンスキー（A. J. Vyshinsky, 1883~1945）のマル
クス主義学説によっても主張されているのである。

6）承　認　説

　これによると、法の効力の根拠は、社会生活を営んでいる人々の多数によ
って、一定の法規範が法として行なわれることを承認することにあるという
説である。ここでいう承認とは、法を積極的に支持するという自発的承認で

はなく、権力に屈し制裁を恐れてやむをえず不承不承に法に服するという非自発的承認はもちろんのこと、法についてなんの意識をもたない幼児や知的発達障害者等の無意識的承認をも含むものとする。この説は、19世紀後半のドイツのビーアリング（Ernst Rudolf Bierling, 1841～1919）によって主張されたものである。しかし、社会の一般人が法に対して、承認を与えているというのはどうしても事実に合致するものではない。あるいは、法というものは一定の手続により公布、施行されるもので、社会の一般人の承認の有無いかんとは関係がないものであるとの非難がなされているのである。

7）世　論　説

　世論説は、6）の承認説を一段とおし進めた説で、法の効力の根拠は、国民の受動的・消極的な承認の中にあるのではなく、能動的・積極的に社会を動かしていく世論にあるとする。承認は、既存の法の効力を説明しえても、新たな法が成立する根拠は説明しえない。悪法を改正・廃止し、国民の利益にかなった新法をつくりだす能動的な意向は、実は世論である。世論は、法を支える力にとどまらず、法を創りだす力でもある。世論の力こそ法の効力の根拠なのである。この説は、イギリスの憲法学者ダイシー（Albert Venn Dicey, 1835～1922）によって提唱されている。しかしながら、この世論の実体把握はきわめて難しいといわなければならない。

8）法 段 階 説

　これは、法の効力の根拠を、規範論理主義に立脚して、法の段階構造に求める学説である。この考え方によると、一国の法秩序には数多くの法規範が含まれ、それは相互に体系的に連関しているもので、法秩序の中には、立体的な上位、下位の法規範があり、それは段階的構造をなしている。1つの法規範は、その効力の根拠を自己の中にもつものではなく、上位の法規範にそれを求めているものである。そして下位の法の妥当性は、それが上位の法規範にもとづいて与えられるもので、そこに法の効力の根拠があるというのである。すなわちこの段階構造において、下位にある行政官庁の処分は命令に準拠し、それは上位の法たる法律にもとづいているもので上位の法規範と抵触しない限りで有効とされる。上位の法規範は、自己のもつ妥当性のゆえに

法規範を定立し、またその内容が下位の法規範を通じて具体化されていくということになる。このようにして、命令は法律に、法律は憲法に、その憲法の妥当性は最初に与えられた憲法にその効力を根拠づけられ、そしてここに、論理的要請から最高規範としての根本規範 (Grundnorm) を仮設する。換言すれば、法は根本規範にもとづいて実現されるので、これが法の究極の妥当根拠ということになる。これは、純粋法学の立場からケルゼンによって主張されたものであるが、この法段階説 (Stufentheorie des Rechts) は、あまりにも形式的に傾きすぎるとの批判を免れない。これは、国家権力の発動方式を法によって規制しようという政策的理念がその根底にあるものであり、法の妥当性についての根拠づけは説明できるにしても、法の実効性についてのそれはできないといわざるをえない。

3　悪法もまた法である

1）意　　義

　法は妥当性と実効性とをかね備えて、われわれの現実の社会に実現されていることは前述したところである。しかし現実の法が、すべて正しい法であるとみることはできない。法も数多く存在しているものであるから、中には現実に不正な法すなわち妥当性をそなえていない法もあるものであり、この妥当性に欠ける法のことを悪法という。ところでローマの昔から法格言として、「悪法もまた法である」(Dura lex, sed lex) ということがいわれているが、これは法にまつわる宿命的なもので、それは同時に法の本質的な課題でもある。これは、法である以上、たとえ悪法と認定される法であっても、それに従わなければならないということである。われわれの社会は、利益を追求する者の集団であり、法に対する評価は各個人によって各人のものの見方、すなわち世界観がそれぞれ異なっている。そこで各個人が勝手に悪法に対する価値判断の認定を行ない、その法の遵守を拒むことになれば、いうまでもなく社会の法秩序を維持することはできなくなる。しかし悪法といわれるものであっても、現実に裁判所によって適用されているものならば、それを直ちに法ではないといえないものである。そこで法が法として存在する限り、個

人で悪法であると、いともやさしく主観的に判断することは許されない。この意味で、悪法も法であるといわれる理由がある。具体的妥当性よりも法的安定性に重点をおけば、「悪法もまた法である」ことになり、これについては古くはソクラテスの処刑にその例がみられるが、その反面、法的安定性よりも具体的妥当性に重きをおけば、「悪法は法ではない」ということになる。

2）悪法判断の基準

　しかし、われわれはここにおいて、いかなる悪法にも従わねばならないのであろうか。誰が考えても正義に反するとか、妥当性を著しく欠くような法であれば、もはや法ではなく、悪法は法ではないといわなければならない。「悪法もまた法である」といっても、そこには一定の限界のあるものである。ある法が、はたして悪法といえるかどうかは簡単に定めることはできない。そこで、認定する基準をなにに求めるかということになる。たとえば、これを宗教的な見地から、道徳的な見地から、あるいはその他いろいろ考えられるが、悪法かどうかの認定基準は、われわれが法の世界に住むものであるゆえ、やはり法の世界に求められなければならない。結局のところ、この世の中でいちばん尊重されてしかるべき人間の権利、すなわち基本的人権が守られているかどうかを基準とすべきである。そういうことで、悪法かどうかの判断は、一定の基準に照らし一定の手続を踏んで行なわれるべきである。そして悪法といわれる法は、制定手続を通じて是正されなければならない。

第2節　法の形式的効力

　法の形式的効力とは、法の効力がどこまでおよぶか、すなわち法の適用範囲のことであり、また法の限界などともいわれている。法というものは、歴史的な流れの中で、国家権力がその時代の政治的、社会的要請にもとづいて制定するものであるから、特定の時代、特定の国とか、そういう限られた範囲内でのみ効力をもつものである。その意味で、法の効力には、歴史的・社会的な制約があるということになる。なお、法の効力のおよぶ範囲には、一般に「時間的」、「場所的」および「人的」に関して、一定の限界がある。

72　第1編　法学総論

1　時に関する効力

1）法の施行および廃止

　法の効力は、施行の日に始まり、廃止の日に終わるものであり、この効力
の有する期間を法の施行期間（または有効期間）という。その期間内、法は法
としての拘束力を発揮する。慣習法の効力は、成立と同時に始まるが、制定
法は施行の時から効力を生ずる。法の施行には、公布が必要である。ここで
公布とは、成立した成文法の内容をひろく国民一般に周知徹底させるために
設けられた方式である。公布の方法について旧「公式令」は、官報に掲載す
ると定めている（第12条）。そして公布されただけでは実際の拘束力が生ぜ
ず、施行日の到来によってはじめて現実的拘束力が生ずるのである。公布の
趣旨からいっても、法令の公布と施行との間には、一定の時間的間隔をおく
のが通例である。公布より施行に至るまでの一定期間を周知期間（または告
知期間）といっている。個々の法がいつから効力をもつようになるか、つま
り、法の施行期日は、その法令中に定められている。たとえば、日本国憲法
第100条は、「この憲法は公布の日から起算して6箇月を経過した日から、
これを施行する」と規定している。また場合によっては、附則で、「この法
律は、公布の日からこれを施行する」といわゆる公布即日施行を定めている
のもある。このように、特別の施行期日が定められていないときは、法律は
原則として、公布の日から起算して満20日を経て施行される（法の適用に関
する通則法第2条）ことになっている。

　法の効力は、法の廃止または変更されることによって消滅するが、その廃
止事由にもいろいろの形態がある。まず第1に、法があらかじめ施行期間を
限ることを明定している場合であって、法はその施行期間の満了によって廃
止される。たとえば臨時石炭鉱業管理法（昭和22法219号）が、「この法律の
有効期間は、この法律の施行の日から3年とする」とか、大学の運営に関す
る臨時措置法（昭和44法70号）は「この法律は、その施行の日から5年以内
に廃止するものとする」としているもので、これがいわゆる期限付立法ある
いは限時法といわれるものである。限時法については、その失効期間があら

第7章 法の効力　73

かじめ定められているので、その罰則の適用には、特別の考慮が払われなければならない。第2は、新法の明示規定をもって、すなわち、旧法を改正する新法が制定されると、旧法はその全部または一部の効力を消滅することになる。たとえば不動産登記法の旧法（明治32法24号）に「明治19年法律第1号登記法中地所及ヒ建物ノ登記ニ関スル規定ハ本法施行ノ日ヨリ之ヲ廃止ス」（第161条）と規定するのはその例である（平成16年に全部改正）。これに関しては、法の形式的効力による制限のあることに留意しなければならない。旧法の廃止を規定している新法は、少なくとも旧法と同等あるいはそれ以上の効力を有していなければならない。法の一部のみが廃止されたときは、その残部の法は新法と併合してその効力を有することになるのである。以上は、明示の廃止の場合であるが、黙示の廃止の場合のものである。第3は、法は、その目的事項が消滅することによって廃止される。終戦前に存在した樺太、朝鮮、台湾等いわゆる外地に関する法は現在その目的事項が全然存在しないものであるから、その存在理由を失い消滅したものとみられる。第4は、新法は、旧法を廃止するものである。国家の意思は、つねに統一的でなければならないし、また矛盾するものであってはならない。そこで同一の事項について、新法が旧法と抵触する時は、国家は後の意思をもって前の意思を改めたものとみられるから、その矛盾する限度で旧法は当然に廃止されたものとみなされる。「新法は旧法を改廃する」（Lex posterior derogat legi priori）という原則がこれである。しかしながら、これは同一事項について新旧両法が同一順位にある場合に関する原則であって、2個の法が普通法と特別法との関係にあるときは適用されない。

2）法律不遡及の原則

(1)　**意義**　法は、施行期日から将来に向かってだけ効力が生ずるものであって、その施行以前におこった出来事について遡って適用されないのが原則であり、これを法律不遡及の原則（Prinzip der Nichtrückwirkung）という。もし、法律に遡及効を認めて、その施行以前に生じた事項にまで適用されるとすると、人は現行の法に従って行動するものであるから、たとえば有効だと思って行なった法律行為が後日成立した法律によって無効になったり、前

には無罪であった行為が有罪になって罰せられたり、税が課せられないと思って行なった取引について後になって税が課せられたりするようになり、人々の社会生活に不測の混乱を生じさせ、法秩序を乱しひいては法的安定性を害することにもなるからである。この原則は、人の生命、自由、財産に密接な関係のある刑法において特に重要な意義をもつものである。行為をしたときには禁止規定、罰則がなかったのに、その事後に制定された法律によって犯罪とされ、遡及的にこれを処罰することは罪刑法定主義の原則に反することで、絶対に許されない。日本国憲法第39条は、「何人も、実行の時に適法であつた行為又は既に無罪とされた行為については、刑事上の責任を問はれない」と事後法禁止を規定しており、基本的人権の保障という見地から刑事裁判には、裁判時法ではなく、行為時法を適用すべき旨を明確にし、刑法の不遡及を保障している。この規定は、直接的には刑法の領域における罪刑法定主義に関する規定であるが、しかし、その意味は、なにも刑法の領域のみに限定される必要はないのであるから、法のすべての領域に適用される原則であるといえる。

(2) **例外**　法律不遡及の原則は、絶対的なものではなく、例外が認められている。施行以前の事項に対して新法の適用を認めることが、立法政策的に必要とされるときには、ある時期まで遡及して適用することがある。ここで、法律の遡及効といっても、それは法律の適用関係についてのことであり、ただ施行された法の適用を過去の事項におよぼすという意味である。たとえば、公務員の給与をベース・アップするための給与法の改正などが、それである。このような場合には、通例、附則の施行期日に関する規定において、「この法律は、公布の日から施行し、平成何年何月何日から適用する」というように過去の一定期日を明記して、遡及する旨が定められている。また、かつて、民法とか、旧借地法、旧借家法などに対しても、これに遡及効を認めたが、それはそうすることによって個人の権利を侵害するとか、社会生活の混乱とかが生じるものではなく、かえって社会の実状や人々の要求にかなうものとされたがためである。たとえば、民法施行法第59条の「民法605条ノ規定ハ民法施行前ニ為シタル不動産ノ賃貸借ニモ亦之ヲ適用ス」とある

のや、また、旧借地法附則2項の「本法ハ本法施行前ニ設定シタル借地権ニ付亦之ヲ適用ス」、旧借家法附則2項に「本法ハ本法施行前ニ為シタル建物ノ賃貸借ニ付亦之ヲ適用ス」と規定しているが、いずれもこの場合である。刑法の領域においては、法律不遡及の原則は厳格に維持されているが、しかし、従来、犯罪とされていた行為を、新法においては犯罪でないと規定するような法律に限って、すなわち犯罪人にとって利益となるような場合にのみ遡及効を認めることはさしつかえない（刑法第6条参照）。このようにして、今日、世界各国において、法的安定性を期するために、法律不遡及の原則が法による支配の前提として認められている。

3）既得権尊重の原則

　法律不遡及の原則が認められる当然の帰結として、既得権（vested right, wohlerworbenes Recht）尊重の原則がでてくる。この原則は、旧法によって生じた法律関係ことに既得権は新法の制定、施行によって変更または消滅することはなく、できるだけ尊重されなければならないということである。これを、既得権不可侵の原則ともいう。その理由は、旧法にもとづいて取得した法律上の権利が、後から成立した法によって容易に否定されることがあれば、法的社会生活の安定を著しく害することになるからである。この原則も、法律不遡及の原則と同じく法の適用上の原則であり、いわば法的安定性の要請にもとづくものである。この原則も、絶対的なものではないから、公共の福祉のため、立法政策上の必要から既得権を奪う場合もありうる。

2　場所に関する効力

1）原　　　則

　場所に関する法の効力とは、法が現実にいかなる地域的範囲に適用されるかということであるが、一国の法は、原則としてその国の全領域すなわち領土、領海、領空にわたって行なわれるものであって、それ以外の領域にはおよばない。ここで領土とは、わが国の統治権が及ぶ陸地と内水をいい、領海とは領土を囲む一定の海域をいい、領空とは領土、領海を覆う上空を意味する。

2）例　　外

　この原則に対しては、次の2つの方向における例外が認められている。その1は、法の適用範囲がその国の領域外に属地的に認められる場合である。たとえば、刑法第1条2項は「日本国外にある日本船舶又は日本航空機内において罪を犯した者……」と規定し、外国の領域にある自国の船舶や航空機などでも、自国の主権が認められる結果、自国領土の延長とみなして、刑法が適用される。これは、法の効力範囲の拡大の方向における例外である。その2は、法がその領土の全域を対象としないで、特定の地域に限定されて適用される場合である。憲法第95条は「一の地方公共団体のみに適用される特別法は……」と規定しているが、ここでいう特別法は、これに該当する（たとえば、広島平和記念都市建設法〔昭和24法219号〕）。これは、法の効力範囲の縮小の方向における例外である。

3　人に関する効力

1）原　　則

　法の人に関する効力については、従来から属人主義（Personalitätsprinzip）と属地主義（Territorialitätsprinzip）との2つの主義がある。属人主義とは、一国の国民は国の内外のいずれにあるとを問わず、すべて自己の属する国家の法に支配されるもので、法が人に追随して支配するとする主義であり、人の属する国籍を基準とするものである。これに対し属地主義は、一国の領土内にあるすべての人は、自国民であると外国人であるとその国籍のいかんを問わず、その国の法に支配されるとする主義であり、国の領域を基準とするものである。これを歴史的にみると、中古以前は、一般に属人主義が原則として行なわれていた。昔のローマ法は、ローマの市民法（ius civile）であり、これはローマ市民にのみ適用され、非市民である外国人に対してはその適用が排除される属人主義の法であった。しかし人間の交流が活発になると、裁判官はあらゆる国の法を認識していなければ属人主義に従って裁判することができなくなり、ここに属人主義を維持することが困難になってきた。やがて次第に領土観念が確立されてきた。そして、今日の国際社会においては、

国家相互の主権を尊重するという建てまえが重視される結果、属人主義から属地主義（刑法第1条1項参照）へと変わってきた。そこで現代の国家は、属地主義を原則として、ただこれを徹底させると不便も生ずるところから、それを補うためにこれに属人主義を加味し併用しているのである。

2）例 外

　今日においては、属地主義を原則とするが、これに対して次のような例外が認められている。まず第1に、公法上の権利義務、たとえば参政権、兵役の義務等はその国の国民たる地位にもとづいて認められているもので、属人的にその本国法の適用を受けるものである。第2に、法律は一般法として一般人に平等に適用されるものであるが、人に関する特別法は、その人的適用範囲に一定の制限がある。たとえば、国家公務員法は、国家公務員（第2条）に対してのみ適用されるもので、その法律の対象となる人以外に効力がおよばない。その他皇室典範（昭和22法3号）、未成年者飲酒禁止法（大正11法20号）等いずれもこの意味の特別法である。第3に、治外法権を有する外国人は、その本国法の適用を受ける。治外法権とは、特別な身分を有するために、国際礼譲または国際慣習上から裁判権、課税権、警察権等に服することなく、本国法の適用を受ける権利である。これはたとえば大統領、君主、外交上の使節およびそれらの随員や家族それに軍隊等があり、国際法上の特権である。第4に、法が特別の規定またはことがらの性質上、特に外国にある国民に対して、属人的に法の効力がおよぶ場合がある。法が特別の規定をおいている例としては、刑法第2条（国外犯）、第3条（国民の国外犯）、第4条（公務員の国外犯）など、それにことがらの性質上、外国にいる国民にも適用されるとは、戸籍法、国籍法、民法の親族・相続などの例で、これは、法が日本国民ということに着目した内容をもっているからである。

第8章　権利と義務

第1節　法律関係

　われわれは、この社会において他人と相互に種々さまざまな生活関係を結ぶことによって、その生存を維持し文化を発展させている。人の生活関係は実に多種多様をなしており、宗教的な生活関係、道徳的な生活関係、経済的な生活関係、政治的な生活関係などがいりまじって存在しているが、この生活関係のうちで特に法によって規制され、人と人とがお互いに結ばれている生活関係を、法律関係（Rechtsverhältnis）という。換言すれば、法律関係とは、人と人とが結びついている生活関係を、法的に意味づけて評価した関係であるということになる。われわれの生活関係が、いかなる程度まで法の規制を受けるかは、各時代の社会、文化の発達状態によるものであり、一口に法律関係といっても、それは時と場所によってあるいはその背後にある社会のあり方によって当然に異なってくる。古代中世の社会にあっての法律関係は、社会本位の考え方が濃厚で、法をして人をすべて拘束せしめるものと意識されており、いわば義務本位の時代であった。ところが近世の法律関係は、特にフランス革命後、自由民権の思想が盛んになり、主体性をもつ人格を認められた個人相互の結びつきの関係であるから、権利思想が確立するにつれいきおい権利意識がたかまり、ここにいわゆる義務本位から権利本位への移り行きがみられる。このようにして、法律関係の存在する基礎は、人と人との間に認められる生活関係であり、それは権利（right）をもつ者と義務（duty）をもつ者との相応関係ということになる。ここで法律関係は人と人との関係であり、たとえば、売主が買主に対して有する債権関係、親が子に

対して有する親族関係等は、人と人との関係として端的に現れてくるが、場合によって人が自己の所有する土地、家屋に対して有する物権関係は、人と物との関係として現れてくる。しかし人と物との関係は、法的に意味がないものである。実はその物に対する他人の侵害を許さないという点にこそ法的な意味があり、根本においては、人と人との関係ということになる。

第2節　権　　利

1　法と権利

　法と権利とは、本来密接不可分の関係にあり、両者を区別することは困難とされている。Law, Recht, droit は、一面では法を意味し、他面では権利を意味しており、一語の中に法と権利の両義を含んでいる。したがってこの両者を区別するときは、客観的の修飾語を加えれば（objektives Recht）法となり、これに主観的の語を加えれば（subjektives Recht）権利となるのである。ところで、古代の法は義務を中心として定められていたが、やがて権利の概念が発達し、近代法ではあらゆる法律関係を権利本位に把握するようになった。権利は法の中心であるといっても決して過言ではない。

2　権利の概念

　権利の概念すなわち本質をいかに理解するかについては従来いろいろな学説があり、これを権利学説といっている。つぎにその主要なものをあげてみることにする。

1）意思説（Willenstheorie）

　権利とは、法によって認められる意思の力、意思の自由または意思の支配であるとし、意思をもって権利の本質であるとする学説である。この説は、カントやヘーゲルにその端を発し 19 世紀後半のドイツの法学者ヴィンドシャイトによって代表されるものであるが、権利の動的状態すなわち権利の行使に着眼するもので、権利の静的状態すなわち権利の享有については看過し

80 第1編 法学総論

ているものであるとの非難がなされる。この説に従うと、意思無能力者が権利をもつことについての説明はできないということになる。

2）利益説 (Interessentheorie)

この説は、単に権利を意思と関連づけて定義したにすぎないとする意思説に対する批判の上に主張されたものであって、権利の本質を法律上保護された利益 (das rechtlich geschützte Interesse) すなわち法益であるとするもので、イェーリングによって代表される。この学説によると、権利の主体は受益の主体に他ならず、必ずしも意思の主体と同一であることを必要とせず、その意味で意思無能力者も権利の主体となることができ、ここに意思説の欠陥を補っている。利益説は、意思説と共に19世紀における二大学説と称されたものであり、上述したように利益説は意思説よりも現代社会に合致しているところがみられる。しかし法によって保護される利益の中には、たとえば道路交通法 (昭和35法105号) によって受ける利益のように、権利とはいえない単に反射的利益あるいは反射権 (Reflexionsrecht, droitreflet) すなわち法の実施によって反射的に受ける利益のようなものもあるのだから、権利の本質をこれまた正確に把握しているものではないと非難される。

3）法力説 (Machttheorie)

利益説をさらに発展させたものが、法力説であり、これはメルケル、レーゲルス、ベルゲル等によって主張された説である。これによると、権利とは一定の利益の享受のために法によって与えられた法上の力 (rechtlich Macht) であるとするもので、これが今日における通説的地位を占めているものである。

このようにして、権利は、法律利益の保護のために特定人に特定利益を実現するように法が許容した力である。ここでいう利益は、財産的利益に限らず、生命、自由、身体、名誉等の非財産権も含まれ、それは人間社会生活の維持および向上発展のための利益一般をさし、法律上の力とは、たとえば債権は他人の一定の行為を請求することができるというような法律上主張できる力いわゆる可能性であり、その意味で権利をもつということは、法律上の可能性をもつということにすぎない。権利は、われわれの社会に行なわれて

いる法によって認められるもので、そしてはじめて権利として主張することができるものである。そこで権利を有することは、社会的に有利な地位にあるが、権利の内容を実現するためにはさらに現実の行為が必要になる。

3 権利の分類

権利は、種々の標準により種々な分類をすることができるのであるが、その最も根本的な分類は、公法と私法の区別に対応する公権と私権との区別である。

1）公　　権

公権とは、公法上の権利をいう。公権はさらに国際法上の公権と、国内法上の公権に分かれる。

⑴　国際法上の公権

①　平等権　国家が国際法上、平等に取り扱われ、平等に権利義務を享有しうるということであり、国際連合憲章はその基本原則として「機構は、そのすべての加盟国の主権平等の原則に基礎を置いている」（第2条）と規定している。

②　自衛権　国家は独立、自存の固有権を有するものであり、自衛権はそこから当然に派生するものである。自国の利益が他国の急迫不正の攻撃によって侵略される場合、これに反撃を加え、必要な自衛行為をなす権利を有する。国際連合憲章は「現憲章の如何なる規定も国際連合加盟国に対して武力攻撃が発生した場合、安全保障理事会が国際の平和および安全の維持に必要な措置をとるまで、個別的または集団的自衛の固有の権利を害するものではない」（第51条）と規定している。

③　独立権　国家が、国際法上他国から干渉を受けることなく、自由に独立に行動しうる権利である。

④　交通権　国家が、他のあらゆる国家と外交関係を維持しうる権利である。外交関係において外交交渉を行なったり外交使節を交換したりすることで、国家は正当な理由なくしてこれを拒否することはできない。

82 第1編 法学総論

(2) 国内法上の公権

これは、国家がもつ国家公権と、国民がもつ国民公権とに分かれる。

① 国家公権　これは、国家がそれ自身の存立のために有する権利と、構成員である国民を統治するために有する権利をいうのであって、統治権の作用の面から立法権、行政権、司法権に区別される。

② 国民公権　国家の構成員である国民が、国家その他公共団体に対して有する権利で、これは自由権、受益権、参政権等に区別される。

2）私　　権

(1) 権利の目的による分類

① 財産権　財産権とは、金銭で評価することができる経済的利益を内容とする権利であって、それは経済的な生活関係における基本的な権利である。これには、物権と債権と無体財産権とがある。物権とは、他人の行為の介入をまたずに特定物を直接に支配する権利であり、排他性、追及性、優先的効力、物権的請求権等を特徴とするものである。わが民法は、物権の定型は確定的であるから、「物権は、この法律その他の法律に定めるもののほか、創設することができない」（第175条）として物権法定主義を採用し、物権の種類は、民法所定の占有権（第180条以下）、所有権（第206条以下）、地上権（第265条以下）、永小作権（第270条以下）、地役権（第280条以下）、留置権（第295条以下）、先取特権（第303条以下）、質権（第342条以下）、抵当権（第369条以下）の9種のほかに、特別法によって認められる物権も少なくない。これに対して債権は、債権者が債務者に対して一定の行為（作為または不作為）すなわち給付を請求する権利である。債権は、通常契約によって発生するものであるが、場合によっては事務管理、不当利得、不法行為等によっても発生しうる。契約は法律行為の一種であり、当事者の意思表示が交互的になされ、それが合致したとき成立する。債権は、債権者と債務者の関係で、すなわち債務関係であり、それはローマ法でいう法鎖（vinculum juris）にほかならない。民法の規定する典型的な契約として、贈与（第549条以下）、売買（第555条以下）、交換（第586条）、消費貸借（第587条以下）、使用貸借（第593条以下）、賃貸借（第601条以下）、雇用（第623条以下）、請負（第632条以下）、委任（第

643 条以下）、寄託（第 657 条以下）、組合（第 667 条以下）、終身定期金（第 689 条以下）および和解（第 695 条以下）の 13 種を掲げ、その内容を規定している。

つぎに無体財産権であるが、これは発明、考案、著作等のような知的財産（知的創造物）について、独占的排他的支配を内容とするいわば無形の利益を保護する権利である。これには、たとえば特許権、実用新案権、意匠権、商標権等のような工業的利益を内容とする工業所有権と著作権とがある。

② 身分権　　身分権とは、夫婦、親子、親族等のような親族関係にもとづく身分に伴う権利、いわば身分的利益を目的とする権利であり、別の名を、親族権とも称される。たとえば夫婦間の同居請求権（民法第 752 条）、親権親族間の扶養請求権（民法第 877 条）、相続権（民法第 887 条）などである。身分権は、一定の身分を有する者と切り離すことのできないもので、一身専属的権利であるといわれている。したがって譲渡や相続を許さない権利である。

③ 人格権　　人格権とは、権利者自身の人格と不可分的な個別的利益、すなわち人格的利益を内容とする権利である。たとえば生命、身体、自由、名誉、貞操、信用、氏名、肖像等であり、その性質上権利者自身から分離しえないものをいう。

(2) 権利の作用による分類

① 支配権　　支配権とは、一定の客体に対して直接に支配をおよぼし、また他人の干渉を排除するという支配的作用をいとなむ権利で、物権、無体財産権等がこれに属する。

② 請求権　　請求権とは、一定の人に対して一定の行為すなわち作為または不作為を要求することのできる請求的作用をいとなむ権利であり、これに金銭を貸した者が相手方に対して返還請求の債権であるとか、物権的請求権（民法第 198 条〜第 200 条）、夫婦間の同居請求権、親族間の扶養請求権等がある。

③ 形成権　　形成権とは、権利者の一方的な意思表示によって、一定の法律関係の変動すなわち発生、変更、消滅等を生ぜしめる権利であり、別の名を変動権、可能権とも称されている。この形成権が行使されると、相手方の意思のいかんにかかわらず一定の法律的効果が発生する。たとえば、未成

年者が親の同意を得ないで勝手に売買をしたような場合に、親権者が後から
その売買を取り消して、いったん成立した法律関係を解消させる取消権（民
法第5条2項）、追認権（民法第122条）、解除権（民法第541条以下）、相殺権（民
法第505条以下）等がこれである。

④　抗弁権　　抗弁権とは、自分に対する相手からの請求を拒絶する権利
である。相手の請求権の作用を一時的に妨げるもので、権利自体を変更ない
し消滅させるものではない。たとえば、売買契約において売主の借金を支払
えという請求に対して、買主は目的物の引渡しがあるまで支払を拒絶しうる
という同時履行の抗弁権（民法第533条）とか、催告の抗弁権（民法第452条）、
検索の抗弁権（民法第453条）等がこれにあたる。

4　権利の行使

1）権利の行使

　権利者は、権利を行使することができるが、ここで権利の行使とは、権利
の内容を具体的に実現することである。たとえば、所有権者が自動車を使用
するのは所有権の行使であり、貸主が借主に対して金銭の返還を請求するの
は債権の行使であり、親が子を監護教育するのは親権の行使である。このよ
うにいずれも権利の行使であるが、権利の行使の形態は、それぞれの権利の
内容の異なるに応じて違うものである。権利者が自己の権利を行使するか、
反対にまた自ら利益を放棄して権利を行使しないかは原則としてまったく自
由である。しかし、法は一定の利益を享受するために権利を認め、権利者を
保護しているものであるから、いずれにしても権利を行使することによって
はじめて法の趣旨は貫かれることになる。そこで「自己の権利を行使する者
は、何人に対しても不法を行なうものではない」（qui jure suo utitur, nemini
facit iniuriam）というローマ法の原則は、このことをよく表現している。そ
してこれは、権利行使の絶対性の理論でもあった。なお、権利の行使は本来
自由であるけれども、法の立場からして、権利を行使せずに権利の上に眠っ
ている者は、権利者として法的に保護すべき価値がないといわざるをえない。
法律が時効制度（民法第167条以下）を認めているのは、ここに1つの実質的

な理由がある。

2）権利の行使の制限

　18世紀末から19世紀初頭にかけては、個人主義ならびに自由主義を基盤とする法思想が強く、その代表的なものとして1804年のフランスのナポレオン法典があり、これによると所有権の絶対性を認め、権利はいかなる方法で、いかなる限度に行使しようと適法行為であって、たとえそのことにより他人に損害が生じても不法行為ではないとされていた。わが民法第206条も「所有者は、法令の制限内において、自由にその所有物の使用、収益及び処分をする権利を有する」と規定した。権利行使の絶対性の理論は、たしかに近代的な資本主義経済の発展に多いに貢献したことは事実であるが、それが現在において種々の社会的弊害を生む結果になった。その後、社会思想の変遷にもとづき財産権の絶対性の原則は修正せざるをえなくなった。われわれの社会生活は、人と人との共同の尊重の基盤の上に成立しているものであり、法は権利を認め、権利の行使は自由であるといってもそれが無制限に認められるものではない。権利をもつ一個人的な利益のために、他人の利益を無視することは到底許されないのであり、それは法が権利を認めている精神に反するものにもなる。社会生活における1人の権利の行使は、他人の権利に直接または間接に影響をおよぼすところが非常に大きく、それがひいては社会生活全般にまで発展することがある。したがって、ここに権利行使にも限界があることになる。

　第1次世界大戦後、1919年に制定されたドイツのワイマール憲法は「所有権は義務を負う。その行使は、同時に公共の福祉のために役立つことを必要とする」（第153条3項）と定められたが、これは所有権に名をかりて私権の公共性を宣言したものである。わが憲法は、「国民は、これ〔基本的人権〕を濫用してはならないのであつて、常に公共の福祉のためにこれを利用する責任を負ふ」（第12条）と基本原則を示し、さらに民法は、「私権は、公共の福祉に適合しなければならない。権利の行使及び義務の履行は、信義に従い誠実に行わなければならない」（第1条1項、2項）という規定を設け、ここに権利の行使についての大原則を樹立させた。このように、権利の行使は、権

利というものが法によって保護されている理由にかんがみて、単に利益のためではなく、公共の福祉すなわち社会共同生活の全体としての向上、発展という建てまえから、信義に従い誠実にこれをなすべきであるという制約を受けるのである。ここで「信義誠実（Treu und Glauben）の原則」とは、社会共同生活の一員として互に相手の信頼を裏切らないように、誠実をもって行動することをいうのである。

3) 権利の濫用の禁止

　外形上は権利の行使のようにみえるが、具体的に即してみると、権利の法上承認されている社会的目的の限界をこえているため権利の社会性に反し、権利の行使として是認することができない行為とされる場合、これを権利の濫用（Rechtsmissbrauch）という。民法は、「権利の濫用は、これを許さない」（第1条3項）と規定している。権利は、信義誠実の原則に従ってなされなければならない。そこで、これに反するような権利の行使は、もはや許されず権利の濫用となる。たとえば公序良俗に反する方法で、あるいはもっぱら他人の利益を害することを目的として権利を行使する場合である。そして、権利の濫用が許されないとは、要するに権利の行使として法律効果を生じないということなのである。権利の濫用によって、他人に損害を加えた場合には、不法行為（民法第709条以下）としての責任を負い、被害者に対して損害賠償をしなければならなくなる。

　ところでこの権利濫用の法理は、早くから裁判所で採用されているところである。発達の当初は、権利行使の限界すなわち権利濫用の認定基準について、権利者の加害意思というような主観的要件が重視されるのが一般的傾向（たとえばドイツ民法第226条、フランスの学説、判例）であった。しかしこの法理が発達すればするほど主観的要件は、その重要性を失い、これに変わって今日においては公序良俗ないし倫理観念に反するいわば権利の本来的使命の没却というようなところに着眼し、客観的要件が重視される（たとえばスイス民法第2条）に至ってきている。これについては幾多の判例をみるも、特に、中央線日野春駅付近の松の木の近くに汽車の給水タンクを造り、給水中の汽車の吐きだす煤煙のため、換言すれば鉄道が敷設に適当な注意を払わなかっ

たために由緒ある松の老樹を枯死させた、いわゆる信玄公旗掛け松枯死事件（大判大正8年3月3日民録25輯356頁）、宇奈月温泉事件（大判昭和10年10月5日民集14巻22号1965頁）等は、有名な事例である。

〔参考〕　信玄公旗掛け松枯死事件

【事実】　中央線日野春駅構内に、いわゆる「信玄公旗掛け松」といわれる由緒ある松があり、この松からわずかに1間（約1.8ｍ）未満の地点に、国が鉄道の線路を敷設したために、ひんぱんな汽罐車の往来による多大なる煤煙にさらされてその松が枯死の害を被った。そこで、松の所有者は国に対してその損害の賠償を請求したものである。原審は、国が汽車の運転をすることは権利の行使であるとしても、汽車の運転にさいして、みだりに他人の権利を侵害できるものではなく、煙害予防の方法を施さずに他人の権利を侵害した行為は、法律の認めた範囲内の権利行使と認めることはできず、権利の濫用で違法な行為であるとして、国の責任を認めた。これに対して国が上告したが、棄却されたものである。

【判旨】　「凡そ社会的共同生活を為す者の間に於ては1人の行為が他人に不利益を及ぼすことあるは免るべからざる所にして、此場合に於て常に権利の侵害あるものと為すべからず。其他人は共同生活の必要上之を認容せざるべからざるなり。然れども其行為が社会観念上被害者に於て認容すべからざるものと一般に認めらるる程度を越えたるときは権利行使の適当なる範囲にあるものと云ふことを得ざるを以て、不法行為と為るものと解するを相当とす。抑も汽車の運転は音響及び震動を近傍に伝へ又之を運転するに当りては石炭を燃焼するの必要上煤煙を附近に飛散せしむるは已むを得ざる所にして、注意して汽車を操縦し石炭を燃焼するも避くべからざる所なれば鉄道業者としての権利の行使に当然伴ふべきものと謂うべく、蒸汽鉄道が交通上欠くべからざるものとして認めらるる以上は沿道の住民は共同生活の必要上之を認容せざるべからず。即ち此等は権利行使の適当なる範囲に属するを以て、住民に害を及ぼすことあるも不法に権利を侵害したるにあらざれば不法行為成立せず。従て汽車進行中附近の草木等に普通飛散すべき煤煙に因り害を被らしむるも、被害者は其賠償を請求することを得ざるものとす。然れども若し汽車の運転に際し権利行使の適当なる範囲を超越して失当なる方法を行ひ害を及ぼしたるときは不法なる権利侵害なるを以て賠償の責を免がるることを得ざるなり。原院の認めたる事実に依れば、本件松樹は停車場に接近し鉄道線路より僅に1間未満の地点に生立し其枝条は線路の方向に張り常に汽罐車の多大なる煤煙に暴露せられたる為め枯死の害を被りたるものにして、其煤煙を防ぐべき設備を為し得られざるにあらざること第一点に説示したるが如くなるを以て彼の鉄道沿線の到る所に散在する樹木が普通に汽罐車より吐出する煤煙の害を被むりたると同一に論ずることを得ざるものとす。即ち本件松樹は鉄道沿線に散在する樹木よりも甚しく煤煙の

害を被むるべき位置にありて且つ其害を予防すべき方法なきにあらざるものなれば、上告人が煤煙予防の方法を施さずして煙害の生ずるに任せ該松樹を枯死せしめたるは、其営業たる汽車運転の結果なりとは云へ社会観念上一般に忍容すべきものと認めらるる範囲を超越したるものと謂ふべく、権利行使に関する適当なる方法を行ひたるにあらざるものと解するを相当とす。故に原院が上告人の本件松樹に煙害を被らしめたるは権利行使の範囲にあらずと判断し、過失に因り之を為したるを以て不法行為成立する旨を判示したるは相当なり」。

〔参考〕　宇奈月温泉事件
【事実】　鉄道会社であるYは、富山県宇奈月町において温泉を経営していたが、宇奈月町では温泉が湧かないので泉源の黒薙温泉から湯を引いて温泉を経営していた。ところが、その引湯管が、X所有の約2坪ほどの土地を無断で通過していたのである。そこでXはYに対して、直ちにこの土地から引湯管を収去するか、あるいはこれと隣接するX所有の他の土地（約3000坪、時価約900円）を含めて本件土地を、約2万円という高額な値段で買い取ることを要求したのである。これに対してYは、引湯管を撤去するには多額の費用（少なくとも約1万2000円）を要することのほか、約9カ月もの工事の期間中、温泉営業を休止しなければならず、また本件土地はまったくの荒蕪地で利用価値のない土地であり、とうていこれを買い取ることはできない、と主張して争ったものである。第一審、原審とも、Xの請求を棄却した。Xは上告をなしたが、これまた棄却された。
【判旨】　「所有権に対する侵害又は其の危険の存する以上、所有権者は斯る状態を除去又は禁止せしむる為め裁判上の保護を請求し得べきや勿論なれども、該侵害に因る損失云ふに足らず而も侵害の除去著しく困難にして縦令之を為し得るとするも莫大なる費用を要すべき場合に於て、第三者にして斯る事実あるを奇貨とし、不当なる利益を図り殊更侵害に関係ある物件を買収せる上、一面に於て侵害者に対し侵害状態の除去を迫り、他面に於ては該物件其の他の自己所有物件を相当に巨額なる代金を以て買取られたき旨の要求を提示し、他の協調に応ぜずと主張するが如きに於ては、該除去の請求は単に所有権の行使たる外形を構ふるに止まり真に権利を救済せんとするものに非ず、即ち如上の行為は全体に於て専ら不当なる利益の攫得を目的とし所有権を以て其の具に供するに帰するものなれば、社会観念上所有権の目的に違背し其の機能として許さるべき範囲を超脱するものにして、権利の濫用に外ならず、従って斯る不当なる目的を遂行するの手段として、裁判上侵害者に対し当該侵害状態の除去並将来に於ける侵害の禁止を訴求するに於ては該訴訟上の請求は、外観の如何に拘らず、其の実体に於ては、保護を与ふべき正当なる利益を欠如するを以て、此の理由により直に之を棄却すべきものと解するを至当とす。
　本件に付之を見るに、原審は、(1)原判示の宇奈月温泉場は全長約4170間の樋管により他より温泉を引きて使用して居り、該樋管は訴外愛本温泉株式会社に於て多大の費用と努力とを以て大正6年頃之を施設せるものなるが、今若該

樋管中本件地上を通過する係争部分を撤去すとせんか、右引湯設備は茲に中断せられて無効に帰し従って宇奈月温泉場の経営は全く破壊せらるるに至るべし、又右設備に変更を加へ、係争樋管を本件地外に迂廻せしむることは、技術上之を可能とするも、該工費に約1万2000円、工事の完成に約270日間を要すべし、而も被上告会社に於て新たに本件土地に代るべき引湯管の敷地を求めんとせば実際上諸種の問題簇出し解決容易ならず、即ち係争樋管の撤去問題は原判示の如き被上告会社の事業経営に対し、甚大なる打撃たるのみならず、或は宇奈月地方の盛衰に関すべき事項なること、(2)本件土地は原判示の如き荒蕪地にして、就中係争樋管の敷地約2坪を含む急斜部分は、植林農作は勿論其の他何等の利用に適せず従って本件土地全部の価格は僅かに30余円に過ぎざること、(3)上告人は本件土地上に係争樋管の通過せることを知り、而も該土地を利用すべき目的を有せずして昭和3年1月中之を買受けたる上、被上告会社に対し樋管の撤去を迫り、被上告会社に於て本件土地を原判示の他の土地と共に総額2万余円にて買取るに非ずんば協議に応ぜざる旨主張せることの各事実を認定し、之を綜合して上告人の行為は敢て不当なる利益を企図し不要の土地を買収し所有権の行使に藉口して被上告会社を困惑せしむるものにして、本訴請求もまた斯る目的に基き提起せられたる外ならざる旨推断せるものなること判文上自から明かにして原審の採用せる証拠に照せば斯る判断を為し得られざるに非ず」。

第3節 義 務

1 義務の概念

われわれ国民は、国家に対して税金を納めなければならない義務を負っている。また物の買主は、売主に対してその代金を支払わなければならない義務を負っているものであるが、ここでいう義務とは、一体いかなるものであろうか。義務の概念についても、権利の概念と同じように学説が種々と分かれている。まず義務は、法によって定められた意思の拘束であるとする意思拘束説、あるいは義務は法律上の責任であるとする責任説、つぎに、義務は一定の作為または不作為を課する法的拘束であるとする法的拘束説等が存在している。この最後の説が権利の概念についての法力説に対応するものであり、現在の支配的な見解といわれている。つまり、義務は自分の意思のいかんに関係なく、強制的に一定の作為または不作為をなすべきことを法によっ

て拘束されていることであり、それは法の命令または禁止を直接の根拠として、義務者以外の人の利益のために成立するものとされる。ところで、義務の概念と区別すべきものに責任がある。責任は、義務違反によって刑罰、強制執行、損害賠償等の制裁を受ける基礎をなすもので、その義務は責任を伴うことによって拘束性が確保されるものである。義務は、原則として責任を伴うものであるが、場合によっては、責任なき義務が存在する。たとえば賭博等の不法原因にもとづく債務であるとか、あるいは消滅時効完成後の債務のような、いわゆる自然債務 (Schuld ohne Haftung, obligatio naturalis) については、債務は存在するけれども責任はないのである。

2 権利と義務との関係

金を貸した者が、金の返還を請求することのできる権利をもっているのに対応して、金を借りた者は、その金を返還しなければならない義務を負っているように、権利と義務とは、多くの場合対立的存在を示し、権利のあるところ必ずこれに対応する義務があり、義務の反面相応する権利の存在することが原則である。しかしこのことはつねに必ず対応関係にあるとはいえないものである。権利で義務を伴わないものもある。たとえば、前述した取消権、解除権等の形成権では、権利者の権利だけあってこれに対応する義務は存在しない。またこれとは逆に、義務あって権利を伴わないものもある。たとえば、商法で商業帳簿を作成しなければならない義務 (第19条2項) を義務として法定しているが、しかしこれに対応する権利はない。あるいは監督義務すなわち親権者、後見人の負う未成年者ないし心神喪失者を監督する法定義務 (民法第820条、第857条) 等も同じく対応する権利のない義務の場合である。なお、公法上の義務たとえば右側通行、納税の義務等には、この種のものが少なくない。

3 義務の分類

義務の分類も、大体権利の分類に応じて考えられる。まず公権と私権の分類に対応して公法上の義務と私法上の義務とに大別される。公義務として納

税の義務（憲法第 30 条）、教育の義務（憲法第 26 条）、勤労の義務（憲法第 27 条）があり、私義務として民法に規定している債務たとえば売買代金の支払義務（民法第 555 条）、地代、家賃の支払義務（民法第 601 条）等である。つぎにその内容を標準として、作為（積極）義務と不作為（消極）義務とに分類することができる。作為義務は、義務の履行として義務者の積極的行為を必要とするもので、借りた金銭または物を返還する義務である。不作為義務とは、義務の履行として、義務者が消極的な状態を保持することを必要とするもので、契約上境界線の近くに建物をたてないという義務あるいは競業をしないという義務等はこれである。

第 4 節　権利義務の主体と客体

1　権利義務の主体

　権利義務の主体（Rechtssubjekt）とは、権利を有し義務を負うことのできるものをいい、それは、法律上、人である。権利義務の主体となることのできるための地位または資格を、権利能力（Rehtsfähigkeit）といっている。わが国の法制上、権利能力を有するのは、自然人と法人の 2 種類である。

1）自　然　人

　自然人とは、普通の人のことである。わが法制上、外国人も権利能力を有し、原則として内外国人平等主義を採用している（民法第 3 条 2 項参照）。民法第 3 条 1 項は、「私権の享有は、出生に始まる」と規定しているが、自然人は、出生の時から権利の主体たる地位を取得する。過去においては、奴隷のような人格を認められない者も存在し、あたかも物と同様に他人の権利の目的となることが認められていたが、今日においては、何人を問わず人間は平等に権利能力を有するのである。上述したように、自然人は出生によってはじめて権利能力者となるが、それではいかなる時期をもって出生と解するかについては、学説上、対立がある。①一部露出説、②全部露出説、③独立呼吸説等の見解があるが、民法では、②の全部露出説が通説となっている。

92 第1編 法学総論

ただし、胎児については例外が認められていて、不法行為による損害賠償、相続、遺贈等については、すでに生まれたものとみなされて、そのように取り扱われている（民法第721条、第886条、第965条）。権利能力は、死亡と失踪宣告（民法第30条以下）によって消滅することになっている。

2）法　　人

法人とは、自然人以外で権利能力を有するものをいう。ところで、法人の本質については、従来から学説が対立している。すなわち、①法人擬制説（自然人のみが権利義務の主体になりうるもので、法人は、実在するものではない。法人は法律技術上の必要に応ずるために、ただ法が自然人になぞらえて認めたにすぎないとする説）と、②法人実在説（法人は、法が擬制したものではなく、法人は法人としての法的主体たる実体をもった独自の存在を有するものであるとする説）とである。②の法人実在説は、さらに、有機体説と組織体説とに分かれるが、②の説が、今日の通説といわれている。

法人には、公法人（たとえば、国、都道府県、市町村）と私法人があるが、概して、私法人は次のような種類に分かれる。

⑴ **公益法人と営利法人**　　公益法人とは、学術、技芸、慈善、祭祀、宗教、その他の公益に関する事項を目的とし、営利を目的としない法人をいう（民法第33条2項）。これには、公益社団法人、公益財団法人、一般社団法人および一般財団法人の4種がある。これに対し、営利法人とは、社員の経済的利益を図ることを目標とし、もっぱら営利を目的とする法人のことである。なお、1998年に制定された特定非営利活動促進法によるNPOもある。

⑵ **社団法人と財団法人**　　社団法人とは、一定の共同の目的のために結合する人の集合体で、法人格を認められたものをいう。その組織を定める根本規則を、定款といっている。これに対し財団法人とは、一定の目的に捧げられた財産の集合体で、法人格を認められたものをいう。その根本規則を、寄附行為といっている。

2　権利義務の客体

権利義務の客体（Rechtsobjekt）とは、権利義務の主体が、権利義務の目的

として支配しまたは支配される対象をいう。権利義務の客体は、いうまでもなく物すなわち有体物（民法第85条）である。従来は、物を物理学的な意義に解し、空間の一部を占める有体物に限定していたが（通説）、社会生活が複雑化し、文化が進歩するにつれて、これに対応するため、今日では、法律上、排他的支配の可能性ある限り、電気のほか、エネルギー、熱、光、冷気などをも物と解するに至っている。

第2編

憲　　法

第1章　序　　　説

第1節　憲法の概念

1　憲法の意義

　憲法 (Constitution, Verfassungsrecht, droit constitutionnel) とはなにかを考察するにあたり、これを一般に実質的意義と形式的意義とに分けることができる。実質的意義の憲法とは、法の形式が成文であると不文であるとを問わず、国家の根本原則すなわち国家の統治組織および統治作用に関する基本的なあり方などについて定めている根本法あるいは基礎法を意味する。この意義における憲法は、国家の成立と共に必ずなんらかの形で存在するものであり、これを有しない国家はないということになる。形式的意義の憲法とは、憲法制定手続を経て成立した成文の憲法、すなわち特に憲法の名称をもって定められている成典憲法を意味する。

　今日、世界の各国に存在する憲法の多くは、こうした成文の憲法であるから、憲法といえば、多くはこの形式的意義の憲法たる成文の憲法典を意味している。この成文の憲法典が成立したのは、比較的新しく、最初のものは1776年のヴァージニア州憲法であるといわれている。その後、アメリカ合衆国憲法 (1787年)、ついでポーランド憲法 (1789年)、フランス憲法 (1791年)、スウェーデン憲法 (1814年)、バイエルン憲法 (1818年)、ベルギー憲法 (1831年)、オーストリア憲法 (1849年)、プロシャ憲法 (1850年)、ドイツ帝国憲法 (1871年)、大日本帝国憲法 (1889年) などと、18世紀から19世紀にかけ立憲制の世界的普及につれて各国で憲法の法典化が行なわれた。そして、

現在では、イギリスを除くほとんど世界すべての国が、形式的意義の憲法、すなわち憲法典をもっている。イギリスの憲法は、不文の憲法であって、憲法と名づけられる法典を有していない。それは形式的意義の憲法ではなく、実質的意義の憲法であるといわれている。

2 憲法の種類

憲法は、これを、その形式、制定手続の差異、改正手続の面から区別することができる。

1）成文憲法と不文憲法

これは、憲法の表現の形式を基準としてなされる分類であって、成文憲法は、条文の形式で書かれた憲法であり、特に憲法典として一定の形式を与えられた成文法をいう。これに対し、不文憲法は、成文の憲法典をもたない国の憲法である。

2）憲法制定の手続による分類

⑴　**欽定憲法**　　君主主権主義の思想にもとづいて、君主の一方的な意思によって制定された憲法をいう。たとえば、1814 年のフランス憲法、1960 年の帝政ロシア憲法、1889（明治 22）年の大日本帝国憲法がそれである。

⑵　**民定憲法**　　国民主権主義の思想にもとづいて、国民が直接にまたはその代表者を通じて制定された憲法である。このような方法で制定された憲法は、多くは共和制をとっている。たとえば、アメリカ諸州の憲法、1946 年のフランス憲法、1946（昭和 21）年の日本国憲法などがそれである。

⑶　**協約憲法**　　君主主権と国民主権との妥協にもとづき、君主と国民またはその代表者との合意によって制定された憲法である。たとえば、1830 年のフランス憲法がそれである。

⑷　**条約憲法**　　多数の国家間の合意にもとづいて制定される憲法をいう。これは、多数の国家が結合して新しく連邦を組織する場合に行なわれるもので、たとえば、1871 年のドイツ・ライヒ憲法、1787 年のアメリカ合衆国憲法、1936 年のソヴィエト憲法などがそれである。

3　憲法改正手続による分類

1）硬性憲法（rigid constitution）

　これは、憲法改正するにあたって、一般の法律と比較して特別に厳格な手続を必要とされている憲法をいう。その特別な厳格な手続とは、議会の議決要件を重くする、議会の議決に加え国民投票を必要とするなどである。

2）軟性憲法（flexible constitution）

　これは、憲法改正が、普通の法律を変更するのと同様な手続で容易になされる憲法をいう。たとえば、1848 年のイタリア憲法、1876 年のスペイン憲法、1947 年のニュージーランド憲法などがそれである。なお、硬性、軟性の区別は形式的な区別であり、硬性憲法だから絶対に改正されない、逆に軟性憲法だから頻繁に改正されるということではない。

　イギリス憲法のような不文憲法は、つねに軟性憲法であるが、日本国憲法をはじめとして成文憲法の大部分は硬性である。その場合の硬性については、国によりさまざまであり、①特別の憲法会議による方法、②国民投票による方法、③普通の立法機関によって普通の立法手続よりも厳格な手続をとる方法、④憲法会議または立法機関の議決と国民投票を併用する方法などがある。わが国の憲法改正（第 96 条）は、④の方法に属する。

4　憲法の改正と変遷

　憲法の内容の変更には制定によるほか、改正と変遷とがある。

　憲法の改正とは、憲法みずからの定める手続によって憲法の内容に変更を加えることをいう。具体的には憲法の条項を修正、削除、追加することで、改正には一部改正と全文改正とがある。

　つぎに、憲法の変遷とは改正によらずに、つまり憲法の条項の変更はなんらされることなく、その条項の意味、条項の実際の行なわれ方、条項の規範力の変更がみられる場合をいう。

　これらの相違は、改正が意図的、明示的、一時的、一回的なものであるのに対して、変遷は無意図的、黙示的、長期的、継続的な方法での内容の変更

であるとされている。

第2節　日本国憲法

1　大日本帝国憲法の成立

　わが国は、国家の成立のときから二千年以来、不文憲法国であった。270年余の長きにわたる徳川幕府政治は、1867（慶応3）年に、将軍徳川慶喜の大政奉還により、幕府と大名の政治はその終末をとげた。そして、同年12月には、王政復古の大号令が発せられ、天皇が改めて統治権を総攬することになった。ここにいわゆる明治維新はスタートを切ったことになる。1868（明治元）年には、五箇条の御誓文が発布され、1876（明治9）年に至っては、天皇が元老院議長に対して、「建国の体に基き広く海外各国の成法を斟酌し以て国憲を定めんとす」との勅語を下しここに成文憲法の起草を命じた。政府は、1882（明治15）年に、伊藤博文らを憲法草案起草の準備のために、ヨーロッパに派遣したのであった。主としてドイツ系の憲法を研究調査し翌年に帰朝した。そして、プロイセン憲法をもとにして、わが憲法草案の成案をえた。このようにして、「大日本帝国憲法」——明治憲法とか、旧憲法と呼ばれている——は、成文憲法典として1889（明治22）年2月11日に勅定公布され、1890（明治23）年11月29日に施行された。

　大日本帝国憲法は、わが国における最初の近代的成文憲法であるが、明治のはじめ以来、次第に強くなってきた近代政治思想を背景とする民主的な原理と、反民主的原理との間の妥協の産物であった。それは言葉を変えていうと、天皇制という独自の制度を確立し、その制約の範囲内において近代民主憲法原理を採用したものであった。すなわち、大日本帝国憲法は、19世紀のドイツ諸国の憲法を特色づけたところの立憲主義的憲法である。そしてこの憲法は、天皇（君主）によって制定されたという形式の欽定憲法であり、永久に動かすことのできない、いわゆる「不磨の大典」といわれて、その憲法改正発議権は、天皇に専属していたのである。

第1章　序　　説　　*101*

　大日本帝国憲法の主な特色は、およそつぎのとおりである。①天皇主権主義、②大権中心主義、③皇室自律主義、④権利の保障、⑤権力分立主義、⑥法治主義、⑦大臣助言制などである。

　つぎに、大日本帝国憲法の構造についてみておくと、上諭および本文7章76カ条からなりたつ法典で、さらに告文および憲法発布勅語がつけられている。本文は、「第1章　天皇」「第2章　臣民権利義務」「第3章　帝国議会」「第4章　国務大臣及枢密顧問」「第5章　司法」「第6章　会計」「第7章　補則」である。

2　日本国憲法の制定

1）日本国憲法の成立

　1945（昭和20）年8月14日、わが国は、連合軍の発した対日戦争終結宣言いわゆる「ポツダム宣言」を受諾して、太平洋戦争を終結させた。ここでポツダム宣言（1945年7月26日）とは、連合国（アメリカ、イギリス、中国、後日ソヴィエトが参加）が、ドイツのポツダムで会合し日本に対して降伏の機会を与えるために、降伏の条件を定めて宣言したものであり、その主な内容は、およそつぎのようなものであった。

　①　日本国民をだまし、世界征服の挙にでるという過ちを犯させた人たちの権力および勢力は、永久に除去されるべきである（6項）。

　②　日本の戦争遂行能力が失なわれ、平和と正義の新秩序が確立されるまで連合国軍隊は日本を占領する（7項）。

　③　日本軍隊は、完全に武装を解除されるべきである（9項）。

　④　日本国政府は、日本国国民の間における民主主義的傾向の復活強化に対する一切の障害は除去すべきであり、言論・宗教および思想の自由ならびに基本的人権の尊重は確立されるべきである（10項）。

　⑤　戦争のための再軍備を可能ならしめる産業は禁止されるべきである（11項）。

　⑥　日本国国民の自由に表明せる意思に従い平和的傾向を有しかつ責任ある政府が樹立されるべきである（12項）。

⑦　日本の最終的政治形態は、自由に表明された人民の意思により決定されるべきである、としている。

このポツダム宣言の受諾は、いうまでもなく、必然的に大日本帝国憲法の根本的改正を行なわざるをえないことになり、そしてこれに代わり新しい方向で、新しい理念にそった民主主義的な新憲法の制定が必要とされた。

1945（昭和20）年10月9日、幣原内閣が成立したが、10月11日に幣原内閣総理大臣は連合国軍最高司令官マッカーサーから、憲法の改正を指示された。これにより憲法改正作業は急速に具体化した。改正作業は迂余曲折を経たが、結局のところ連合国軍最高司令部はみずから憲法草案を起草し――マッカーサー草案――、これを日本政府に示した。ここに、民主的性格の強い憲法改正草案要綱（1946年3月6日）が発表された。4月17日に政府は、草案要綱を条文の形式に整えて、これを政府の憲法改正草案として公表し、枢密院に諮詢した。枢密院で草案の審議中に政変が起こり、5月22日に吉田内閣が成立したが、6月8日に至って多数をもってこれを可決した。6月20日、この草案は、大日本帝国憲法第73条によって、第90議会に勅書をもって付議された。そこで慎重審議の結果、若干の修正を加えて可決され、天皇の裁可を経て公式令3条に定める上諭を附して、1946（昭和21）年11月3日に公布され、さらにこれより6カ月を経た1947（昭和22）年5月3日から施行されるに至ったのである。これが、日本国憲法である。日本国憲法の施行に先立って、いろいろの関係法令が制定された。たとえば、皇室典範（昭和22・1・16法3号）、国会法（昭和22・4・30法79号）、内閣法（昭和22・1・16法5号）、地方自治法（昭和22・4・17法67号）、裁判所法（昭和22・4・16法59号）、恩赦法（昭和22・3・28法20号）、教育基本法（昭和22・3・31法25号）などである。

このように、敗戦によって、大日本帝国憲法を改正し、ここに新たに日本国憲法が成立したのは、①外来的原因と、②内在的原因とによる。すなわち、①は、ポツダム宣言の受諾、連合国（GHQ、マッカーサー元帥）の指令である。②は、日本国民が、外国からの要求とは別に、独自の立場から過去の行為を反省し祖国の再建を考えたことによる。

２）制定行為の性格

　このように、日本国憲法は、制定手続上、大日本帝国憲法第73条によって改正されたことになっている。しかしながら、天皇主権の原理から国民主権の原理と変えられたり、大日本帝国憲法を日本国憲法に改められたり、全条文を一新したばかりでなく、内容的にもその全部にわたって根本的に変更されており、これは、大日本帝国憲法第73条の適用限界をはるかに超えたものといわなければならない。しかるに、新憲法制定行為は、ポツダム宣言の受諾にもとづいてなされたものである。その意味でポツダム宣言の受諾は、大日本帝国憲法の天皇主権の原理を根本的に覆すという革命的結果を容認したものである。新憲法の制定が、大日本帝国憲法第73条の規定に準拠したのは、日本国憲法と大日本帝国憲法の法的連続性を意図した手続上の便宜にすぎなかったといわれている。日本国憲法の制定行為は、形式的には大日本帝国憲法を改めたということになっているけれども、実質的には、上諭と前文にもあるように、国民主権の考え方にもとづいて国家の根本原則を定めているのであるから、大日本帝国憲法は廃止されて新原理にたって、新たな憲法が制定されたとみなければならない。

３）日本国憲法の構造

　日本国憲法は、前文および本文11章103カ条から構成されている。前文とは、憲法の本文の前に序文として付される文章をいう。諸国の憲法にも前文を付しているものが多くみうけられる。その形式は、諸国の憲法によって異なっている。前文は、本文の各条文と一体となって憲法典を構成するものであり、その意味で憲法典の一部である。ここにおいて、憲法制定の事実および由来、憲法制定の目的または精神、憲法の基本原理などが宣言されている。

　本文は、およそつぎのような章別からなっている。すなわち、「第1章　天皇」「第2章　戦争の放棄」「第3章　国民の権利及び義務」「第4章　国会」「第5章　内閣」「第6章　司法」「第7章　財政」「第8章　地方自治」「第9章　改正」「第10章　最高法規」「第11章　補則」である。このようにみてくると、前文は、憲法全体の基本原理、解釈の基準を示すものであり、

各条文は、いずれも前文を基礎としてできているものであり、その意味で各条文は、憲法前文の具体的展開であるということになる。

憲法の内容を概観するに、第2章の戦争の放棄、第8章の地方自治、第9章の改正、第10章の最高法規を新設したほかは、大日本帝国憲法の章別にならっている。大日本帝国憲法が、7章76条であったのに対し、日本国憲法は条文が27カ条多くなっている。

4）憲法の規定の性格

憲法は、上述のように国家の構成、組織、作用に関する基本的なことを定めている根本法であるが、これらの規定すなわち各条文の性格についてふれておくことにする。憲法の各条文は、われわれ国民の生活を直接に具体的に規律するようなことはせず、それらに関しては法律や命令……などに詳細に規定されているのである。そこで、憲法の規定（各条文）は、法秩序の基本的な方向と基準を示しているにとどまるのである。

第3節　日本国憲法の基本原理

1　国民主権主義

この憲法の第1の基本原理は、国民主権である。国民主権の概念は、もともと18世紀初頭に台頭した自然法思想に由来するものである。日本国憲法はその前文の第1段において、「日本国民は……ここに主権が国民に存することを宣言し、この憲法を確定する」といい、また、第1条は、天皇の地位が「主権の存する日本国民の総意に基く」としているのは、ひとえに国民主権の原理を示すものである。主権（sovereignty, souveraineté）の概念であるが、きわめて多義多様につかわれている。たとえば、①土地・人民を管轄する国家の権力、②国家の意思、③他の国に対しての独立性、④国家の政治のあり方を最終的に決定する権力などの意味である。ここでは、④の意味であり、したがって日本国憲法は、日本の政治のあり方を最終的に決定する権力、すなわちその権限の源泉が国民にあることを宣言したものである。

第1章 序　説　　*105*

国民主権は、国政の諸機関にも反映するものである。また、国民主権は、国民の総意にもとづいて国政が行なわれるとする民主主義の原理を徹底させており、すべての国政に関する権能は、終局において国民に存するわけであるが、国民主権主義は、民主主義の原理によって実現されている。したがって、国政は国民の厳粛な信託によって、国会、内閣、裁判所などの諸機関が担当している。これらの諸機関の中で、国民の代表する国会に、国権の最高機関としての地位を認めており、国政は国会を中心として行なわれている（国会中心主義）。

民主主義の原則は、①国政の権威が国民に由来すること、②政治権力は国民の代表者により行使されること、③国政のもたらす福利は国民がこれを享受すること、の3つである。①が国民主権主義であって、これは民主主義の基礎であり、②が代表民主主義であって、その手段であり、③が国民福祉主義であって、その実体であるということになる。

2　永久平和主義

この憲法の第2の基本原理は、徹底した平和主義の採用である。日本国憲法はその前文の第2段において、「日本国民は、恒久の平和を念願し、人間相互の関係を支配する崇高な理想を深く自覚するのであつて、平和を愛する諸国民の公正と信義に信頼して、われらの安全と生存を保持しようと決意した」と平和への熱意を宣言している。このような平和主義の精神は、憲法の中に戦争の放棄という独立の第2章を設け、第9条の規定によって具体化されている。すなわち、「日本国民は、正義と秩序を基調とする国際平和を誠実に希求し、国権の発動たる戦争と、武力による威嚇又は武力の行使は、国際紛争を解決する手段としては、永久にこれを放棄する」（1項）と規定し、さらに、「前項の目的を達するため、陸海空軍その他の戦力は、これを保持しない。国の交戦権は、これを認めない」（2項）と規定している。

これまでに、人類の多年にわたって戦争を回避しようとする企画が、世界においていろいろな形で試みられてきたことは、周知のことである。特に、人類に大きな惨禍をもたらした第1次世界大戦以後、国際平和機構としての

国際連盟、国際連合、不戦条約、軍縮会議なども、すべてこのためであった。ところで、国際紛争を避けるため、平和主義、戦争の制限について憲法に規定したのは、必ずしも日本国憲法がその最初のものではなく諸外国にもその立法例がみられた。たとえば、古く侵略戦争の放棄を規定したものとして、1791年、1793年、1848年、1946年の各フランス憲法、1891年、1934年の各ブラジル憲法。国家の政策手段としての戦争を放棄したものとして、1931年のスペイン憲法、1935年のフィリピン憲法などがこれである。また、1947年の東ドイツ憲法、1948年の大韓民国憲法、1949年の西ドイツ憲法などにもみられる。

しかしながら、これらはすべて侵略戦争などを行なわないことを約したものであって、絶対的全面的に戦争を放棄したものではなかった。これに対し、わが日本国憲法は、侵略戦争、制裁のための戦争はいうにおよばず、自衛のための戦争まで一切の戦争を放棄し、さらに戦争の手段である一切の軍備を廃止することを規定している。ここまで平和主義に徹したこのような憲法は、いまだかつて世界には存在しなかった類をみないものである。これは、第2次世界大戦を通じて戦争の惨禍の認識とそれに対する国民の深い反省から生まれたものである。

3　基本的人権尊重主義

この憲法の第3の基本原理は、基本的人権の尊重である。人間は生まれながらにして人たる権利をもち、国家権力も国民のこの権利、自由を侵してはならず、国家の目的は、国民の権利、自由を守り、かつ増進することにあるとする原理である。大日本帝国憲法においても、この原理がなかったわけではない。臣民の権利として一応は保障されていたのであるが、天皇統治の大原則の下に、臣民の権利、自由は恩恵的なものとして与えられており、まことに不十分なものであった。つまり、国家権力をもってしても制限できない基本的人権という思想は十分でなかったといってよい。日本国憲法は、その思想を明確にとり入れているのである。この点につき、日本国憲法は、「国民は、すべての基本的人権の享有を妨げられない。この憲法が国民に保障す

る基本的人権は、侵すことのできない永久の権利として、現在及び将来の国民に与へられる」（第11条）とし、さらに「この憲法が日本国民に保障する基本的人権は、人類の多年にわたる自由獲得の努力の成果であつて、これらの権利は、過去幾多の試錬に堪へ、現在及び将来の国民に対し、侵すことのできない永久の権利として信託されたものである」（第97条）と規定して、国民の各種の権利、自由に対し、強力なる保障がなされ、また、大日本帝国憲法と比較して、質、量共に大きな変化がみられるのである。基本的人権の中には、消極的な18〜19世紀的自由権のみではなく、20世紀的な人権保障として、社会的基本権（第25条、第26条、第27条、第28条）もとり入れられている。

第4節　三権分立主義

　国家権力の濫用防止および国民の基本的人権を確保するためには、三権分立（separation of three powers, Gewaltenteilung）の原理が必要不可欠の原則となる。過去の専制政治に苦い経験をもつ近代国家は、独裁専制を封じて国民の利益および自由を保障するために、国家統治権の作用について三権分立主義の建てまえをとっている。それは、国家権力の作用をその目的に応じて、立法、行政、司法の3つに分け、これを各独立・対等な国会、内閣、裁判所にというようにそれぞれ各個別の機関に専属させ、相互の抑制と均衡（check and balance）により、権力の濫用を避けんとするものである。別の名を、権力分立ともいっている。

　三権分立の思想は、モンテスキューによって代表されている。彼は、ロックの思想を受けついで三権分立の理論を展開したのである。モンテスキューは、イギリスの議会政治制度を実証的に研究して、その著『法の精神』（1748年）の中で、三権分立の原則を提唱し、その効用を説いたものである。この思想は、1787年のアメリカ合衆国憲法や、1793年のフランス共和国憲法の中にも採用されており、それ以来、諸国の憲法に制度的にも、思想的にも多大の影響をおよぼしたことはいうまでもない。かくして、三権分立主義

は、近代国家における政治原則となったわけである。今日、諸国の多くは、この三権分立の原則を建てまえとしている。しかしながら、この主義を徹底させると不便を生ずるところから、これを厳格に維持している国はアメリカ合衆国を除いてないといってよい。

日本国憲法もまた、原則として三権分立主義を採用した。すなわち、立法権は国会（第41条）に、行政権は内閣（第65条）に、司法権は裁判所（第76条）に属すると、各機関の権限は明確に区別されている。しかし、それは、必ずしも厳格なものではない。たとえば、立法権と行政権の関係についてであるが、内閣（政府）は国会（議会）の信任をその在職の要件としており、議院内閣制（別の名をイギリス型とも呼ばれる）を基盤として採用している（第66条、第69条）。立法権と司法権の関係については、国会をもって国権の最高機関として、立法権を国会に集中しているが、裁判所に規則制定権（第77条）や違憲立法審査権（第81条）を与えている（アメリカ型司法制度）。これは、国会中心立法の例外をなす司法権の強化である。その反面、国会に裁判官の罷免と弾劾を行なう弾劾裁判所の設置を認めている（第64条）のは、国会の司法権に対する牽制である。司法権と行政権の関係については、内閣は、裁判官の任命権（第79条）および恩赦権（第73条7号）をもっているが、これは、行政権の司法権に対する優位である。しかし、その任命については、最高裁判所の指名した者の名簿による（第80条1項）。このような意味で、わが憲法は、三権分立の原則を独特の方法で採用しているといえる。

第2章　天　　皇

第1節　天皇の地位

1　象徴としての天皇

　日本国憲法第1条は、「天皇は、日本国の象徴であり日本国民統合の象徴であつて、この地位は、主権の存する日本国民の総意に基く」と規定している。大日本帝国憲法における天皇は、主権者であり、「国ノ元首ニシテ統治権ヲ総攬」する地位にあり（第4条）、その地位の根拠は、「万世一系ノ」皇統に存するもの（第1条）であった。また、天皇は現人神（あらひとがみ）として「神聖ニシテ侵スヘカラス」もの（第3条）とされていた。これに対し、日本国憲法は、天皇が統治権を総攬することを否定して、象徴としての地位のみを認めているにすぎない。ここに、天皇の地位の根本的変革がみいだされる。

　象徴（symbol）とは、無形的、抽象的なもの（たとえば、平和、国家）を表現する有形的、具体的なもの（鳩、国旗）をさすのである。憲法は、天皇を日本国の象徴と日本国民統合の象徴とに分けて表現しているところから、両者はなにか意味があるのかということになる。前者は、日本の国を主として物的側面から考えられた日本国家の象徴を意味し（対外関係）、後者は、日本の国を主として人的側面から考えられた日本国家の象徴を意味している（内部関係）。日本国民を統合したものが日本国家であるから、結局、両者はそのニュアンスを異にするだけであり、同じ観念である。その意味において、両者をことさら区別する必要はない。

110   第2編 憲   法

　なお、天皇の象徴としての地位は、日本国憲法によって創設されたものではない。天皇は、大日本帝国憲法において、すでに統治面と象徴面との二面性をもった存在であった。しかし、日本国憲法においては、この統治面が否定されたために、象徴面が前面に出たのであり、憲法の第1条は、旧来の天皇のこの地位を宣言的に規定したものである。それに、天皇は象徴であるとされているが、それは象徴とみなされるべきであるという、規範的な意味である。それから、天皇は元首たる性格をもつか、ということが問題となる。元首とは、国の首長のことで、外国に対して国を代表する地位にあるものをいう。大日本帝国憲法の下では、日本国の元首であったが（第4条）、これに対し、日本国憲法では「天皇は、この憲法の定める国事に関する行為のみを行ひ、国政に関する権能を有しない」（第4条1項）としており、天皇は元首ではない。

2　皇位の継承

　憲法第2条は、「皇位は、世襲のものであつて、国会の議決した皇室典範の定めるところにより、これを継承する」と規定する。皇位の継承について、憲法は、皇位世襲の原則のみを規定するにとどまり、皇位継承の原因、その資格、その順序などに関する事項はすべて皇室典範に任せている。大日本帝国憲法下の皇室典範は、皇室の家法であり、皇室の自律によって定立されていたため、国民および議会はこれに関与できなかった。そして、それは憲法と対等の独自の法形式を認められていた。これに対し、日本国憲法上の皇室典範は、同じ名称でも、その地位と性格は一変し国会の議決によって定められる通常の法律の形式に属する一法典である。

　天皇の地位を皇位といい、皇位継承とは、一定の原因にもとづき一定の人が前天皇に代わってその皇位につくことをいう。皇位継承の原因は、天皇の崩御の場合に限られ、そのときは皇嗣が直ちに即位する（皇室典範第4条）ことになっている。したがって、天皇が在世中に退位し、他の者に皇位を継承させる生前の退位は認められていなかったが、2017（平成29）年、天皇が法律の施行日に退位し、直ちに皇太子が即位することを定めた、天皇の退位等

第2章 天　　皇　*111*

に関する皇室典範特例法（平成29・6・16法63号）が公布された。

　皇位継承の資格を有する者は、皇統に属する男系の男子たる皇族に限られ
る（皇室典範第1条、第2条）。ここで、皇統に属するとは、現天皇の血統に属
するということである。皇統に属する男系の男子であっても、皇族の身分を
もたない者は皇位を継承することができない。現行の皇室典範は、女子の天
皇についてはこれを認めていない。男女平等を建てまえとする日本国憲法
（第14条）の精神からみて、多少の疑義のあるところである。

　同じく皇統に属する男系の男子でも、紛議の余地の生じることのないよう
に、皇室典範は、皇位継承の順序についてつぎのように定めている（第2
条）。すなわち、①皇長子、②皇長孫、③その他の皇長子の子孫、④皇次子
およびその子孫、⑤その他の皇子孫、⑥皇兄弟およびその子孫、⑦皇伯叔お
よびその子孫、⑧以上のような皇族がないときは、それ以上で最近親の皇族
である。

第2節　天皇の権能

　大日本帝国憲法においては、天皇は統治権の総攬者であったが、日本国憲
法においては国の象徴としての地位のみをもつことになった。したがって、
天皇は、国政に関与する権能はなく、単に憲法に掲げられた国事に関する行
為のみを行なうにすぎない（第4条）。天皇の地位の根本的変更に伴う結果で
ある。ここで、国事行為と国政行為との区別は必ずしも明瞭ではないが、通
常、国事とは、政治的に無色、無関係な国家の形式的、儀礼的な行為であり、
国政とは、実質的内容をもつ政治的な行為を意味している。天皇の権能とし
ての国事行為は、第6条、第7条に明記してあるものに限られている。国事
権の内容は広義においては、憲法第6条および第7条の権能を意味し、狭義
においては第7条の権能のみを意味する。

　(1)　第6条の天皇の国事権

　　①　天皇は、国会の指名にもとづいて、内閣総理大臣を任命する。

　　②　天皇は、内閣の指名にもとづいて、最高裁判所の長たる裁判官を任

命する。

(2)　第7条の天皇の国事権

天皇は内閣の助言と承認により、国民のために、以下の国事に関する行為を行なう。

① 憲法改正、法律、政令および条約を公布すること。

② 国会を召集すること。

③ 衆議院を解散すること。

④ 国会議員の総選挙の施行を公示すること。

⑤ 大臣および法律の定めるその他の官吏の任免ならびに全権委任状および大使および公使の信任状を認証すること。

⑥ 大赦、特赦、減刑、刑の執行の免除および復権を認証すること。

⑦ 栄典を授与すること。

⑧ 批准書および法律の定めるその他の外交文書を認証すること。

⑨ 外国の大使および公使を接受すること。

⑩ 儀式を行なうこと、である。

ところで、天皇の国事行為は、天皇が自発的に、あるいは能動的に行なうのではなく、すべてつねに内閣の助言と承認とを必要とする（第3条）ことになっている。助言とは、内閣から天皇に対して能動的に進言することであり、承認とは、天皇からの申し出に対して内閣として受動的に同意することであるが、助言と承認を一体としての行為と考えられている（通説）。結局、助言と承認とは、内閣の補佐、内閣の参与と同じ意味である。内閣の助言と承認を、天皇は拒否したり、修正したりすることはできない。それらの行為を実質的に決定するのは、内閣であることになる。天皇の国事行為は、すべて内閣の助言と承認にもとづくものであるから、天皇は国事行為については無答責であり、内閣がその責任を負う（第3条）。内閣の責任は、いうまでもなく国会に対するものである。

第 2 章　天　　皇　113

第3節 摂　　政

　摂政とは、「天皇の名でその国事に関する行為を行ふ」(第5条) ことであり、天皇の法定代行機関である。摂政がその権能を行なう場合には、憲法第4条1項の規定の準用を受ける (第5条後段)。摂政の代行行為は、天皇の権能のすべてにおよび、法律上、天皇が行なったのとまったく同様な効果をもつとみなされる。ただし、摂政は、天皇の権能の代行機関であり天皇の地位につくのではないから、国家の象徴とはみなされない。摂政は、刑事上および民事上の責任は免れられないが、その在任中は訴追されない特権をもっている。ただし訴追権は害されない (皇室典範第21条)。

　摂政をおくべき場合を、皇室典範第16条は、つぎのように定めている。①天皇が成年 (18年〔第22条〕) に達しないとき、②天皇が、精神もしくは身体の重患または重大な事故により、国事に関する行為をみずからすることができないとき、である。ただしこの場合は、皇室会議の議による。

　つぎに、摂政の資格であるが、成年に達した皇族 (天皇・皇太子・皇太孫は18年、その他の皇族は20年である〔皇室典範第22条、民法第4条〕) が就任する。皇族たる以上、男女を問わない。ただし、親王妃は皇族であるが、摂政たる資格は与えられない (皇室典範第17条)。その順序は、①皇太子または皇太孫、②親王および王、③皇后、④皇太后、⑤太皇太后、⑥内親王および女王である。もしこの順序にあたる者に、精神もしくは身体に重患があり、または重大な事故があるときは、皇室会議の議によって摂政となる順序を変更することがある (皇室典範第18条)。

　摂政をおくべき事由が消滅したときは、摂政は廃止される。すなわち、①天皇が崩じたとき、②天皇が未成年のため摂政がおかれた場合に、天皇が成年に達したとき、③天皇が国事に関する行為をみずから行ないえない故障があるため摂政がおかれた場合にその故障がなくなったとき、皇室会議の議によって廃止される (皇室典範第20条) ことになっている。

第4節　皇室の経済

　大日本帝国憲法は、皇室の経済に関しても皇室自律主義の原則が固く守られ、議会および国民がこれに関与することはできなかった。ただ、わずかに皇室経費の増額の場合に議会の議決を要するとされるにすぎなかった。これに対し、日本国憲法は、これを根本的に改め、皇室経済に関する事項をすべて国民の代表たる国会の議決によるものとして、第8条および第88条の2カ条の規定を設けた。従来、私的性格をもっていた皇室の経済を国家経済に切りかえたのであり、これらは、皇室経済の民主化が図られたことによる。なお、皇室の経済に関する重要な事項を審議する機関として皇室経済会議があり（皇室経済法第8条）、すべての皇室の経済に関しての詳細は、皇室経済法（昭和22・1・16法4号）に規定されている。

1　皇室財産の国有化

　憲法第88条前段は、「すべて皇室財産は、国に属する」と規定している。ここで皇室財産とは、天皇および皇族の所有する財産のことである。皇室の財産を公的性格のものと私的性格のものとに区別し、生活必需品などの私有財産を除き、皇室が公的立場で用いる皇居、御所、離宮とか、公的経費の財源となっていた御料林など皇室財産をすべて国有に帰属することにしたのである。国有財産の中で、皇室の公用に供するものを皇室用財産といっているが（国有財産法第3条）、皇居、離宮などのように、日本国憲法施行日に現に皇室の用に供されていた皇室財産で、本条により国有財産とされた後も、皇室経済会議の議決を経ないで、これを皇室用財産としている（皇室経済法附則2項）。

2　皇室の費用

　憲法第88条後段は、「すべて皇室の費用は、予算に計上して国会の議決を経なければならない」としている。皇室費には、①内廷費、②宮廷費、③皇

族費の 3 つがある。内廷費とは、天皇ならびに皇后、太皇太后、皇太后、皇太子、皇太子妃、皇太孫、皇太孫妃および内廷にあるその他の皇族の日常の費用その他内廷諸費にあてる御手元金（私金）である（皇室経済法第 4 条）。宮廷費とは、内廷費以外の宮廷諸費にあてるもので、その性質は公的経費（公金）——行幸啓費、祭典費、儀式費など——であり、宮内庁でこれを経理する（皇室経済法第 5 条）。皇族費とは、皇族としての品位保持のための費用であり、年額により毎年支出するものと、皇族がはじめて独立の生計を営む際や、皇族の身分を離れるさいの一時金とがある（皇室経済法第 6 条）。

3　皇室の財産授受

　憲法第 8 条は、「皇室に財産を譲り渡し、又は皇室が、財産を譲り受け、若しくは賜与することは、国会の議決に基かなければならない」と規定している。憲法は、皇室と国民との間の財産の授受を国会のコントロールの下におき、すべての皇室の経済に関してその明朗化を図ろうとしているのである。これは、財産の授受によって、国民との間に特殊関係が生じたり、また、皇室が財産の譲渡を受けて不当な蓄積をしたり、そのため権力が増大したりすることを防ぐためであり、それは有償であると無償であるとを問わず、国会をとおして一般に公表し、しかも国会の審議・議決が必要であるとしているのである。

第3章　戦争の放棄

第1節　平和主義と戦争放棄

　日本国憲法の最大の特色の1つは、徹底した永久平和主義の原理（前文）を採用したことである。この精神は、前述したように、憲法の中に戦争の放棄という独立の第2章を設け、第9条に具体的に明文化されている。すなわち、「日本国民は、正義と秩序を基調とする国際平和を誠実に希求し、国権の発動たる戦争と、武力による威嚇又は武力の行使は、国際紛争を解決する手段としては、永久にこれを放棄する」（第1項）と宣言し、さらに「前項の目的を達するため、陸海空軍その他の戦力は、これを保持しない。国の交戦権は、これを認めない」（第2項）と規定している。

　周知のとおり、これまでに人類は多年にわたって世界平和のために、戦争を回避する努力を試みたが（たとえば、国際連盟、不戦条約、軍縮会議など）、いずれも成功はしなかった。

　ことに第2次世界大戦後に制定された諸外国の憲法をみると、戦争放棄を規定しているものが非常に多い。しかしながら、諸外国憲法にみられる戦争放棄の規定は、狭義の戦争放棄（侵略戦争）のみに限定されているのである。これに対して、わが日本国憲法第9条は、侵略戦争はいうに及ばず自衛戦争まであらゆる戦争を放棄しており、さらに戦争の手段である一切の戦力の不保持および国の交戦権の否認をも規定したのである。ここまで、平和主義に徹底したこのような憲法は、いまだかつて世界の憲法史上に、その類例をみないものである。その意味で、画期的な意義をもつものといえる。

第2節　戦争の放棄

1　戦争の放棄

　憲法第9条の内容は、第1にあらゆる戦争を放棄したこと（第1項）、第2に交戦権を否認したこと（第2項）、第3に戦力の不保持（第2項）の3つである。

　ところで、国際法上、戦争にはその目的によって分類すると、①侵略戦争、②制裁戦争、③自衛戦争の3種がある。侵略戦争とは、国策上、資源獲得のために他国の領土に侵入してこれを征服するための不法な戦争（たとえば、人口問題解決、原料市場の獲得）をいい、制裁戦争とは、他国への不法侵略に対する制裁としての戦争であり、自衛戦争とは、外国の武力的侵略に対して自国防衛のためにする戦争である。これらのうち、諸外国の立法例に従うと、①の侵略戦争は否定するが、②の制裁戦争、それに③の自衛戦争は、必ずしも放棄していない。

　わが憲法第9条1項は、「国権の発動たる戦争」と「武力による威嚇」と「武力の行使」を、国際紛争を解決する手段としては永久にこれを放棄すると規定している。ここで国権の発動たる戦争とは、国際法上、宣戦の布告がなされ戦争法規が適用される戦争をいい、武力による威嚇とは、現実に武力を行使することはないが武力を背景にもって相手方を威嚇すること（たとえば、三国干渉、対支21カ条の要求など）をいい、武力の行使とは、戦争という名称に至らない実質的な戦闘行為一般（たとえば、満州事変、日華事変、ノモンハン事件など）をいう。このことから、その戦争の放棄の範囲が問題となる。この点に関し、第1説は、国際紛争を解決する手段としては、外交交渉、調停、国際裁判など平和的な解決方法が考えられるので、戦争は許されない。また、国際紛争を解決する手段としての戦争は、国際法上禁止されている不当な侵略戦争のみである。したがって、②の制裁戦争および③の自衛戦争は放棄されていないとする（制限放棄説）。これに対し第2説は、第9条1項でいう

118 第2編 憲 法

「国際紛争を解決する手段として」の戦争を放棄するとは、一切の戦争を放棄するという意味であり、これらの放棄は全面的であって、②の制裁戦争および③の自衛戦争をも否定したものとする（全面放棄説・通説）のである。

2 交戦権の否認

憲法第9条2項後段は、「国の交戦権は、これを認めない」と規定している。この交戦権（right of belligerency）の意義については、学説が対立している。第1説は、交戦権とは国家として戦争をする権利であるとする（広義説）。第2説は、交戦権とは国家が戦争をはじめた場合、国際法上、交戦国として有する諸権利（たとえば、敵国船を捕獲、敵国の海岸を封鎖、捕虜の取り扱いなど）であるとする（狭義説）。第2説すなわち狭義説に従うと、第9条2項の意味が、戦争する権利はあるが、交戦国として有する権利は認められないという矛盾がある。その意味から、第1説すなわち広義説が正当であり、多くの学説もこれに従う。この規定は、第1項の戦争の放棄をいっそう徹底させたものである。

第3節 戦力の放棄

1 前項の目的の意義

憲法第9条2項前段は、「前項の目的を達するため、陸海空軍その他の戦力は、これを保持しない」と規定している。ここで、前項の目的を達するためと規定しているが、これはなにを意味しているのか解釈上の問題が生ずる。第1説は、前項の目的というのは、第1項でいっている「正義と秩序を基調とする国際平和を誠実に希求し」をさしていると解する。したがって、戦力の不保持そのものについてはまったく無条件ということになり、いうまでもなく侵略戦争のみならず、自衛のための戦力をも保持することは許されないことになる（通説）。これに対し、第2説は、前項の目的というのは、「国際紛争を解決する手段としては」侵略戦争を放棄するという第1項の全体をさ

すと解するのである。したがって、戦力不保持は、侵略戦争の放棄という目的に限定され、制裁戦争、自衛戦争は禁止されておらず、自衛のための戦力はこれを保持することは許されるとする。

いうまでもなく、第9条は一切の戦力を放棄したものである。第2説に従うと、憲法が自衛のための戦力は保持できると解しているが、それならば、憲法の条文の中に一定の装備とか、人的組織とか、軍隊の指揮統率とか、戦力の構成などについて規定されるべきであったが、どこにもそのような規定はみあたらない。それに、戦争はつねに多くの国が行なってきたように、自衛の美名の下で行なわれたのであり、ここで自衛の戦争との区別は、実際上、判断しかねないのである。

2　戦力の意義

憲法第9条2項前段は、「陸海空軍その他の戦力は、これを保持しない」と規定している。いくら戦争とか武力行使を禁止しても、軍備をもっていては、それが使用されるおそれがないとはいえない。そこで憲法は、一切の戦争を放棄した平和主義の趣旨を貫徹するために、戦争行動の裏づけとなる戦力そのものを否定したのである。

ところで、その不保持の対象である戦力（war potential）の範囲については必ずしも明らかではない。戦力とは、近代戦争を有効かつ適切に遂行しうるのに役立つ能力をいっている。陸海空軍が戦力であることは明瞭であるが、その他の戦力とは、それがなにをさすかについては問題である。ここに、戦力と非戦力との限界について学説が分かれる。第1説は、戦力か非戦力かの判断基準は、主観的な目的によって決定されるべきだとする（主観説）。これに対し、第2説は、戦力か非戦力かの判断基準は、客観的な面によって決定されるべきだとする（客観説）。また、第3説は、戦力か非戦力かの判断基準は、そのものの存在とこれに内在する目的とが明らかに戦争を意図しているものならば戦力であるとする（折衷説）のである。前述した第2説が、今日における通説とされている。その他の戦力というのは、具体的に、潜在的戦力、航空機、原子力研究、重工場施設、飛行機工場などを意味し、有事のさ

いに相当程度戦力となりうるものはすべて包含される。

憲法の戦力の概念について裁判で争われたものが、いわゆる砂川事件（最大判昭和34年12月16日刑集13巻13号3225頁）であった。

3　自　衛　権

自衛権（right of self-defense）とは、国際法上、国家が外国から急迫不正の侵害を受けた場合に、これに対して、やむをえず実力行為により自国を防衛する国家の権利をいう。この権利は、国内法上、個人に認められている正当防衛（刑法第36条）の権利にあたり、このような自衛権は、国家の存立に伴う当然の基本的な権利である。

前述したように、わが憲法は、その第9条で戦争の放棄を規定しているが、自衛権までも放棄したものなのであろうか。自衛権というものは、すべての国家に存在するものであり、日本国憲法は自衛権そのものまでを放棄したとは考えられない。

ところで、憲法第9条と自衛隊に関して、これが第9条2項前段で規定する「その他の戦力」に、該当するものではないかという問題が提出された。これについては、学説上、①自衛隊合憲説と、②自衛隊違憲説とが対立しているが、おおむね①自衛隊合憲説が現在における通説である。自衛隊の主たる任務は、直接侵略および間接侵略に対してわが国を防衛すること（自衛隊法第3条、第1条）、すなわち専守防衛するにある。なお、自衛権の行使に、自国と密接な関係にある他国に加えられた武力攻撃を、自国が直接攻撃されていなくとも実力をもって阻止する権利であるとする集団的自衛権については、国際法上保有するが、憲法上行使できないと解釈されてきている。しかしながら、安全保障関連法案が2015（平成27）年7月に可決され（2015年9月制定）、集団的自衛権の解釈を変更し、①日本と密接な関係にある他国が武力攻撃され、日本の存在が脅かされる明白な危険がある事態（存立危機事態）、②わが国の存立を全うし、国民を守るために他に適当な手段がない、③必要最小限度の実力行使、の3要件を満たせば集団的自衛権による武力行使を憲法上可能とした。

第 3 章　戦争の放棄　*121*

　自衛隊が憲法に違反するか否か（合憲か違憲）については、いくつかの訴訟
例があるが、裁判で最初に争われたものとしては、自衛隊法違反（第121条）
のいわゆる恵庭事件（札幌地判昭和42年3月29日下級刑集9巻3号359頁）がある。
この中において、自衛隊の合憲・違憲の判断は回避された。この問題が、本
格的に裁判所でとりあげられたのは、長沼ナイキ訴訟（最判昭和57年9月9日
民集36巻9号1679頁）からであった。

〔参考〕　　恵庭事件
【事実】　本件は、北海道千歳郡恵庭町（現在の恵庭市）でおこった事件で、被
告人である野崎兄弟の牧場は、かつての北海道大演習場島松地区に隣接してお
り、この演習場は昭和25年以降米軍と自衛隊の射撃演習場に使用されていた。
この射撃演習の爆音などにより、野崎牧場の乳牛に乳量の減少とか、流早産と
かの被害が続出するため、米軍、自衛隊に補償を請求したが、自衛隊にその補
償規定がないことを理由に聞き入れてもらえなかった。昭和37年12月11日、
野崎兄弟は、射撃命令を伝達するために敷設されていた演習用の通信線（電話
線）を数カ所、ペンチで切断するに至った。この行為が、自衛隊法第121条に
違反するものとして起訴されたものである。これに対し、裁判所は無罪を言い
渡した。
【判旨】　「本件罰条〔自衛隊法121条〕にいう『その他防衛の用に供する物』
の意義・範囲を具体的に確定するにあたっては、同条に例示的に列挙されてい
る『武器、弾薬、航空機』が解釈上重要な指標たる意味と法的機能をもつと解
するのが相当である。……本件罰条は、ある限度内での類推解釈を許容するこ
とを前提として、その許容される限界を客観的にあきらかにする趣旨のもとに、
『武器、弾薬、航空機』という例示物件をかかげているものと解され、したが
って、『その他の防衛の用に供する物』とは、これら例示物件とのあいだで、
法的に、ほとんどこれと同列に評価しうる程度の密接かつ高度な類似性の認め
られる物件を指称するというべきである。そこで……これら例示物件の特色に
ついて考察すると、それらはいずれも、(1)、その物自体の機能的な属性として、
いわゆる防衛作用のうち、とくに、自衛隊法上予定されている自衛隊の対外的
武力行動に直接かつ高度の必要性と重要な意義をもつ物件であり、それだけ、
現実の防衛行動に先だち、その機能を害する行為からまもられていなければな
らない要求が大きく、(2)、実力部隊の性格をもつ自衛隊の物的組織の一環を構
成するうえで、いわば、不可欠にちかい枢要性をもつ物件であり、したがって、
これに対する損傷行為は、自衛隊の本質的な組織構成をおびやかす面をもち、
さらに、(3)、規模・構造等の関係で、ひとたび損傷行為がくわえられたばあい
にもたらされる影響が深刻なものとなる危険の大きい物件であり、同種の物件
によっても、用法上の代たいをはかることの容易でない等の特色をもっている。

122 第2編 憲 法

以上の見地にそくして、被告人両名の切断した本件通信線が自衛隊法 121 条に
いわゆる『その他の防衛の用に供する物』にあたるか否かを検討してみるに、
……多くの実質的疑問が存し、かつ、このように、前記例示物件との類似性の
有無に関して実質的な疑問をさしはさむ理由があるばあいには、罪刑法定主義
の原則にもとづき、これを消極に解し、『その他の防衛の用に供する物』に該
当しないものというのが相当である。……弁護人らは、本件審理の当初から、
……自衛隊法 121 条を含む自衛隊法全般ないし自衛隊等の違憲性を強く主張し
ているが、およそ、裁判所が一定の立法なりその他の国家行為について違憲審
査権を行使しうるのは、具体的な法律上の争訟の裁判においてのみであるとと
もに、具体的争訟の裁判に必要な限度にかぎられることはいうまでもない。こ
のことを、本件のごとき刑事事件にそくしていうならば、当該事件の裁判の主
文の判断に直接かつ絶対必要なばあいにだけ、立法その他の国家行為の憲法適
否に関する審査決定をなすべきことを意味する。したがって、すでに説示した
ように、被告人両名の行為について、自衛隊法 121 条の構成要件に該当しない
との結論に達した以上、もはや、弁護人ら指摘の憲法問題に関し、なんらの判
断をおこなうべきでもないのである」。

第4章 基本的人権の保障

第1節 基本的人権の概念

1 基本的人権

1）基本的人権の沿革

　日本国憲法は、その第3章に「国民の権利及び義務」と題して、きわめて詳細に基本的人権（fundamental human rights）を保障している。ここに、基本的人権とは、「人間が人間として生まれながらにして当然にもっている固有の権利」すなわち人間の生来の権利を意味している。

　人権宣言の原型は、古くまで遡ることができるが、まずイギリスにおいて形成されたといえる。それは、1215年の大憲章（Magna Carta）に源を発するが、1628年の権利請願（Petition of Right）、1689年の権利章典（Bill of Rights）にみることができる。ついで、1776年のヴァージニア権利宣言（Declaration of Rights）、アメリカ独立宣言（The Declaration of Independence）などにおいてである。その後、これがヨーロッパに伝わって、1789年のフランス人権宣言（Déclaration des Droits de l'Homme et du Citoyen）となった。そして、そのままの形で1791年のフランス憲法にとり入れられた。以来、これが例となり、基本的人権の保障の思想は、19世紀以降の世界各国の成典憲法につぎつぎと承継されたのであった。このようにして、基本的人権の保障は、それを保障するための統治機構と相ならんで近代国家の憲法に共通する特色となった。

2）基本的人権の本質

　基本的人権は、人間が生まれながらにしてもっている固有の権利（人間生来の権利）であって、それは 17〜18 世紀の頃、自然法学説によって天賦人権とか、自然権とか呼ばれていたものから発展したものである。人間生来の権利とされるもののうち、特に生命、自由、幸福追求などの権利は本質的なものであり、この生命、自由および幸福追求は、各個人が人間としてのまさに究極的な目標である。日本国憲法で「生命、自由及び幸福追求」の権利（第 13 条）といっているのはこの意味である。それは、何人から与えられたものではなく、実に天から授かったものであって、その意味で奪うことのできない権利であり、また他人に譲り渡すことのできない権利（天賦固有）でもある。したがって、人間が生存する限り消滅することのない永久（現在・将来）の権利たる本質を有するものである。近代的人権概念を、公式に説いた代表的思想家は、ジョン・ロック（John Locke, 1632〜1704）であるが、人間生来の権利をもって天賦不可譲の権利だとする思想は、彼の天賦人権説に由来する。基本的人権は、①普遍性、②永久性、③固有性、④不可侵性という性格をもっている。基本的人権は、憲法によってはじめて与えられたものではなく、それは憲法以前、国家以前の自然法上の権利なのである。それゆえ、憲法は、「与へられる」（第 11 条）とか、「信託されたものである」（第 97 条）として、与える者や、信託する主体を明言していないのはその意味である。

　基本的人権の概念は、もともと歴史的には君主の絶対主義的権力や国家の不当な拘束などから個人を自由に解放するという、いわば国家権力からの自由を中心とする「自由権」の性格をもつものであった。ついで、民主主義的要請にもとづいて「参政権」もこれに含めた。基本的人権は、歴史的、社会的な所産であるから、生命、自由、幸福の追求の基本権の内容は社会的基盤の変化ならびに時代のすう勢に応じて幾多の変遷をもたらした。17〜18 世紀までは、平等権、自由権、参政権を保障することが基本となっていたが、20 世紀に入るに至り、社会主義的要請にもとづいて、基本的人権の観念のなかに「生存権」も含むようになった。

2 大日本帝国憲法と日本国憲法との基本的人権保障の差異

　憲法典の中に、個人の人格を尊重し、その権利および自由を保障する規定を設けることは、近代国家の憲法に共通する特色である。基本的人権保障の規定は、大日本帝国憲法においては、第2章に「臣民権利義務」と題しそこに明記されていた。日本国憲法は、第3章に「国民の権利及び義務」と題しそこでいろいろの権利が保障されている。しかしながら、大日本帝国憲法（第2章）と日本国憲法（第3章）において、それぞれの保障している基本的人権保障の仕方には大きな相違がみられる。すなわち、第1に、内容の点に関することで、権利保障の度合が著しく強化されたことである。大日本帝国憲法の保障する権利は、すべて「法律の範囲内」において認められていたといえる。したがって、いくら憲法が保障したといっても、立法者が法律またはこれに代わる緊急勅令などをもってこれらの権利を制限しようとするならば、いくらでも無制限に制限できたのである。そこに保障された権利は、概して恩恵的なものとされていたのであった。ゆえに憲法の保障は、形式的であり、名目だけで実質的な保障ではなかったといえる。これに対して、日本国憲法の保障する権利は、国家や、憲法以前の自然法上の固有の権利であるとする。したがって、国家権力によって——憲法改正によってすら——人権を侵害することはできないのである。

　第2に、保障方法の点に関することである。大日本帝国憲法では、基本的人権に対する救済手段がきわめて不備であったが、日本国憲法では、これを保障する制度として新たに裁判所に違憲立法審査権が認められた（第81条）。

　第3に、範囲の点に関することである。大日本帝国憲法の保障する権利は、18～19世紀の啓蒙思想の上に立つ自由権的基本権であった。これに対し、日本国憲法ではこれらの権利保障の範囲を著しく拡大しており、ことに、20世紀的な憲法の課題とされている生存権（第25条）がとり入れられている。同じく勤労者の団結権、団体交渉権（第28条）、教育を受ける権利（第26条）、思想および良心の自由（第19条）、学問の自由（第23条）などが加えられた。このようにして、日本国憲法における人権の保障は、大日本帝国憲法のそれ

126 第2編 憲 法

とくらべると、同じく権利の保障といわれても、質的、量的に強化されているといえるのである。

第2節 基本的人権の一般的原則

1 基本的人権の一般原理

日本国憲法は、その第11条ないし第13条および第97条において、人権宣言の一般的な原則を定めている。すなわち、第11条は、「国民は、すべての基本的人権の享有を妨げられない。この憲法が国民に保障する基本的人権は、侵すことのできない永久の権利として、現在及び将来の国民に与へられる」とし、さらに第97条は、「この憲法が日本国民に保障する基本的人権は、人類の多年にわたる自由獲得の努力の結果であつて、これらの権利は、過去幾多の試錬に堪へ、現在及び将来の国民に対し、侵すことのできない永久の権利として信託されたものである」と、国民の基本的人権の享有、基本的人権の不可侵性について規定している。ここで、「侵すことのできない」権利すなわち不可侵性とは、日本国憲法において保障された基本的人権は、行政権、司法権に対してはもちろんのこと、立法権に対しても保障されるもので、それは国家権力の発動に対する絶対的な制約を意味している。裁判所に違憲立法審査権（第81条）が与えられているのは、立法権の侵害に対して国民の権利を守るためである。裁判所が、憲法の番人として重要な役割を演じている。また第13条においては、「すべて国民は、個人として尊重される。生命、自由及び幸福追求に対する国民の権利については、公共の福祉に反しない限り立法その他の国政の上で、最大の尊重を必要とする」（なお、第24条参照のこと）と、個人の尊厳、公共の福祉による基本的人権の限界について規定している。

前述したように、基本的人権は、国家以前、憲法以前の権利、自然によって与えられた天賦の人権なのであるが、それを現実に維持していくためには、非常なる努力が要求される。基本的人権は、自然法上の権利であるといって

第 4 章　基本的人権の保障　　*127*

も、そこには、権利と自由に伴う義務または責任のあることを忘れてはならない。これに関して、「この憲法が国民に保障する自由及び権利は、国民の不断の努力によつて、これを保持しなければならない。又、国民は、これを濫用してはならないのであつて、常に公共の福祉のためにこれを利用する責任を負ふ」（第12条）と規定しているが、この規定は、①保持の義務、②濫用しない義務、③公共のために利用する義務を示している。

2　基本的人権と公共の福祉

　憲法第11条は、「この憲法が国民に保障する基本的人権は、侵すことのできない永久の権利として、現在及び将来の国民に与へられる」として、基本的人権なるものの不可侵性を宣言している。しかし、第12条では、「この憲法が国民に保障する自由及び権利は、国民の不断の努力によつて、これを保持しなければならない。又、国民は、これを濫用してはならないのであつて、常に公共の福祉のためにこれを利用する責任を負ふ」と定め、また第13条では、「すべて国民は、個人として尊重される。生命、自由及び幸福追求に対する国民の権利については、公共の福祉に反しない限り、立法その他の国政の上で、最大の尊重を必要とする」と規定したので、公共の福祉による基本的人権の制限を示している。そこで、基本的人権と公共の福祉との関係が問題とされるのである。

　この点については、学説の分かれるところである。

　①　憲法の第12条、第13条を根拠に、公共の福祉により基本的人権のすべてについて制約することができるとするもので、公共の福祉に優位性を認める見解である。

　②　憲法の第22条（居住、移転および職業選択の自由と公共の福祉）、第29条（財産権と公共の福祉）のように、憲法それ自身で特に明文規定がある場合についてだけ公共の福祉を理由とする制約が認められるが、その他の基本的人権については制約することはできないとするもので、個人の権利に優位性を認める見解である。

　③　いわゆる基本的人権をその法律的性質に従って、自然的人権と社会的

128 第2編 憲　　法

人権とに分類し、前者は憲法以前、国家以前の権利ゆえに公共の福祉による制約を超越するが、後者は公共の福祉によって制約されるとする見解である。

　ところで、基本的人権を制約する公共の福祉とは、いったいなんなのであろうか。公共の福祉（public welfare）というのは、社会共同生活における各人共通の利益であるといわれている。それは、社会のすべての人間に対し自由・権利がそれぞれの人間に平等に確保されることによって達成されるものである。公共の福祉は、個人主義の立場から、国家と個人、個人相互の人権の矛盾衝突を、各々の価値を比較衡量しつつ、調整していく原理である。基本的人権を制約するその限度であるが、画一的に定められるものではなく、具体的事件をとおして判断する以外に方法はみあたらない。

　基本的人権と公共の福祉との関係について、わが国の判例は、公共の福祉に反する場合は、基本的人権を制限することもあるという判断であるが、公共の福祉のなんたるか、その具体的な内容をあらかじめ明示することをしていない。個々の事案について、ケース・バイ・ケースによって定めようとしている。可能な限り客観的にして合理的な判断基準の確立が必要であるが、裁判所の判例を累積していくことによって、そこに普遍的な指導原理が確立されるであろう。

第3節　基本的人権の種別

　日本国憲法が、国民に保障している基本的人権を大別すれば、平等権、自由権、社会権、参政権および請求権とすることができる。

1　平　等　権

1）法の下の平等

　⑴　**意義**　　憲法第14条は、「すべて国民は、法の下に平等であつて、人種、信条、性別、社会的身分又は門地により、政治的、経済的又は社会的関係において、差別されない」（1項）と規定している。法の下の平等は、自由と共に基本的人権の中心的理念をなし、近代法の大原則である。本条は、国

民の平等権に関する一般原則的規定である（なお、平等原則の個別的規定として、第24条、第26条、第44条がある）。ここで、法の下の平等（equality under the law）とは、ワイマール憲法でいう法の前に平等と同義であって、法の適用において平等である（法適用平等説）ということのみならず、法の定立においてもまた平等に扱われなければならないことを意味する（法平等説、判例・通説）。

（2）**差別的取扱いの禁止**　大日本帝国憲法においては、その第19条で「日本臣民ハ法律命令ノ定ムル所ノ資格ニ応シ均ク文武官ニ任セラレ及其ノ他ノ公務ニ就クコトヲ得」と規定するのみで、平等の観念は不徹底なものであった。これに対し、日本国憲法にあっては、平等の原則をすべての場合に徹底させている。差別的取扱いを禁止する事項として、憲法は、「人種、信条、性別、社会的身分又は門地」を列記している。このうち、「人種、性別、門地」は、先天的理由にもとづくものである。ここで、人種とは、人の人類学的区別である。信条とは、本来、宗教上で信仰を明白に表現することであるが、思想的、学問的、政治的、倫理的な信条もまた含まれる。性別とは、男女のことである。社会的身分とは、一般に社会生活において永続的な地位をいう（たとえば、職業、公務員、労働者、資本家、前科を有する者など）。門地とは、家系・血統による家柄（たとえば、華族制度）のことを意味する。本条に関しては、数多くの判例をみているが、そのうちの1つに刑法第200条（平成7法91号により削除）で規定する尊属殺は憲法第14条に違反するかという問題があった（最大判昭和48年4月4日刑集27巻3号265頁）。

（3）**合理的差別**　法の下の平等の原則は、民主主義、個人主義の理念からみて不合理であると考えられる差別を禁止するものである。人間は、各自具体的に精神的、肉体的な差異がある以上、法がこれら一切を無視して平等に取り扱うことは適当ではない。そこで、本条は、その差異に応じたあらゆる合理的な差別まで禁止する趣旨ではない。

ここで、どのような場合に合理的差別であり、どのような場合に不合理な差別であるかが問題となる。合理的な差別といえる事項を例示してみることにする。

① 年齢によって、権利や責任を区別していること（たとえば、参政権を与えたり、少年法上の特別の取扱い）。

② 地域の特殊性によって、地方公共団体の条例が異なった取扱いをすること。

③ 収入の多い者には、多額の税を課すこと。

④ 男女の肉体的差異にもとづいて、法の取扱いを異にすること（たとえば、女子の再婚禁止期間〔民法第733条〕。2016年7月改正により100日）。

⑤ 労働条件について、女性が保護されていること（たとえば、労働基準法第64条の2以下、女性の坑内労働の禁止、産前産後の休養、育児時間の供与、生理休暇の保障など）。

⑥ 障がい者一人ひとりの特徴や場面に応じて配慮をする（障害者差別解消法）。

また、憲法第14条は、「華族その他の貴族の制度は、これを認めない」（2項）とし、貴族の廃止をうたっている。しかし、皇族という特殊な国民の種類はこれを認めている。さらに、「栄誉、勲章その他の栄典の授与は、いかなる特権も伴はない。栄典の授与は、現にこれを有し、又は将来これを受ける者の一代に限り、その効力を有する」（3項）と規定している。

２）婚姻と家族生活における平等

憲法は、平等の原則の具体化としてその第24条で、「婚姻は、両性の合意のみに基いて成立し、夫婦が同等の権利を有することを基本として、相互の協力により、維持されなければならない。配偶者の選択、財産権、相続、住居の選定、離婚並びに婚姻及び家族に関するその他の事項に関しては、法律は、個人の尊厳と両性の本質的平等に立脚して、制定されなければならない」と規定している。人間生活の中心は家族生活であるが、その婚姻を中心とする家族生活において、夫婦が同等の権利をもち、婚姻の成立と維持については、男女平等主義をとることにした。この見地にたって、1947（昭和22）年に民法第4編の親族、第5編の相続は全面的に大改正が行なわれた。

第4章　基本的人権の保障　　*131*

〔参考〕　　尊属殺重罰と法の下の平等

【事実】　被告人 X は、当時 14 歳になったばかりの昭和 28 年 3 月頃、自宅で
1 人で就寝中に実父 A に無理に犯され、それ以後十余年、夫婦同様の生活を
強いられ、昭和 31 年 11 月に A の子を出産し、その後相次いで合計 5 人の女
の子を出産した（2 人は間もなく死去）。昭和 39 年から、X は某印刷所に勤
務するようになり、その頃同じ職場にはたらく青年と相思相愛の仲となり、実
父に結婚の承諾を求めたところ、これに憤慨し、A は執拗に今までどおり不
倫の関係を継続しようとして暴行や脅迫を加えたため、苦悩のあまり、酒に酔
った上怒号して X に襲いかかってきた A を寝床の上に押し倒し、A の股引き
の紐で絞殺した。

　第一審は、刑法第 200 条は違憲であるとし、殺人罪につき過剰防衛にあたる
として刑の免除をしたが、原審は、これを破棄し、刑法 200 条の成立を認めて
無期懲役を選択した上で、2 回の刑の減軽をなし懲役 3 年 6 月に処した。弁護
人から上告がなされ、最高裁判所は刑法第 200 条を違憲として原判決を破棄し
自判した。

【判旨】　刑法第 200 条は「被害者と加害者との間における特別な身分関係の存
在に基づき、同法 199 条の定める普通殺人の行為と同じ類型の行為に対してそ
の刑を加重した、いわゆる加重的身分犯の規定であって、」「このように刑法
199 条のほかに同法 200 条をおくことは、憲法 14 条 1 項の意味における差別
的取扱いにあたるというべきである」。そこで、刑法 200 条が憲法の右条項に
違反するかどうかはこのような「差別的取扱いが合理的根拠に基づくものであ
るかどうかによって決せられる」。

　「刑法 200 条の立法目的は、尊属を卑属またはその配偶者が殺害することを
もって一般に高度の社会的道義的非難に値するものとし、かかる所為を通常の
殺人の場合より厳重に処罰しもって特に強くこれを禁圧しようとするにあたる
ものと解される」。「尊属に対する尊重報恩は、社会生活上の基本的道義という
べく、このような自然的情愛ないし普遍的倫理の維持は、刑法上の保護に値す
る」。「しかるに、自己または配偶者の直系尊属を殺害するがごとき行為はかか
る結合の破壊であって、それ自体人倫の大本に反し、かかる行為をあえてした
者の背倫理性は特に重い非難に値するということができる」。

　それゆえ「普通殺のほかに尊属殺という特別の罪を設け、その刑を加重する
こと自体はただちに違憲であるとはいえない」が、刑罰加重の程度が極端であ
って、「立法目的達成の手段として甚だしく均衡を失し、これを正当化しうべ
き根拠を見出しえないときは、その差別は著しく不合理なものといわなければ
ならず、かかる規定は憲法 14 条に違反して無効であるとしなければならな
い」。

　この観点から刑法第 200 条をみると、同条の法定刑は死刑および無期懲役の
みであり、普通殺人罪にかんする同法第 199 条の法定刑（死刑又ハ無期若クハ
3 年以上ノ懲役）と比較すると、刑種選択の範囲がきわめて重い刑に限られて
おり、現行法上許される 2 回の減軽を加えても、処断刑の下限は懲役 3 年 6 月

132　第2編　憲　　法

を下ることがなく、その結果、いかに酌量すべき情状があろうとも法律上刑の執行を猶予することはできないのであり、「普通殺の場合とは著しい対照をなすものといわなければならない」。こうみてくると、尊属殺の法定刑は、それが死刑または無期懲役刑に限られている点において「あまりにも厳しいものというべく、上記のごとき立法目的、すなわち、尊属に対する敬愛や報恩という自然的情愛ないし普遍的倫理の維持尊重の観点のみをもってしては、これにつき十分納得すべき説明がつきかねるところであり、合理的根拠に基づく差別的取扱いとして正当化することはとうていできない」。

　以上の次第で、刑法第200条は、「その立法目的達成のため必要な限度を遙かに越え、著しく不合理な差別的取扱いをするものと認められ、憲法14条に違反して無効であるとしなければならず、したがって、尊属殺にも刑法199条を適用するのほかはない。この見解に反する当審従来の判例はこれを変更する」。

2　自　由　権

1）一般的自由の保障

　自由を求めることは、人間の本性にもとづくものである。近世は、自由獲得のための戦いの歴史であるといっても決して過言ではない。ここで、自由権（Freiheitsrechte）とは、国民各人が、その自由な活動を国家権力によって侵害されない権利である。国家権力の不作為であるから、その意味で消極的な権利である。基本的人権としての自由権は、権利章典の中核をなすものである。日本国憲法に定められている自由権は、およそつぎのようなものがある。

　⑴　**人身の自由**　「何人も、いかなる奴隷的拘束も受けない。又、犯罪に因る処罰の場合を除いては、その意に反する苦役に服させられない」(憲法第18条)。

　ここで、奴隷的拘束とは、奴隷のように人格を認めないで人身の自由を拘束することを意味する。たとえば、人身売買、公娼制度、監獄部屋などがそれである。このような奴隷的拘束は、本人自身の同意の有無によらず絶対に禁止されているものである。その意に反する苦役とは、奴隷的拘束とまではいかなくとも、本人の意思に反して精神的、肉体的苦痛とされるような人身に対する負担をいう。たとえば、大日本帝国憲法下における戦時中の国民徴

用制度などが、これに該当する。

　本条の目的を達するために、労働基準法（第5条、第69条）、職業安定法（第63条）、人身保護法（第1条）など、法律は種々な規定を設けてこれを保障している。なお、犯罪による処罰としての苦役でも、それが奴隷的拘束の程度に至るものや、また残虐なものは許されない（憲法第36条）。このほか、人身の自由に関するものとして、憲法第31条、第33条、第34条、第35条それに第39条などがある。

　⑵　**思想および良心の自由**　「思想及び良心の自由は、これを侵してはならない」（憲法第19条）。

　思想および良心は、共に人間の外部に表れざる内心における作用または状態をいう。実際に、両者を区別することは困難であるが、前者は人間の内心における思考作用の内容をいい、後者は倫理的なものの考え方である。その意味で、両者をまとめて思想の自由といっている。大日本帝国憲法の下においては、このような規定を設けていなかったがため、思想弾圧が公然と行なわれていた。そのために、個人の自由権が不当に侵害されたのであり、このような事実を踏まえて人間精神の自由権をここに認めたのである。思想および良心の自由は、共に内心の自由にあることは、前述したとおりであるが、これが、思想として内心にとどまっているということはない。

　思想および良心の自由が、宗教的性格をもてば信教の自由（憲法第20条）となり、両者を外部に発表する場合は表現の自由（第21条）となり、その内容が、学問的体系をとる場合は学問の自由（第23条）となるのである。その意味で、第19条の思想および良心の自由は、信教の自由、表現の自由、学問の自由の総則的規定であり、基本的人権の中で最も重要なものの1つに数えられるのである。

　⑶　**信教の自由**　「信教の自由は、何人に対してもこれを保障する。いかなる宗教団体も、国から特権を受け、又は政治上の権力を行使してはならない」（憲法第20条1項）。「何人も、宗教上の行為、祝典、儀式又は行事に参加することを強制されない」（同条2項）。「国及びその機関は、宗教教育その他いかなる宗教的活動もしてはならない」（同条3項）。

134　第2編　憲　　法

　信教の自由は、自由権獲得の歴史の中において最大の犠牲をはらってえられたものであり、その意味で特別の地位を占めるものである。諸外国の歴史は、みな信教の自由をめぐって発展して今日に至ったといえる。ここに信教の自由は、次の3つの意味をもつものとされている（通説）。すなわち、①信仰の自由である。これはいかなる種類の宗教であっても信じる自由、転宗の自由、すべての宗教を信じない自由などを含んでいる。信仰の自由は、それが内心的なものである点で、憲法第19条で保障している思想および良心と同じである。②宗教的行為の自由である。これは信仰の外部的表現である。宗教的行為とは、祈禱、礼拝などをはじめ宗教上の祝典、儀式、行事などをいう。何人も、このような宗教的行為をなしたり、なさざる自由をもち、またこれに参加するかしないかはまったく自由なのである。③宗教的結社の自由である。宗教的結社とは、宗教上の共同目的をもって集まった継続的な団体をいう。絶対者への帰依・帰服を内容とする信仰は、もともと個性的なものといわれている。このような信仰を同じくする人々は、信仰そのものの性質上、宗教的行為を行なうために宗教的団体を結成するのをつねとしている。信教の自由は、宗教的結社を設けることも自由でなければならない。

　大日本帝国憲法は、その第28条において信教の自由を保障していたにもかかわらず、神社神道に対し神社は宗教ではないとの理由から、国教的な地位を与え、これに各種の特権を付与していたのである。これを、祭政一致といっていた。そして他の宗教の信仰は、これと両立する限度においてのみ認められ、大日本帝国憲法のこの規定は、ほとんど空文化していた。日本国憲法は、このような特権宗教を廃止したのである。

　信教の自由が保障されるためには、国家と宗教とが分離されていなければならない。これを、政教分離の原則といっている。そこで憲法は、国およびその機関は、宗教教育その他いかなる宗教的活動もしてはならないと規定し、ここに、政教分離の原則を明文化した。この結果、国立および公立学校は、特定の宗教教育をすることはいうまでもなく、その他の宗教活動もすることはできない（教育基本法第15条2項）。なお、国または公共団体は、宗教上の組織または団体に対し公の財産を使ってはならない（憲法第89条）のである。

(4) **集会・結社の自由**　「集会、結社……の自由は、これを保障する」(憲法第21条1項)。憲法第19条によって思想の自由が保障されているが、思想がたんなる思想として内心的なものにとどまる限りは、それは法の干渉できないところであるし、また思想としても社会的な意味をもつことはないであろう。しかし、思想というものは、本来、外部にむかってなんらかの表現を伴うのをつねとしている。思想の自由を保障するためには、当然に思想を伝達したり、発表する自由が保障されなければならない。ここにおいて集会とは、共同の目的をもって一定の場所に集まった一時的な多数人の集団をいい、結社とは、共同の目的をもった多数人の継続的な団体をいう。たんなる群集は、共同の目的をもたないから、ここでいう集会には該当しない。共同の目的をもつ以上は、集団示威運動や街頭行進も、集会にあたる。

　ところで、公共の場所で行なわれる公共集会については、公共の安全性につき危険のおそれがあるという見地から、各地方公共団体でいわゆる公安条例が定められているが、これが、本条に違反するかどうか争われた。いろいろな判断がなされていたが、最高裁判所は、外苑使用不許可につき合憲としている（最大判昭和35年7月20日刑集14巻9号1243頁）。

(5) **表現の自由**　「言論、出版その他一切の表現の自由は、これを保障する」(憲法第21条1項)。表現の自由とは、内心の思想を多数人に発表する自由をいう。この自由が保障されることによって、はじめて、第19条の思想および良心の自由の保障が実質的な意味をもつことになる。ここで、言論とは言語をもって思想を表現することであり、出版とは、文書とか図画の印刷刊行によって、これまた思想を表現することである。

　表現の自由によって保障される表現の手段は、言論、出版、テレビ、ラジオ、写真、映画、演劇、音楽、絵画それに一切の芸能も含まれるのである。それから、報道すなわち新聞、報道機関の自由も表現の自由に含まれるであろう。表現の自由を確保するために、憲法は「検閲は、これをしてはならない」(第21条2項前段)と規定している。検閲とは、外部に発表する思想の内容を国家機関が、事前に審査することをいう。なお、この表現の自由も決して無制限に認められるものではなく、他人の権利を侵害し、公共の福祉を害

136 第2編 憲 法

した場合には、刑法の名誉毀損罪（第230条）、侮辱（第231条）、脅迫（第222条）や、わいせつ物頒布罪（第175条）などに該当するのである。

(6) **通信の秘密** 「通信の秘密は、これを侵してはならない」（憲法第21条2項後段）。通信とは、隔地者間の意思伝達をいうが、単に信書（封書、ハガキ）のみならず、電信、電話、無線電信などを含む。通信の秘密は、国家機関によっても侵すことができない。通信官署が取扱い中の信書の秘密を侵すことを禁じ、通信に従事する職員は、職務上知りえた秘密を他に漏洩することはできない（郵便法第8条）。また、通信の検閲も許されない（郵便法第7条）。しかし、犯罪捜査のために、所定の手続による場合は別である（憲法第35条、犯罪捜査のための通信傍受に関する法律）。

(7) **居住、移転、職業選択および国籍離脱の自由** 「何人も、公共の福祉に反しない限り、居住、移転及び職業選択の自由を有する」（憲法第22条1項）。「何人も、外国に移住し、又は国籍を離脱する自由を侵されない」（憲法第22条2項）。

居住・移転の自由は、人が土地に結びついていた封建時代の下では、多くの制限の下にあったが、明治維新以後の近代社会においては、それは自由に認められるようになった。居住・移転の自由とは、国内のいかなる場所にも任意に住所や居所を定め、またはこれを変更する自由であり、これに旅行する自由も含むのである。居住・移転の自由は、公共の福祉に反しない限りという制限がつけられている。

なお、法律上の居住の制限としては、破産者の居住制限（破産法第37条）、保護観察に付されている者の居住制限（更生保護法第50条）がある。その他、都市計画にもとづいて居住・移転の制限（都市計画法第3条2項）がなされることもある。

職業選択の自由とは、任意に自分の従事すべき職業を選択する自由をいう。封建時代においては、身分と職業は多くの場合一致していたので職業選択の余地はなかったが、近代社会においては、職業選択はまったく自由となったのである。職業選択の自由は、当然に営業の自由も含まれる。営業の自由については、法律上いろいろな制限がある。

第4章　基本的人権の保障　*137*

一定の営業、たとえば、古物営業、旅館営業、質屋営業、風俗営業、食品営業、銀行業、保険業については、許可制ないし免許制がとられ、医師、弁護士、税理士、司法書士など一定の公的性格をもつ職業については、一定の能力・経験を必要として資格試験などが行なわれている。

外国移住・国籍離脱の自由について、国籍の任意離脱は大日本帝国憲法では認められていなかったが、現行憲法は、国民の海外移住・国籍離脱の自由を認めている。国籍離脱の自由は、決して無国籍者となる自由を含むものではない。したがって日本の国籍を離脱するには、まず外国の国籍を取得することを前提としているのである。

ところで、憲法第22条2項で保障している自由は、あくまでも国内法上の自由であり、その意味で、外国移住や国籍離脱は、当然に外国との関係もあるので、国際協調主義の建前から制約されることもある。

(8)　**学問の自由**　「学問の自由は、これを保障する」(憲法第23条)。学問とは、内心的思惟作用のうち、体系的な知識を探究することである。学問の自由は、もともと高等な学術研究機関における自由として発展してきたものといわれている。そのため、大学の自由と同じ意味に解されている。

学問の自由は、研究の内容が、外部的な勢力すなわち国家の権力によって制限を受けないことを保障するものである。大学における学問の自由は、当然に大学の自治を前提とするものであり、これは研究と教授の自由、大学の人事、大学の施設および学生の管理についても、自主的判断にまかされるべきである。このようにして、学問の自由は、研究の自由とその研究の成果を発表する自由とを包含する。

ここで、問題となるのは、学問の自由、大学の自治と警察権との関係である。いわゆるポポロ事件では、学生の学内での政治的社会的活動は大学の自治を享有しない、とした (最大判昭和38年5月22日刑集17巻4号370頁)。

(9)　**財産権の不可侵**　財産権が神聖・不可侵の権利として、その絶対性、自由性を強調されたのは、個人主義、自由主義の下において獲得された近代における個人の覚醒の産物であり、近代資本主義経済の支柱をなすものであった。しかし、その絶対性は、資本の集中をもたらし、やがて貧富の差を激

138　第2編　憲　　法

化させ、多くの弊害を生じるに至った。かくして、20世紀では、財産権の社会化という要素から、たとえばワイマール憲法では、「所有権は義務を伴う。その行使は同時に公共の福祉のために役立つことを要する」と定められた（第153条）。

　そしてわが憲法は、「財産権は、これを侵してはならない」（憲法第29条1項）とする。

　ここにいう財産権には、所有権はもちろんのこと、広く物権、債権、無体財産権、営業権、老舗権、また公法的性格をもつ水利権のような私人の財産権なども含まれる。侵してはならないとは、国民が現に有する財産権につき、剥奪したり、または防げることはできないという意味であり、本質は私有財産権を保障する一般原則を規定したものである。

　「財産権の内容は、公共の福祉に適合するやうに、法律でこれを定める」（憲法第29条2項）とする。

　これは、憲法が私有財産制をとるといっても、財産権の内容は、絶対無制限的なものであってはならないのであり、これを法律で規定するにあたっては、公共の福祉に適合することを目的としなければならない（民法第1条1項参照）という趣旨である。ここで規定している公共の福祉は、憲法第13条のような消極的制限ではなくして、積極的統制原理と解すべきである。

　「私有財産は、正当な補償の下に、これを公共のために用ひることができる」（憲法第29条3項）と規定している。

　財産権は不可侵とされるが、これに対する例外がある。すなわち、私有財産を公共のために使用、収用することができるのである。ここで、公共のためにとは、社会全般の利益をいい、用いるとは、積極的にこれを収用して公共のために用いることである。たとえば、土地収用法における土地収用、河川法における所有権の収用などがそれである。

　私有財産の収用は、正当な補償の下に行なわれなければならない。適法行為による損失を補墳させる意味である。なにをもって正当な補墳とするかに関しては、①完全補償説と②相当補償説とが対立している。代表的な判例として、自作農創設特別措置法に基づく農地買収（最大判昭和28年12月23日民

集 7 巻 13 号 1523 頁）では相当補償説を採っており、一方、土地収用法による
損失の補償（最判昭和 48 年 10 月 18 日民集 27 巻 9 号 1210 頁）では完全補償説を採
っている。具体的な基準は、各々の場合によって異なるが、健全な社会通念
に従って合理的に決せられるべきである。

2）刑事手続等における自由保障

　大日本帝国憲法の下においては、捜査・取調べの任にあたる者による人権
の蹂躙が数多くみられた。そこで、日本国憲法は、これら過去の事実に対す
る反省にもとづき、基本的人権尊重（憲法第 13 条）の立場から、刑事手続に
おける人権の保障に詳細な規定を設けることによって人権侵害を防止してい
る。第 31 条以下の規定がそれである。

　⑴　**法律によらなければ科刑されない権利**　「何人も、法律の定める手続
によらなければ、その生命若しくは自由を奪はれ、又はその他の刑罰を科せ
られない」（憲法第 31 条）。

　これは、刑罰を科する手続が、適正な手続（due process of law）であるべき
ことを定めた規定である。また本条は、訴訟手続たる刑事訴訟法のみならず、
実体法たる刑罰法規における罪刑法定主義を定めたものである。罪刑法定主
義とは、いかなる行為が犯罪となるのか、またその犯罪にはいかなる種類、
程度の刑罰が科せられるかを、あらかじめ法律できめておかなければならな
いという原則であり、「法律なければ刑罰なし」（nulla poena sine lege）との格
言はこれをいっている。

　本条でいう法律とは、国会の議決によって制定された狭義の法律をさすの
である。したがって、法律の委任がなければ政令で罰則を定めることはでき
ない（憲法第 73 条 6 号）。法律の委任があれば、政令、省令、府県令、条例な
どにも罰則を設けることができる。法律の定める手続とは、訴訟手続につい
ての法定主義のみを規定したものとする見解もあるが、訴訟手続の前提とな
る科刑に関する実体法、刑法自体も含まれるのである（通説）。すなわち、犯
罪と刑罰も法律で規定されなければならないということになる。

　⑵　**不法な逮捕を受けない権利**　「何人も、現行犯として逮捕される場合
を除いては、権限を有する司法官憲が発し、且つ理由となつてゐる犯罪を明

140 第2編 憲 法

示する令状によらなければ、逮捕されない」(憲法第33条)。

　本条は、刑事手続における被疑者の逮捕に関して、令状主義を定めたものである。ここに権限を有する司法官憲がなにをさすかについては、裁判官だけを意味するのか、それともひろく司法警察官や検察官をも含むものか争いがあるが、結局、裁判官のみを意味することになる (刑事訴訟法第199条参照)。本条にいう令状とは、逮捕状、勾引状、勾留状のことであり、その令状には、逮捕の理由となっている犯罪が明示されていることが必要である (刑事訴訟法第64条、第200条)。逮捕とは、実力をもって身体の自由を拘束し、一定の場所につれて行くことをいい、刑事訴訟法上の逮捕、勾引、勾留などすべてを含むのである。

　ただし、犯罪の事態が明瞭な現行犯 (刑事訴訟法第212条) の場合は、例外として緊急の必要上、何人でも逮捕令状なくして逮捕できる (刑事訴訟法第213条)。それに、緊急逮捕の場合も同様の取扱いとなっている (刑事訴訟法第210条)。

　(3)　**不法な抑留や拘禁を受けない権利**　　「何人も、理由を直ちに告げられ、且つ、直ちに弁護人に依頼する権利を与へられなければ、抑留又は拘禁されない。又、何人も、正当な理由がなければ、拘禁されず、要求があれば、その理由は、直ちに本人及びその弁護人の出席する公開の法廷で示されなければならない」(憲法第34条)。

　抑留および拘禁は、共に身体の自由を拘束することにより、場所的移転の可能性を制限、剥奪することをいう。そのうち、抑留とは一時的に身体の自由を拘束することであり、拘禁とは多少時間的に継続して身体の自由を拘束することである。勾引は前者の例であり、勾留は後者の例である。

　両者の条件として、①本人にその理由が直ちに告げられること、②直ちに弁護人に依頼する権利が与えられるということが必要である。また、勾留については正当な理由があること (刑事訴訟法第60条)、および要求があれば公開の法廷で勾留事由を開示しなければならない (第82条以下)。なお、刑事訴訟法第60条は、勾留の理由として、罪を犯したことを疑うに足りる相当な理由のある場合で、①被告人が定まった住居を有しないとき、②被告人が罪

証を隠滅すると疑うに足りる相当な理由があるとき、③被告人が逃亡しまたは逃亡すると疑うに足りる相当な理由があるとき、をあげている。

(4) 住居・書類・所持品を侵されない権利　「何人も、その住居、書類及び所持品について、侵入、捜索及び押収を受けることのない権利は、第33条の場合を除いては、正当な理由に基いて発せられ、且つ捜索する場所及び押収する物を明示する令状がなければ、侵されない」(憲法第35条1項)。「捜索又は押収は、権限を有する司法官憲が発する各別の令状により、これを行ふ」(憲法第35条2項)。

本条は、刑事手続において住居および財産の安全保障を確保したものである。ここで、住居とは人が居住するために用いられる一切の設備をいい、学校、会社、旅館の客室なども含まれる。書類および所持品とは、ひろく現に人の占有しているすべての物品をいうが、書類は所持品の例示である。侵入とは、居住者の承認がないのにその意思に反して住居に入ることをいう。捜索とは、目的物を発見するために、ある場所において各種の処分をすることをいい、押収とは、強制的に物の占有を取得する処分をいう。

刑事手続上、住居に侵入し、捜索し、物品を押収するには、原則として令状が必要である。その要件として、①司法官憲、すなわち裁判官によって発せられたものであること、②捜索および押収について各別の令状であること、③正当理由にもとづいて発せられ、個々の押収、捜索の場所、物品が明示されていること、である。例外として、憲法第33条前段の場合は、令状が不要とされる。すなわち現行犯人逮捕の場合と緊急逮捕の場合である。

(5) 拷問および残虐な刑罰の禁止　「公務員による拷問及び残虐な刑罰は、絶対にこれを禁ずる」(憲法第36条)。

拷問とは、自白を強要するために、被疑者・被告人に対して精神的、肉体的な苦痛を加えることをいう。拷問は、わが国においても、すでに1868 (明治元) 年以来、法律上は禁止されていたのであるが、実際上は半ば公然と行なわれていたことにかんがみ、現行憲法は拷問を絶対に禁止した。なお、拷問による自白に証拠能力のないことは、憲法第38条2項、刑事訴訟法第319条に明文をもって定められている。

142 第2編 憲 法

　残虐な刑罰も禁止される。残虐な刑罰とは、不必要な精神的、肉体的苦痛を内容とする人道上残酷と認められる刑罰を意味する（最判昭和23年6月30日刑集2巻7号777頁）。ところで、死刑は本条にいう残虐な刑罰に該当するのであろうか。最高裁判所の判例は、死刑そのものは残虐でないとしている（最大判昭和23年3月12日刑集2巻3号191頁）。すなわち、公共の福祉と憲法第31条を根拠として、死刑の合憲性をうちだしたのである。

　〔参考〕　　死刑は残虐か
【事実】　被告人は父と死別後、仕事を転々としたあげく失職して、昭和21年2月頃、実家に帰ったが、生家では母（当時49歳）と妹（当時14歳）の手内職で、何とか生計をたてていた。同人は仕事を嫌い精米所から米を盗む等の行為をしたこともあり、いたずらに大食であったため、かねがね母と妹から邪魔者扱いされていた。昭和21年9月15日、被告人が友人宅へ遊びに行って帰宅してみると、2人はすでに夕食をすませており食物は何1つ残っておらず立腹し再び外出して帰ってみると、平素と異なり被告人の寝床を敷いてくれていなかった。そこで、空腹と腹立ちのあまり寝つかれぬまま母と妹との日頃の冷たい態度に両名を殺害する気となり、自宅の納屋からわらうち槌をとってきて熟睡中の両名に対しその顔面を殴打、即死させ、その死体を古井戸の中に投げ入れて遺棄した。原審は死刑を言い渡した。被告人は上告したが最高裁判所は上告を棄却した。
【判旨】　「生命は尊貴である。1人の生命は全地球より重い。死刑はまさにあらゆる刑罰のうちで最も冷厳な刑罰であり、またまことにやむを得ざるに出ずる窮極の刑罰である。それはいうまでもなく尊厳な人間存在の根源である生命そのものを永遠に奪い去るものだからである。現代国家は一般に統治権の作用として刑罰権を行使するにあたり、刑罰の種類として死刑を認めるかどうか、いかなる罪質に対して死刑を科するか、又いかなる方法手続をもって死刑を執行するかを法定している。そして刑事裁判においては具体的事件に対して、被告人に死刑を科するか他の刑罰を科するかを審判する。かくてなされた死刑の判決は、法定の方法手続に従つて現実に執行せられることとなる。これら一連の関係において死刑制度は常に国家刑事政策の面と、人道上の面との双方から深き批判と考慮が払われている。されば、各国の刑罰史を顧みれば、死刑の制度及びその運用は総ての他のものと同様に、常に時代と環境に応じて変遷があり、流転があり、進化がとげられて来たということが窺い知られる。わが国の最近において治安維持法、国防保安法、陸軍刑法、海軍刑法、軍機保護法及び戦時犯罪処罰特例法等の廃止による各死刑制度の消滅の如きは、その顕著な例証を示すものである。そこで新憲法は、一般的概括的に死刑そのものの存否についていかなる態度を取っているのであるか、弁護人の主張するように果して

第 4 章　基本的人権の保障　　*143*

刑法死刑の規定は憲法違反として効力を有しないものであろうか。まず憲法第
13 条においては、すべて国民は個人として尊重せられ、生命に対する国民の
権利については立法その他の国政の上で、最大の尊重を必要とする旨を規定し
ている。しかし同時に同条においては、……公共の福祉という基本的原則に反
する場合には、生命に対する国民の権利といえども、立法上制限乃至剥奪され
ることは当然予想しているものといわねばならぬ。そしてさらに、憲法第 31
条によれば、国民個人の生命の尊貴といえども、法律の定める適理の手続に
よって、これを奪う刑罰を科せられることが明らかに定められている。すなわち
憲法は、現代多数の文化国家におけると同様に、刑罰として死刑の存置を想定
しこれを是認したものと解すべきである。言葉をかえれば、死刑の威嚇力によ
って一般予防をなし、死刑の執行によって特殊な社会悪の根元を絶ち、これを
もって社会を防衛せんとしたものであり、また個体に対する人道観の上に全体
に対する人道観を優位せしめ、結局社会公共の福祉のために死刑制度の存続の
必要性を承認したものと解せられるのである。弁護人は、憲法 36 条が残虐な
刑罰を絶対に禁ずる旨を定めているのを根拠として、刑法死刑の規定は憲法違
反だと主張するのである。しかし死刑は、冒頭にも述べたようにまさに窮極の
刑罰であり、また冷厳な刑罰ではあるが、刑罰としての死刑そのものが、一般
に直ちに同条にいわゆる残虐な刑罰に該当すると考えられない。ただ死刑とい
えども、他の刑罰の場合におけると同様に、その執行の方法などがその時代と
環境とにおいて、人道上の見地から一般に残虐性を有するものと認められる場
合には、勿論これを残虐な刑罰といわねばならぬから、将来若し死刑について
火あぶり、はりつけ、さらし首、釜ゆでのごとき残虐な執行方法を定める法律
が制定されたとするならば、その法律こそは、まさに憲法第 36 条に違反する
ものというべきである。前述のごとくであるから、死刑そのものをもって残虐
な刑罰と解し、刑法死刑の規定を憲法違反とする弁護人の論旨は、理由なきも
のといわねばならぬ」。

⑹　**刑事被告人の権利保障**　　「すべて刑事事件においては、被告人は、公
平な裁判所の迅速な公開裁判を受ける権利を有する」（憲法第 37 条 1 項）。

　本条は、被告人に迅速な裁判を受ける権利を保障し、これに憲法上の地位
を与えた。

　公平な裁判所とは、構成その他において偏頗の惧なき裁判所（最大判昭和
23 年 5 月 26 日刑集 2 巻 5 号 511 頁）のことをいう。裁判所は公平でなければな
らないので、もし不公平な裁判をするおそれのある場合には、これを避けな
ければならない。そこで刑事訴訟法上、裁判官および裁判所書記官に対して
除斥、忌避の制度が認められているが（刑事訴訟法第 20 条～第 26 条）、この趣

144　第 2 編　憲　　法

旨に由来している。裁判の公開については、本条以外に憲法第 82 条でも
「裁判の対審及び判決は、公開法廷でこれを行ふ」との規定がある。

　迅速な裁判が保障されるから、「裁判の遅延は裁判の拒否」に通じること
になる。この点に関しては、いわゆる高田事件（最大判昭和 47 年 12 月 20 日刑
集 26 巻 10 号 631 頁）がある。

〔参考〕　　高田事件
【事実】　公安事件たる性格をもつ本件は、昭和 27 年 6 月 26 日被告人らが共謀
して、名古屋市内大韓民国居留民団愛知県本部元団長方に侵入したり、付近の
瑞穂警察署高田巡査派出所に押しかけて、石塊、煉瓦、火焔瓶などを投げつけ
放火したなど事実のほか、同市内北警察署大杉派出所および同市内にある米駐
留軍宿舎に火焔瓶による放火予備をした事実など、数個の事件が併合されたも
ので、これら一連の事件が高田事件と総称される。これらの事件について 28
名の被告人が起訴されたが、被告のうち 25 名については昭和 28 年 6 月の第 2
回公判期日を、残り 3 名については昭和 29 年 3 月の第 4 回公判期日を最後と
して、検察官立証の段階の中途で審理が中断されたまま、長らく放置され、そ
の後、昭和 44 年に審理が再開されるまでの間、15 年余の長年月にわたり公判
期日も指定されず、一度も審理が行なわれなかったというものである。名古屋
地方裁判所は免訴の言渡しをした。名古屋高等裁判所はこれを破棄して差戻し
の判決を下したので、被告人から上告がなされた。最高裁判所は、憲法 37 条
の迅速な裁判の保障に反するとして、免訴の判決をした。
【判旨】「憲法 37 条 1 項の保障する迅速な裁判を受ける権利は、憲法の保障す
る基本的な人権の 1 つであり、右条項は、単に迅速な裁判を一般的に保障する
ために必要な立法上および司法行政上の措置をとるべきことを要請するにとど
まらず、さらに個々の刑事事件について、現実に右の保障に明らかに反し、審
理の著しい遅延の結果、迅速な裁判を受ける被告人の権利が害せられたと認め
られる異常な事態が生じた場合には、これに対処すべき具体的規定がなくても、
もはや当該被告人に対する手続の続行を許さず、その審理を打ち切るという非
常救済手段がとられるべきことをも認めている趣旨の規定であると解する」。
「そもそも、具体的刑事事件における審理の遅延が右の保障条項に反する事態
に至つているか否かは、遅延の期間のみによつて一律に判断されるべきではな
く、遅延の原因と理由などを勘案して、その遅延がやむをえないものと認めら
れないかどうか、これにより右の保障条項がまもろうとしている諸利益がどの
程度実際に害せられているかなど諸般の情況を総合的に判断して決せられなけ
ればならないのであつて、たとえば、事件の複雑なために、結果として審理に
長年月を要した場合などはこれに該当しないこともちろんであり、さらに被告
人の逃亡、出廷拒否または審理引延しなど遅延の主たる原因が被告人側にあっ
た場合には、被告人が迅速な裁判をうける権利を自ら放棄したものと認めるべ

第4章 基本的人権の保障　*145*

きであって、たとえその審理に長年月を要したとしても、迅速な裁判をうける被告人の権利が侵害されたということはできない」。「被告人らが迅速な裁判をうける権利を自ら放棄したとは認めがたいこと、および迅速な裁判の保障条項によってまもられるべき被告人の諸利益が実質的に侵害されたと認められることは、前述したとおりであるから、本件は、昭和44年第一審裁判所が公判手続を更新した段階においてすでに、憲法37条1項の迅速な裁判の保障条項に明らかに違反した異常な事態に立ち至っていたものと断ぜざるを得ない」。「刑事事件が裁判所に係属している間に迅速な裁判の保障条項に反する事態が生じた場合において、その審理を打ち切る方法については現行法上よるべき具体的な明文の規定はないのであるが、……本件においては、これ以上実体的審理を進めることは適当でないから、判決で免訴の言渡をするのが相当である」。

「刑事被告人は、すべての証人に対して審問する機会を充分に与へられ、又、公費で自己のために強制的手続により証人を求める権利を有する」（憲法第37条2項）。

　本項は、刑事被告人の権利として、証人審問権と証人請求権について規定したものである。ここで、すべての証人とは、自己が申請した証人だけに限定されないという意味で、刑事訴訟法にいう証人に限らず鑑定人、参考人それに共同被告人も含むのである。

　被告人には、証人請求権があるが、これは、被告人自身、強制手続をとることは不可能であるから、これを裁判所に請求することなのである。証人喚問に要する費用すなわち証人の旅費、日当などは、すべて公費という意味である。こうすることにより、被告人に対し訴訟上の防禦権を実質的に保障しようとするものである。

「刑事被告人は、いかなる場合にも、資格を有する弁護人を依頼することができる。被告人が自らこれを依頼することができないときは、国でこれを附する」（憲法第37条3項）。

　現在の刑事訴訟法手続においては、当事者主義を採用しているが、ここにおいて被告人の利益を実質的に擁護する弁護人の制度は欠くことのできない重要なものである。本項は、その弁護人依頼の権利を規定したものである。資格を有する弁護人とは、弁護士法による弁護士である。「いかなる場合に

146　第2編　憲　　法

も」とは、刑事被告人とされているところから、公訴提起後を意味する。弁護人は、弁護士の中からこれを選任することになっているが（刑事訴訟法第31条）、これを私選弁護人といっている。ところが、被告人が貧困その他の理由で、自ら弁護人を選任することができないときは、裁判所はその請求により、被告人のために弁護人を附さなければならない（刑事訴訟法第36条）。このように国がつける弁護人は、国選弁護人といい、費用は国家が負担することになっている。

(7)　**自白強要の禁止、自白の証拠能力の制限**　　自白を証拠の王としたことは、糾問時代の遺物である。制度上、自白を尊重するとどうしても拷問是認の前提とならざるをえず、これを獲得するがために不当な手段が選ばれ、無実の罪人をつくりだす危険性が生じてくる。このことは、人間性尊重の建前にも反することになる。イギリスでは、「無実の1人が苦しむよりも、有罪の10人がのがれるほうがよい」という格言が実行されている。そこで本条は、前述したこれらの弊害を除去するために、刑事事件に関する自白について、いくつかの制限を設けることにより、何人に対してもその利益を保護することにした。

　「何人も、自己に不利益な供述を強要されない」（憲法第38条1項）。

　本条で自己に不利益な供述とは、刑事責任に関するもので、自己の犯罪事実を肯定する供述のことである。ここに、自白強要の禁止に従って供述拒否権が認められるが（刑事訴訟法第198条、第291条、第311条）、「何人も」とあるから、被疑者、被告人はもちろんのこと、証人も含まれる。

　「強制、拷問若しくは脅迫による自白又は不当に長く抑留若しくは拘禁された後の自白は、これを証拠とすることができない」（憲法第38条2項）。

　任意になされる自白は証拠価値が認められるが、強制、拷問若しくは脅迫による自白は証拠としての価値を否定することにより、自白強要を無意味にしている。ここで拷問とは、被告人に対して肉体的、精神的な苦痛を与えることであり、脅迫とは、人を恐怖させるに足りる害悪を告知することである。また、不当に長く抑留もしくは拘禁された後の自白は、直接に強要されたものでなくとも、間接的な強制による自白と同視せられるから、証拠とするこ

とができない。「不当に長く」とは、自白の任意性を失わせる程度の長時間をいい、それは数学的概念でなく価値的概念である。

「何人も、自己に不利益な唯一の証拠が本人の自白である場合には、有罪とされ、又は刑罰を科せられない」（憲法第38条3項）。

任意になされた自白であっても、本人の錯覚ということもあるので、それが唯一の証拠である場合には、これを裏づける補強証拠がないときは有罪とされ科刑されないとした。

ところが、最高裁判所の判例は、当初から公判廷における被告人の自白には、いわゆる補強証拠を必要としない、すなわち憲法第38条3項の「本人の自白」には公判廷における被告人の自白を含まないと解しているのである（最大判昭和23年7月29日刑集2巻9号1012頁）。しかしながら、自白が証拠能力をもつためには、任意性が明らかでなくてはならないのであるから、憲法第38条3項でいう自白は、公判廷における自白であろうと、公判廷以外の自白であろうと、質的に区別する理由はないということになる。そこで、憲法第38条3項の「本人の自白」には公判廷における自白も含まれ、刑事訴訟法第319条2項の「公判廷における自白であると否とを問わず」の規定は、それを確認的に明示したものであろう。

(8) **刑罰法規の不遡及と一事不再理**　　「何人も、実行の時に適法であつた行為……については、刑事上の責任を問はれない」（憲法第39条前段）。

これは、刑罰法規不遡及の原則を定めたものである。すなわち、実行の時に可罰的でなかった行為を、事後の法律によって過去に遡って処罰することは許されないということで、別の名を、事後立法の禁止ともいわれている。遡及効を認めると、人々の法的社会生活に不測の混乱を生じさせ、法的安定性を害することにもなり、ひいては、基本的人権の侵害にもむすびつくからである。

「何人も、……既に無罪とされた行為については、刑事上の責任を問はれない。又、同一の犯罪について、重ねて刑事上の責任を問はれない」（憲法第39条）。これは、一事不再理、二重処罰の禁止の原則を規定したものである。いったん無罪の判決が確定した事件は、もとの判決を変更して有罪としたり、

またすでに有罪の判決を受けた犯罪行為について、後に再び審理して重ねて刑罰を科することは許されない。

3 社 会 権

17～18世紀においては、国民各人の自由活動が高く評価された。この個人の活動をとおして経済文化が発達し、今日の私有財産制度と資本主義社会を現出させた。しかし、資本主義経済の発展は、資本家と労働者の対立、労働力を唯一の資本とする無産大衆の増加および失業と貧困をもたらすに至った。20世紀に至り、国家社会の積極的な活動により、個人の生存と幸福とを保障しようとする思想が誕生し、資本主義経済は修正を余儀なくされた。この結果、ここに自由権に対して新たに生存権の保障がなされたのである。

大日本帝国憲法においては、生存権に関する規定はみられなかったが、日本国憲法に至ってはじめて生存権が保障されたのである（その原型は、1919年のワイマール憲法、1936年のソヴィエト社会主義共和国連邦憲法）。ここに、日本国憲法は20世紀的憲法として特色をもったことになる。人間に値する生存を保障するため、つぎのような各種の社会権（Sozialrechte）を認めている。

1）生 存 権

⑴ **概念**　憲法は、「すべて国民は、健康で文化的な最低限度の生活を営む権利を有する」（第25条1項）と規定し、生存権的基本権を保障している。ここで生存権とは、ひろく国家の積極的な配慮または関与によって、国民の生存または生活のために必要な諸条件の確保を要求する権利であるといわれている。

ところで、19世紀の後半から20世紀にかけて資本主義経済の進展は著しいものがみられた。その結果、資本の極度の集中と企業の独占は、資本と労働者との階級的な対立を招き、国民の間に貧富の差が激化した。経済恐慌により、無産大衆が数多く生じるにつれて深刻な社会不安を提起させた。ここに生存権の問題は、重大な社会的関心となった。社会権としての生存権は、オーストリアのアントン・メンガーによって提唱せられたものであるが、これを保障した最初の憲法は、1919年のドイツのワイマール憲法（第151条）

である。

(2) **生存権の性格**　ここで、「健康で文化的な最低限度の生活」というのは、ワイマール憲法でいう「人間たるに価する生存」のことである。その具体的内容は、時と場所とによって異なるが、国家はその実現のために最大の努力をなすべき責任をもっている。本条が、「生活を営む権利を有する」と規定しているところから、この点について学説が分かれている。

①　憲法第25条をもって、政治的、道徳的な義務を定めたプログラム規定（programmvorschrift）であるとする。

②　本条は、立法者に対して法的義務を定めたものとして、具体的な権利であるとする。

以上、①、②の説のうち、最高裁判所の判決および多数説は、①説をとっている。

このようにして、憲法の保障する第25条の生存権は、本条を根拠に直接に国家に対し具体的なことを何人も主張できるものではない。きわめて抽象的なものといわざるをえない。その理由とするところは、生存権が法律上の請求権であるとするこれを裏づける法律の具体的規定がないことと、さらに、それを実現する現実の施策などがないことである。第25条はプログラム規定であるといわれるが、これは、憲法が立法者に対して、このような立法をすることを方針とせられたいという、いわゆる将来の方向を指示したものである。結局、生存権の保障は、国家の積極的な施策によってのみ実現されることになる。なお、本条に関しては、有名な食糧管理法違反事件（最大判昭和23年9月29日刑集2巻10号1235頁）とか、朝日訴訟事件（最大判昭和42年5月24日民集21巻5号1043頁）がある。

(3) **社会立法**　憲法は、さらに「国は、すべての生活部面について、社会福祉、社会保障及び公衆衛生の向上及び増進に努めなければならない」（第25条2項）と規定し、国家みずからの義務を一段と具体化している。本条の趣旨に応ずるため、児童福祉法（昭和22法164号）、社会福祉法（昭和26法45号）、生活保護法（昭和25法144号）、雇用保険法（昭和49法116号）、母体保護法（昭和23法156号）、地域保健法（昭和22法101号）、食品衛生法（昭和22法

233 号)、麻薬取締法（昭和28法14号）、厚生年金保険法（昭和29法115号）、国民年金法（昭和34法141号）などその他の法律が制定されている。

〔参考〕　朝日訴訟事件

【事実】　原告朝日茂は、肺結核患者として戦時中より国立岡山療養所に入院し、単身、無収入のため、厚生大臣が定める生活扶助基準で定められた生活扶助料（月額600円）と、現物による全部給付の給食付医療扶助を受けていた。その後、昭和31年8月1日以降においては、実兄から毎月1500円の送金を受けるようになったので、津山市社会福祉事務所長は生活扶助を廃止し、医療扶助については、1500円のうち600円を日用品費に充当させ残額900円を医療費の一部として原告の負担とする旨の保護変更決定を行なった。原告は、この決定を不服として、前記仕送り金から少なくとも1000円を日用品費として控除されるべきことを要求して、岡山県知事と厚生大臣に不服申立てをしたが、却下されたので、厚生大臣を被告として、この決定では憲法25条に保障する生存の権利および生活保護法が規定する「健康で文化的な最低限度の生活水準」を維持するに足りない違法なものであると主張し、この却下裁決の取消しを求めて提訴した。

【判旨】　「生活保護法の規定に基づき要保護者または被保護者が国から生活保護を受けるのは、単なる国の恩恵ないし社会政策の実施に伴う反射的利益ではなく、法的権利であつて、保護受給権とも称すべきものと解すべきである。しかし、この権利は、被保護者自身の最低限度の生活を維持するために当該個人に与えられた一身専属の権利であつて、他にこれを譲渡し得ないし（59条参照）、相続の対象ともなり得ないというべきである。また、被保護者の生存中の扶助ですでに遅滞にあるものの給付を求める権利についても、……それは当該被保護者の最低限度の生活の需要を満たすことを目的とするものであつて、法の予定する目的以外に流用することを許されないものであるから、当該被保護者の死亡によつて当然消滅し、相続の対象となり得ない、と解するのが相当である。また、所論不当利得返還請求権は、保護受給権を前提としてはじめて成立するものであり、その保護受給権が右に述べたように一身専属の権利である以上、相続の対象となり得ないと解するのが相当である。

　されば、本件訴訟は、上告人の死亡と同時に終了し、同人の相続人朝日健二、同君子の両名においてこれを承認し得る余地はない」（訴訟終了）。

　なお、判決は、「念のため」として本件生活保護基準の適否に関し、つぎのような意見を付加した。

　「1.　……この規定は、すべての国民が健康で文化的な最低限度の生活を営み得るように国政を運営すべきことを国の責務として宣言したにとどまり、直接個々の国民に対して具体的権利を賦与したものではない……。具体的権利としては、憲法の規定の趣旨を実現するために制定された生活保護法によつて、はじめて与えられているというべきである。……もとより、厚生大臣の定める

保護基準は、法 8 条 2 項所定の事項を遵守したものであることを要し、結局には憲法の定める健康で文化的な最低限度の生活を維持するにたりるものでなければならない。しかし、健康で文化的な最低限度の生活なるものは、抽象的な相対的概念であり、その具体的内容は、……多数の不確定的要素を綜合考量してはじめて決定できるものである。したがつて、何が健康で文化的な最低限度の生活であるかの認定判断は、いちおう、厚生大臣の合目的的な裁量に委されており、その判断は、当不当の問題として政府の政治責任が問われることはあつても、直ちに違法の問題を生ずることはない。ただ、現実の生活条件を無視して著しく低い基準を設定する等憲法および生活保護法の趣旨・目的に反し、法律によつて与えられた裁量権の限界をこえた場合または裁量権を濫用した場合には、違法な行為として司法審査の対象となることをまぬかれない」。

　また「以上のような諸要素を考慮することは、保護基準の設定について厚生大臣の裁量のうちに属することであつて、その判断については、法の趣旨・目的を逸脱しないかぎり、当不当の問題を生ずるにすぎないのであつて、違法の問題を生ずることはない」。

　「2．……原判決の確定した事実関係の下においては、本件生活扶助基準が入院入所患者の最低限度の日用品費を支弁するにたりるとした厚生大臣の認定判断は、与えられた裁量権の限界をこえまたは裁量権を濫用した違法があるものとはとうてい断定することができない」。

2) 教育を受ける権利

　憲法第 26 条は「すべて国民は、法律の定めるところにより、その能力に応じて、ひとしく教育を受ける権利を有する。すべて国民は、法律の定めるところにより、その保護する子女に普通教育を受けさせる義務を負ふ。義務教育は、これを無償とする」と規定する。国民に教育を受ける権利を保障する限り、能力ある者は資力がなくとも高い教育を受けられるように、教育制度の整備をする義務を国家は負うのである。

3) 勤労の権利

　憲法第 27 条は「すべて国民は、勤労の権利を有し、義務を負ふ。賃金、就業時間、休息その他の勤労条件に関する基準は、法律で定める。児童は、これを酷使してはならない」と規定する。勤労の権利はたんなる勤労の自由ではなく、国民は国家に対して適当な職場を請求することができる権利であり、国家はそれができなければ、失業保険その他の失業対策を行なうべき義

務を負うものである。なおこの勤労の権利は同時に勤労の義務と解すべきである。

4）勤労者の団結権

憲法第28条は「勤労者の団結する権利及び団体交渉その他の団体行動をする権利は、これを保障する」と規定する。これは勤労者の労働組合の結成および加入を中心とし、そこから派生する団体交渉権および争議権という労働基本権を保障するものである。

4　参　政　権

参政権 (Politische Rechte) とは、国民が国家の統治権の発動に直接または代表者を通じて間接に参与しうる権利をいう。国民主権主義の下においては、国民が国家最高の権利を有し、国政の衝にあたる国家機関は、いずれも、国民の委任により、国民の名においてその権限を行なうものである。日本国憲法は、近代諸国の例にならって、間接民主制を採用しているが、国民が国民として政治に参与する権利としての参政権には、つぎのようなものがある。

1）公務員の選定および罷免の権利

憲法第15条は「公務員を選定し、及びこれを罷免することは、国民固有の権利である。公務員の選挙については、成年者による普通選挙を保障する」と規定する。公務員は国民全体の利益の代弁者であり、使用人であって、これを選定したり、罷免したりすることは、直接間接に主権者である国民の意志にもとづいてなされる。直接に国民から選挙される場合は、成年者による普通選挙でなければならない。

2）最高裁判所の裁判官を審査する権利

憲法第79条2項は「最高裁判所の裁判官の任命は、その任命後初めて行はれる衆議院議員総選挙の際国民の審査に付し、その後10年を経過した後初めて行はれる衆議院議員総選挙の際更に審査に付し、その後も同様とする」と規定している。これは国民の公務員についての罷免権の現れの1つである。

3）地方公共団体の特別法に同意する権利

憲法第95条は「一の地方公共団体のみに適用される特別法は、法律の定めるところにより、その地方公共団体の住民の投票においてその過半数の同意を得なければ、国会は、これを制定することができない」と規定している。

4）憲法改正を承認する権利

憲法第96条は「この憲法の改正は、各議院の総議員の3分の2以上の賛成で、国会が、これを発議し、国民に提案してその承認を経なければならない。この承認には、特別の国民投票又は国会の定める選挙の際行はれる投票において、その過半数の賛成を必要とする」と規定している。これは、憲法改正に対する国民の承認権を規定したものである。

5　請　求　権

請求権（Anspruch auf Staat）とは、国民が国家に対し積極的になんらかの行為を請求したり、または国家から積極的利益を受ける国民の権利である。これは、国民が受ける利益ではなく、もっぱら自己の利益のために主張するものである。自由権が消極的な権利であるのに対し、請求権は国家に一定の行為を要求する積極的な権利である。これには、およそつぎのようなものがある。

1）請　願　権

憲法第16条は「何人も、損害の救済、公務員の罷免、法律、命令又は規則の制定、廃止又は改正その他の事項に関し、平穏に請願する権利を有し、何人も、かかる請願をしたためにいかなる差別待遇も受けない」と規定する。請願を受けた国家機関は、適法な限り請願を受理し、誠実に考慮しなければならないが、それに拘束されない。国会に対する請願については国会法（昭和22法79号）に規定され、その他の請願については請願法（昭和22法13号）に規定されている。

2）公務員の不法行為に対する損害賠償請求権

憲法第17条は「何人も、公務員の不法行為により、損害を受けたときは、法律の定めるところにより、国又は公共団体に、その賠償を求めることがで

154　第2編　憲　　法

きる」と規定する。これは公務員の不法行為に関して公私法両関係において国または公共団体に対する損害賠償請求権を規定したものである。

3）刑事補償請求権

　憲法第40条は「何人も、抑留又は拘禁された後、無罪の裁判を受けたときは、法律の定めるところにより、国にその補償を求めることができる」と規定する。刑事補償請求権については、刑事補償法（昭和25法1号）が制定されている。

第4節　国民の義務

　日本国憲法に規定する国民の義務は、つぎの3つである。

1　教育の義務

　「すべて国民は、法律の定めるところにより、その保護する子女に普通教育を受けさせる義務を負ふ。義務教育は、これを無償とする」（第26条2項）と規定している。ここで、教育を受けさせる義務を負う者は、子女ではなく、子女の保護者たる親権者であり、親権者がいないときは、未成年後見人である（学校教育法第16条）。義務者の義務違反に対しては、処罰される（学校教育法第144条）。義務の内容は、小・中学校9年の普通教育を受けさせることである（教育基本法第5条、学校教育法第16条）。ここで普通教育とは、すべての人間にとって共通に必要な一般的、基礎的教育をいう。

　教育を義務とする以上、無償であるが、それは国立および公立の学校における授業料の無償を意味するものであり、教科書、学用品などの無償を意味するものではない（最大判昭和39年2月26日民集18巻2号343頁）。なお、1963（昭和38）年に「義務教育諸学校の教科用図書の無償措置に関する法律」（法182号）が成立、施行されている。

2　勤労の義務

　「すべて国民は、勤労の権利を有し、義務を負ふ」（第27条1項）と規定し

ている。憲法は、勤労は人の権利であると同時に、義務であるとしている。しかし、本条は、スターリン憲法においてみられたような勤労の具体的な義務を規定したものではない。なぜなら、私有財産制を否定する社会、共産主義国家においては、勤労の義務が強制されるが、私有財産の原則をとり、職業選択の自由（第22条1項）を保障しているわが国の憲法の下においては、本条をもって一般的、抽象的な義務の宣言にとどまることになる。

しかしながら、勤労能力がありながら、労働の意思のない者には、国は第25条で規定する生存権の保障を与える必要はないことになる（生活保護法第4条1項、第60条、雇用保険法第3条、第13条参照）。本条をもって、抽象的義務宣言だとしても、「働かざる者は食うべからず」のたとえのとおり、勤労能力がありながら、勤労を嫌って徒食する不労者を戒めるはいうにおよばず、一般国民の勤労に対する態度形成に効果がみられる。

3　納税の義務

「国民は、法律の定めるところにより、納税の義務を負ふ」（第30条）と規定している。本条は、国家を構成する一員としての国民の納税義務を規定したものである。具体的個々的納税義務は、各税法の定めるところによる。なお、憲法第84条の規定と相まって、租税法律主義の原則を明らかにしたものである。

第5章　国　　会

第1節　国会の地位

1　国民の代表機関

　国民は主権者である。国民が主権者であるということは、国家の最高意思を決定するということである。しかし、いくら国民が主権者であるといっても、その権限を、みずから直接に国政に行使するのではなく、「正当に選挙された国会における代表者を通じて行動」するのである（憲法前文1段）。原則として、間接民主制をとっている。すなわち、国会は国民の代表機関なのである。現行憲法第43条は、「両議院は、全国民を代表する選挙された議員でこれを組織する」と規定している。

　国会が国民の代表機関であるというのは、国民の総意を反映すべき使命をもった機関であることを意味する。国会における各議員は、特定の選挙区民や、党派など国民の一部を代表するものではなく、ひろく全国民を代表するものである。それゆえ、その活動にあたっては、選挙人の指令に拘束されず、みずからの意思により自主独立に行動すべきであるとされる。その結果として、国会の議決は、国民の総意にもとづく決定としての効力をもつのである。

2　国権の最高機関

　憲法は、「国会は、国権の最高機関」（第41条）であると規定している。ここで、国権の最高機関であるということは、国会の意思が他の国家機関、行政権を行なう内閣、司法権を行なう裁判所の意思に優位にたつことを意味し

第 5 章　国　　会　　*157*

ているのではない（政治的美称説）。周知のとおり、日本国憲法は、徹底した民主主義国家として、国家権力から国民の自由と権利を保障するため、三権分立（相互の抑制と均衡）の原則の上にたっている。そのため、内閣も裁判所も、その職務に関しては独自の地位が認められており、なんら国会の指揮命令を受けることはないのである。その反面、国会は内閣や裁判所からなんらの制約も受けないという地位にあるものでもない。たとえば、国会は原則として、内閣の助言と承認による天皇の召集をまって開会され（第 7 条 2 号）、また、天皇に内閣の助言と承認により衆議院を解散させられることがあり（同条 3 号）、さらに、裁判所に、国会の制定した法律の違憲立法審査権が認められている（第 81 条）。このような制約があるにもかかわらず、あえて国会が国権の最高機関であるというのは、他の機関よりも主権者たる国民を直接に代表している国家機関であるからである。要するに、第 41 条は、国会が国政の中心に位するという意味で、むしろその政治的重要性を指摘したものである。

3　唯一の立法機関

　憲法は、国会は、「唯一の立法機関」（第 41 条）であると規定している。国の唯一の立法機関であるというのは、まず実質的意義における立法権が、国会にだけ与えられているということと、国会の立法手続に国会以外の他の機関が参与することはないことを意味するのである（国会中心立法、国会単独立法）。国会単独立法の原則の結果、法律案は両議院で可決したときに法律となり（第 59 条 1 項）、大日本帝国憲法のように天皇の裁可（第 6 条）の手続は不要である。

　国会中心立法の原則に対しては、憲法みずからが定めている例外がある。それは、①両議院の規則制定権（第 58 条 2 項）、②最高裁判所の規則制定権（第 77 条）、③地方公共団体の条例制定権（第 94 条）などである。

第2節　国会の構成

1　二　院　制

　憲法第42条は、「国会は、衆議院及び参議院の両議院でこれを構成する」とし、第43条で「両議院は、全国民を代表する選挙された議員でこれを組織する」と規定し、いわゆる二院制を採用した。

　国会が1つの合議体から構成されている議会制度を一院制といい、それが2つの合議体から構成されている議会制度を二院制（別の名を、両院制）といっている。一院制をとるべきか、それとも二院制をとるべきかは、その国の歴史的、政治的事情にもとづくが、各国の多くは二院制をとっている。二院制は、本来、理論的所産ではなく、君主制と民主制との妥協の歴史的所産であるといえる。わが国会も二院制を採用しているが、それは、多数党の横暴的行動を抑制したり、審議を慎重、合理的ならしめるという理由による。

2　組織上の区別

　大日本帝国憲法の下における帝国議会は、貴族院と衆議院の二院制からなりたっていた（大日本帝国憲法第33条）。しかし、皇族、華族それに勅選議員から構成される貴族院は、衆議院と同等の権能を有し、かつこれを抑制する立場にあった。現行憲法では、上述したように衆議院と参議院からなりたっているが、種々の権能を衆議院に与えることにより、衆議院の優越性を保障しているのである。これは、衆議院に主権者である国民の代表たる地位が与えられているからであるといわれている。二院制を認める結果、両院の組織上の具体的差異はつぎのとおりである。

　衆議院と参議院は、全国民を代表する選挙された議員から構成される。両議院は公職選挙法（昭和25法100号）によって、その議員の定数、その資格などが、詳細に定められている。いずれも、普通選挙によっており、選挙人および議員の資格について、人種、信条、性別、社会的身分、門地、教育、

財産または収入によって差別されてはならない (第44条)。

(1) **兼職**　両議院の議員の兼職は禁止される (第48条)。

(2) **議員の任期**　衆議院議員は4年〔ただし衆議院解散の場合には任期満了前に終了する〕(第45条)、参議院議員は6年であり、3年ごとに半数を改選する (第46条)。

(3) **定数**　衆議院議員は公職選挙法第4条1項の規定により465人で、そのうち289人を小選挙区選出議員、176人を比例代表選出議員としている。参議院議員は242人とされ、そのうち96人を比例代表選出議員、146人を選挙区選出議員としている (公職選挙法第4条2項)。

(4) **被選挙権**　衆議院議員は、年齢満25年以上の者、参議院議員は満30年以上の者 (憲法第44条、公職選挙法第10条)。

(5) **選挙区**　衆議院は全国を289の選挙区に分けた小選挙区制と、全国を11に分けた各選挙区から選出する比例代表制を組み合わせた小選挙区比例代表並立制がとられ、参議院は選挙区選出議員が都道府県単位の45選挙区 (2015〔平成27〕年の公職選挙法の改正により、鳥取県と島根県、徳島県と高知県がそれぞれ1つの選挙区となっている〔合区〕)、比例代表選出議員が全国を通ずる大選挙区制である (公職選挙法第13条、第14条)。

3　権限の優劣

国会の議決は、原則として衆議院と参議院の意思の合致によって成立するのをつねとするが、両議院の意思が相反して合致がえられないときは、衆議院に優越性を認めている。憲法の二院制は真の二院制ではなく、跛行的二院制である。わが憲法が、このような跛行的二院制を採用しているのは、参議院よりも衆議院により重点をおいた方が、民主政治が徹底されるとの見地からによる。

憲法上、その具体的な場合はつぎのとおりである。

(1) **法律の議決の場合**　「衆議院で可決し、参議院でこれと異なつた議決をした法律案は、衆議院で出席議員の3分の2以上の多数で再び可決したときは、法律となる」(第59条2項) とする。

160 第2編 憲 法

⑵ **予算の議決の場合** 「予算は、さきに衆議院に提出しなければならない」（第60条1項）。「予算について、参議院で衆議院と異なつた議決をした場合に、法律の定めるところにより、両議院の協議会を開いても意見が一致しないとき、又は参議院が、衆議院の可決した予算を受け取つた後、国会休会中の期間を除いて 30 日以内に、議決しないときは、衆議院の議決を国会の議決とする」（第60条2項）とする。

⑶ **条約の承認の場合**（第61条）

⑷ **内閣総理大臣の指名の場合** 「衆議院と参議院とが異なつた指名の議決をした場合に、法律の定めるところにより、両議院の協議会を開いても一致しないとき、又は衆議院が指名の議決をした後、国会休会中の期間を除いて 10 日以内に、参議院が、指名の議決をしないときは、衆議院の議決を国会の議決とする」（第67条2項）とする。

⑸ **その他** 衆議院だけに与えられた特殊な権能として、内閣の信任・不信任決議権（第69条）、予算先議権（第60条1項）がある。

4 活動上の関係

二院制をとる以上、衆議院、参議院両院の活動は、各別に行なわれる必要があるが、その相互関係の主な原則として、つぎのものがある。

⑴ **同時活動の原則** 両議院は、同時に召集、開会、閉会される。例外として衆議院が解散されたときの参議院の緊急集会がある。

⑵ **独立活動の原則** 両議院は、それぞれ独立して会議を開き、独立して議決する。

第3節 国会の活動

1 会 期

国会は、年間を通じて開かれているわけではなく、一定の限られた期間だけ活動能力をもっている。この活動しうる一定期間を会期といっている。会

期は、天皇の国事行為である召集によって開始されるが（第7条2号）、会期が終了すれば、国会は当然に閉会となる。国会は、各会期ごとに独立して活動する。会期中に議決に至らなかった案件は、原則として、その会期終了と同時に消滅し後会に継続しないことになっている（国会法第68条）。これを、会期不継続の原則という。これは、国会に会期という制度が存在する以上は、会期ごとにそれぞれ独立な意思をもつべきものであり、前会の意思によって後会が少しでも拘束されるのは妥当ではないという考えによる。

1）会期の種類

(1) **常会**　毎年1回必ず定期に召集される（第52条）もので、一般に通常会または通常国会と呼ばれている。国会法によると、毎年1月中に召集され、その期間は150日間とされている（国会法第2条、第10条）。ただし、その会期中に議員の任期が満限に達する場合には、その満限の日をもって会期は終了する（国会法第10条但書）。

(2) **臨時会**　毎年定期に召集される常会のほかに、臨時の必要により召集される国会を臨時会という（第53条）。一般に臨時国会と呼ばれている。臨時会は内閣がその必要を決定した場合のほか、いずれかの議院の総議員の4分の1以上の要求があれば、内閣は召集を決定しなければならない（第53条後段）。会期の長さは、両議院一致の議決により定められるが、議決が一致しないときは、衆議院の議決したところによる（国会法第11条、第13条）。

(3) **特別会**　憲法第54条1項は、「衆議院が解散されたときは、解散の日から40日以内に、衆議院議員の総選挙を行ひ、その選挙の日から30日以内に、国会を召集しなければならない」と規定しているが、これを特別会（国会法第1条3項）という。一般に特別国会と呼ばれている。会期は、臨時会に準ずる。

2）召　　集

召集とは、期日および場所を定めて議員を呼び集め、そして国会の活動を開始させる行為をいう。国会の召集を決定するのは内閣である。国会（常会、臨時会、特別会）の召集は、内閣の助言と承認によって天皇が行なう（第7条2号）。召集は、各議員に対してなされる行為であるが、詔書の形式をもって

162　第2編　憲　　法

一般に公布される（国会法第1条1項）。召集詔書は、集会の期日を定めて公布されるのがつねである。常会の召集詔書は、少なくとも10日前に公布されることになっているが、臨時会または特別会の場合にはこのような制限はない（国会法第1条2・3項）。

3）休　　会

国会または各議院が、その自発的意思によって会期中にその活動を一時休止することをいう。休会には、①国会の休会と、②各議院の休会とがある。国会の休会は、両議院一致の議決が必要とされる（国会法第15条1項）。両議院の意思が一致しないときは、一院だけで休会するよりほかはない。各議院の休会は、その議院で議決する。ただし、10日以内でなければならない（同条4項）。各議院は、議長において緊急の必要があると認めたとき、または総議員の4分の1以上の議員から要求があったときは、他の院の議長と協議の上、会議を開くことができる（同条2項）ことになっている。

4）衆議院の解散

解散とは、衆議院議員の任期満了以前に、その議員の全員に対し議員としての地位を失わせる行為をいう（第45条）。これは、衆議院についてだけ認められる独自の制度であり、参議院には解散はない。解散は、内閣と衆議院の意見が対立し、その妥協が難しい場合に、総選挙によって、その可否を広く国民の世論に問うために設けられた制度である。この制度は、衆議院の内閣に対する不信任決議に対抗するもので、内閣と衆議院とが両者対等の地位にあり、力の均衡を保つためのものである。解散がどのような場合に行ないうるかについて、明示した規定はみあたらない。現行憲法はその第69条に、「内閣は、衆議院で不信任の決議案を可決し、又は信任の決議案を否決したときは、10日以内に衆議院が解散されない限り、総辞職をしなければならない」とするにとどまる。衆議院の解散は、内閣の助言と承認とにより天皇の詔書により行なわれる（第7条3号）。これによって、衆議院は一時不存在の状態になり、同時に参議院は閉会となる（第54条2項）。衆議院が解散されたときは、解散の日から40日以内に衆議院議員の総選挙を行ない、その選挙の日から30日以内に国会が召集されることになる（第54条1項）。

5）参議院の緊急集会

　衆議院が解散すると参議院も閉会となり、一定の期間内に衆議院議員の総選挙が行なわれ、特別会が召集される。そこで、新国会が成立しない空白の期間に、国会の議決を必要とする緊急の事態が生じた場合、内閣の請求により参議院の緊急集会を求めることができる（第54条2項但書）。これは、衆議院が解散している場合でも、行政府の専断を許さず、できるだけ民意を反映させようとするところに意味がある。緊急集会は、内閣総理大臣から、集会の期日を定め案件を示して参議院議長にこれを請求する。そして議長がこれを各議員に通知し、通知を受けた議員は、指定された集会の期日に参議院に集会しなければならない（国会法第99条）のである。

　緊急集会でとられた措置は、あくまで臨時のものであるから、暫定的な効力をもつにすぎない。すなわち、つぎの国会の開会後10日以内に衆議院の同意をえなければならないのである。もし、同意がえられなかった場合には、当然に将来にむかって効力を失う（第54条3項）ことになる。

2　会議の諸原則

　両議院における会議は、民主的、合理的に運営されなければならない。そこで、国会の議事方法についての詳細は、国会法、衆議院規則、参議院規則に定められているが、このほか、慣例によって行なわれている。現行憲法は、つぎのような原則を定めている。

1）定　足　数

　定足数とは、会議体で議事を開き、議決するのに必要な最少限度の出席者数のことである。これを欠いた議事または議決は違憲であり、法定要件を充足していないので無効である。定足数が高すぎると流会が多くなるであろうし、またあまり低すぎると議決の価値がなくなるであろう。この点に関し、現行憲法は、「両議院は、各々その総議員の3分の1以上の出席がなければ、議事を開き議決することができない」（第56条1項）と定めている。例外として、憲法改正の発議の場合は総議員の3分の2としている（第96条）。ここで総議員とは、会議の性質上、意思表示をなしえない数を、定足数の基準に

加えることは不合理であるところから、現在在任する議員の意味である。

2）表決数

　会議における議事の表決は、民主主義の多数決原理によって行なわれるのである。この点に関し、現行憲法は、「両議院の議事は、この憲法に特別の定のある場合を除いては、出席議員の過半数でこれを決し、可否同数のときは、議長の決するところによる」（第56条2項）と定めている。ここでいう過半数は、出席議員の過半数の意味で、投票の過半数ではない。特別の定めのある場合とは、3分の2以上の多数決を必要とすることであるが、つぎの場合をさす。①議員の資格争訟裁判の場合（第55条）、②秘密会を開く場合（第57条1項）、③議員を除名する場合（第58条2項）、④衆議院での法律案の再議決の場合（第59条2項）、⑤憲法改正の発議の場合（第96条1項）。

3）会議公開の原則

　「両議院の会議は、公開とする」（第57条1項）とし、会議公開の原則を規定している。民主政治を実現するために、国会の会議はつねに主権者の批判と監視の目にさらされていなければならないとするものである。公開の内容は、会議の傍聴・報道、会議記録の保存・公表・頒布などである（同条2項）。なお、公開の趣旨を徹底させるために、この原則の例外として、出席議員の3分の2以上の多数で議決したときは、秘密会を開くことができる（同条1項但書）とされている。出席議員の5分の1以上の要求があれば、各議員の表決を会議録に記載しなければならない（同条3項）としている。

4）国務大臣の議院出席

　憲法第63条は、「内閣総理大臣その他の国務大臣は、両議院の一に議席を有すると有しないとにかかはらず、何時でも議案について発言するため議院に出席することができる。又、答弁又は説明のため出席を求められたときは、出席しなければならない」と規定している。

5）一事不再理の原則

　すでに議決された案件は、同一会期中に再び審議しないとするものである。これは、議会意思の一貫性確保のためである。この原則について、大日本帝国憲法には、明文の規定がおかれていたが（第39条）、現行憲法には明文の

規定はみられない。

第4節　国会の権能

国会の権能とは、衆議院と参議院とから構成される合成機関としての国会の権能をいう。これは、衆議院と参議院とが、単独に行ないうる各議院の権能とは区別される。

1　国会の権能

現行憲法の規定している国会の権能には、およそつぎのようなものがある。

(1) **法律の制定**（第59条）　法律は国会の議決だけで成立する。しかし、一の地方公共団体にのみ適用される地方特別法は、国会で可決された後に、その地方公共団体の住民投票で過半数の同意を得たときにはじめて成立する（第95条）。

(2) **憲法改正の発議**（第96条）　憲法の改正は、国会が発議する。各議院でそれぞれ総議員の3分の2以上の多数で議決されたときに、その発議が成立する。そこで発議された憲法改正案は、あるいはそのための特別の国民投票において、あるいは国会の定める選挙の際、同時に行なわれる投票において、過半数の賛成が得られたときに確定する。

(3) **予算の制定**（第60条）　予算も、国会の議決によって成立する。ただし、その発案権は、法律の場合と異なり、内閣に専属する。予算は、先に衆議院に提出しなければならない。

(4) **条約の承認**（第73条3号）　条約の締結は、内閣の権限であるが、国会の承認をえなければ、その効力は確定しない。

(5) **内閣総理大臣の指名**（第67条）　内閣総理大臣は、国会議員の中から国会の議決でこれを指名する。この指名にもとづいて天皇が形式的に任命する（第6条1項）。

(6) **裁判官弾劾裁判**（第64条）　国会は、罷免の訴追を受けた裁判官を裁判するため、両議院の議員で組織する弾劾裁判所を設ける。

166　第2編　憲　　法

2　議院の権能

　この議院の権能には、両議院に同一なもの、衆議院または参議院だけが持つものなどがある。その主要なものはつぎのとおりである。

1）両議院に共通する権能

　⑴　**議員の資格争訟の裁判権**（第55条）　　各議院において議員の選挙または当選の効力に関する争訟は、委員会の審査を経た後、議決する（国会法第111条）。この場合、議員の議席を失なわせるには、出席議員の3分の2以上の多数による議決を必要とする。

　⑵　**役員選任権**（第58条1項）　　両議院は、それぞれの議長そのほかの役員を自主的に選任する権能がある。

　⑶　**議員規則制定権**（第58条2項）　　両議院は、それぞれの会議その他の手続および内部の規則を定める権能を有する。

　⑷　**議員懲罰権**（第58条2項）　　両議院は、それぞれ院内秩序をみだした議員を懲罰することができる。ただし議員を除名するには、出席議員の3分の2以上の多数の議決を必要とする。

　⑸　**国政調査権**（第62条）　　両議院は、それぞれ国政に関する調査を行ないこれに関して証人の出頭および証言ならびに記録の提出を要求することができる。

　⑹　**議員逮捕の許諾権と釈放要求権**（第50条）　　両議院の議員は会期中および参議院の緊急集会中、身体の自由を有し、院外における現行犯罪の場合および議院の許諾がなければ逮捕されない。また議員が会期前または緊急集会前に逮捕されているときは、議院の要求があれば、会期中または緊急集会中は、これを釈放しなければならない。

　⑺　**請願受理権**（国会法第79条以下）

2）衆議院の権能

　⑴　内閣信任および不信任決議権（第69条）

　⑵　参議院の緊急集会の措置に対する同意権（第54条3項）

第5章 国　　会　*167*

3）参議院の権能

参議院だけが有する権能の主要なものは、緊急集会権（第54条2項）。

第5節　国会議員の地位

1　議員の地位の得喪

国会議員としての地位、すなわち身分は、衆議院・参議院の議員とも、全国民を代表する選挙にもとづいて有効に当選したものが、その当選を承諾することによって取得される（第43条）。議員が、その地位を失なうのは、つぎのような場合である。①任期の満了（第45条、第46条）、②被選挙資格の喪失（国会法第109条）、③兼職を禁止された職務への就任（国会法第108条）、④解散（第45条）、⑤除名（第58条2項、国会法第123条）、⑥辞職（国会法第107条）、⑦資格争訟の決定（第55条）、⑧選挙に関する訴訟の判決（公職選挙法第204条以下）などである。このうち、①〜③は法律上、当然に退任する場合であり、④〜⑧は特別の行為により退任する場合である。

2　議員の権能

国会議員は、つぎのような権能をもってその属する議院の活動に参加している。

⑴　**発議権**　　議員は、その議院の議題となるべきすべての議案の発議権をもっている（国会法第56条）。衆議院において議員20人以上、参議院では議員10人以上の賛成が必要である。

⑵　**質問権**　　各議院の議員は、内閣に対して質問をすることができる（国会法第74条）。これには、一般質問と緊急質問との2つの場合がある。

⑶　**討議権**　　議員は、議題となっている議案について、賛否の討論をすることができる（衆議院規則第135条、参議院規則第93条）。

⑷　**質疑権**　　議員は、現に議題となっている議案について、発議者、委員長、国務大臣に対し、口頭で質疑をただすことができる（衆議院規則第134

168　第2編　憲　　法

条の2、参議院規則第108条以下）。

⑸　**表決権**　　議員は、本会議や委員会で、その議題について表決に参加することができる（第51条）。

3　議員の特権

国会議員は、その重大な職責を遺憾なく十分にはたすために、憲法上、つぎのような特権が与えられている。

⑴　**議員の不逮捕特権**　　憲法第50条は、「両議院の議員は、法律の定める場合を除いては、国会の会期中逮捕されず、会期前に逮捕された議員は、その議院の要求があれば、会期中これを釈放しなければならない」と規定している。これは、行政権や司法権の不当な行使から議員の身体の自由を保障し、その職責の遂行が不当に妨げられることのないようにするためである。

⑵　**議員の免責特権**　　憲法第51条は、「両議院の議員は、議院で行つた演説、討論又は表決について、院外で責任を問はれない」と規定している。

⑶　**歳費特権**　　憲法第49条は、「両議院の議員は、法律の定めるところにより、国庫から相当額の歳費を受ける」と規定している。この点について、国会法は、議員は「一般職の国家公務員の最高の給与額より少なくない歳費を受け」（第35条）とし、その額などについては、「国会議員の歳費、旅費及び手当等に関する法律」（昭和22法80号）にある。

第6章　内　　　閣

第1節　内閣の地位

1　行政権の主体としての内閣

　行政権とは、立法権および司法権に対応する観念である。憲法は、「行政権は、内閣に属する」（第65条）と規定しているが、これは、行政作用をなす権能が内閣に属することをいい、内閣が行政権の主体としてその中枢最高機関であることを明らかにしている。

　大日本帝国憲法では、内閣について特別の規定をおいていない。ただ、「国務各大臣ハ天皇ヲ輔弼シ其ノ責ニ任ス」（第55条）とするにすぎず、内閣制度は勅令にもとづいて内閣官制によって行なわれていた。これに対し、現行憲法は、内閣について、特に1章を設けた。

　大日本帝国憲法の下においては、天皇が統治権を総攬していた（第4条）ため、行政権は国務大臣の輔弼によって天皇の行使するところであった。これに反し、現行憲法は、三権分立のうち行政権を統轄する機関が内閣であるとし、もはや天皇の輔弼機関ではなく、行政権を担当する主体として憲法上の必要機関たる地位を有するのである。

2　議院内閣制

　大日本帝国憲法時代において、内閣と国会とは特別の関係がみられなかったが、現行憲法では、内閣と国会との関係についてイギリスで発達した議院内閣制（parliamentary government）をとっている。議院内閣制というのは、

170 第2編 憲 法

行政権の主体たる地位を有する内閣が、その成立および存続の基礎を国会（衆議院）の意思に依存する制度である。すなわち、内閣は議会に対して責任を負い、内閣の存立は、国会の信任をその在職の要件とするものである。そのため、信任が失なわれれば当然に内閣はその職を去ることになる。

現行憲法は、つぎの諸規定を設けることにより、徹底した議院内閣制を採用した。

① 「内閣は、行政権の行使について、国会に対し連帯して責任を負ふ」（第66条3項）。

② 「内閣総理大臣は、国会議員の中から国会の議決で、これを指名する」（第67条1項前段）。

③ 国務大臣の「過半数は、国会議員の中から選ばれなければならない」（第68条1項但書）。

④ 「内閣は、衆議院で不信任の決議案を可決し、又は信任の決議案を否決したときは、10日以内に衆議院が解散されない限り、総辞職をしなければならない」（第69条）。

⑤ 「内閣総理大臣が欠けたとき、又は衆議院議員総選挙の後に初めて国会の召集があつたときは、内閣は、総辞職をしなければならない」（第70条）。

第2節 内閣の組織

「内閣は、法律の定めるところにより、その首長たる内閣総理大臣及びその他の国務大臣でこれを組織する」（第66条1項）ところの合議体である。ゆえに、内閣総理大臣の任命と国務大臣の任命がなされたときに、内閣は成立することになる。総理大臣およびその他の国務大臣の定数は、14人以内となっている（内閣法第2条2項）。内閣総理大臣およびその他の国務大臣は、内閣を組織すると同時に、主任の大臣として各省の行政事務を分担管理するが、行政事務を分担管理しない無任所大臣も認められている（内閣法第3条）。

内閣がその職務を行なうのは全体の国務大臣の合議たる閣議による（内閣

第6章　内　　閣　*171*

法第4条1項)。閣議は、内閣総理大臣がこれを主宰する。この場合、内閣総理大臣は、重要政策に関する基本方針その他案件を発議することができる(同条2項)。そこで閣議の決定があると、その方針に従って総理大臣が行政各部を指揮監督し、各大臣は担当行政事務を管理するのである。

　内閣総理大臣およびその他の国務大臣になるためには、一定の資格が必要とされる。①国務大臣はすべて文民であること(第66条2項)。②内閣総理大臣は国会議員であること(第67条1項)。③他の国務大臣は、過半数以上が国会議員であること(第68条1項)などである。

1　内閣総理大臣

　内閣総理大臣は、国会の議決により指名され、これにもとづいて天皇によって任命される(第6条)。内閣総理大臣の地位は、大日本帝国憲法のそれのごとく、単なる同輩中の首席ではなく、内閣の首長として(第66条1項)、他の国務大臣の上位にあり、他の国務大臣の任免権など強大な権限をもっている。すなわち、内閣の統一性保持と対外的代表のために特殊な優越性をもつ地位にあるといえる。

　ところで、内閣総理大臣は、憲法上つぎのような権能を有している。

　(1)　国務大臣を任命し罷免すること(第68条)

　(2)　国務大臣の訴追に対する同意　　すなわち、「国務大臣は、その在任中、内閣総理大臣の同意がなければ、訴追されない」(第75条前段)としている。

　(3)　内閣の代表　　すなわち、「内閣総理大臣は、内閣を代表して議案を国会に提出し、一般国務及び外交関係について国会に報告し、並びに行政各部を指揮監督する」(第72条)としている。

　(4)　行政各部の指揮監督(第72条)。

　(5)　法令の連署　　すなわち、「法律及び政令には、すべて主任の国務大臣が署名し、内閣総理大臣が連署することを必要とする」(第74条)としている。また、内閣法(昭和22法5号)の定めるところにより、

　①　閣議主宰権　　すなわち、「閣議は、内閣総理大臣がこれを主宰する」

172 第2編 憲 法

(内閣法第4条2項前段) としている。

② 権限疑義裁定権　すなわち、「主任の大臣の間における権限についての疑義は、内閣総理大臣が、閣議にかけて、これを裁定する」(内閣法第7条) としている。

③ 処分命令中止権　すなわち、「内閣総理大臣は、行政各部の処分又は命令を中止せしめ、内閣の処置を待つことができる」(内閣法第8条) とし、これらの権限をもっている。

2 国 務 大 臣

国務大臣は、内閣総理大臣によって任命され (憲法第68条1項)、そして天皇がこれを認証する (第7条5号)。国務大臣は、内閣の構成員として、つぎのような権能をもっている。

① 主任の国務大臣として、法律および政令に署名すること (第74条)。

② 両院に出席して、発言、答弁、説明すること (第63条)。

③ 閣議に列すること (内閣法第4条1項)。

④ 案件のいかんを問わず、内閣総理大臣に提出して、閣議を求めること (同条3項) などである。

3 内閣の総辞職

内閣は、その職にとどまることが不適当であると考えられる場合は、いつでも総辞職できるものとされている。内閣の統一性、大臣の一体性を確保するために認められた制度である。内閣は、みずから進んで総辞職をすることができるが、ただし、つぎの3つの場合には憲法の規定によって内閣は総辞職しなければならないことになっている。

① 衆議院の不信任決議による場合　「内閣は、衆議院で不信任の決議案を可決し、又は信任の決議案を否決したときは、10日以内に衆議院が解散されない限り、総辞職をしなければならない」(第69条) としている。

② 内閣総理大臣が欠けた場合　「内閣総理大臣が欠けたとき……内閣は、総辞職をしなければならない」(第70条) としている。

③ 新国会の召集による場合 「衆議院議員総選挙の後に初めて国会の召集があつたときは、内閣は、総辞職をしなければならない」（第70条）としている。

第3節　内閣の権能

内閣の権能は行政権であるが、憲法第73条は、一般的行政事務のほか、つぎのような行政事務を行なうものと規定している。

(1) 法律を誠実に執行し、国務を総理すること（第73条1号）。

(2) 外交関係を処理すること（同条2号）。

(3) 条約を締結すること（同条3号前段）。

(4) 法律の定める基準に従い、官吏に関する事務を掌理すること（同条4号）。

(5) 予算を作成して国会に提出すること（同条5号）。

(6) 憲法および法律の規定を実施するために、政令を制定すること（同条6号前段）。

(7) 大赦、特赦、減刑、刑の執行の免除および復権を決定すること（同条7号）。

このほかに憲法が内閣の権能として規定しているものには、つぎのようなものがある。

① 天皇の国事に関するすべての行為に、助言と承認を与えること（第3条、第7条）。

② 最高裁判所の長たる裁判官を指名すること（第6条2項）。

③ 国会の臨時会の召集を決定すること（第53条）。

④ 参議院の緊急集会を求めること（第54条2項）。

⑤ 最高裁判所の長たる裁判官以外の裁判官および下級裁判所の裁判官を任命すること（第79条1項、第80条）。

⑥ 予備費の設定、支出および支出の承諾を国会に求めること（第87条）。

⑦ 国の収入、支出の決算を国会に提出すること（第90条）。

174　第2編　憲　　法

⑧　国会および国民に対し、定期に、少なくとも毎年1回、国の財政状況について報告すること（第91条）。

第4節　内閣の責任

憲法第66条3項は、「内閣は、行政権の行使について、国会に対し連帯して責任を負ふ」と規定して、内閣の連帯責任を明示している。内閣の責任は、民意を代表する国会に対するものである。内閣が国会に対して責任を負うというのは、その政治の結果につき主権者たる国民に対して責任を負うということで、民主政治の当然のことである。責任の範囲は、行政権の行使についてであるが、これは、内閣の権限に属するすべての事項（内閣法第1条で規定している憲法第73条その他憲法に定める職権）を意味している。責任の内容は、法的責任ではなく、政治的責任である。

第7章 裁 判 所

第1節 司 法 権

1 司法権の意義

　日本国憲法は、三権分立の原則にもとづき、立法権を国会に、行政権を内閣に帰属させ、「すべて司法権は、最高裁判所及び法律の定めるところにより設置する下級裁判所に属する」（第76条1項）と規定し、司法権が裁判所に帰属することを定めている。司法権 (judicial power, Justizgewalt) とは、個々の具体的な法律争訟（民事・刑事）につき、法律を適用し、宣言する国家作用をいう。

　大日本帝国憲法の下においての司法権は、いわゆる大陸諸国の制度を継承して、民事と刑事の裁判だけに限定されていた。行政事件については、これら通常裁判所のほかに、行政機関たる行政裁判所が設けられており、ここでその裁判が行なわれていた。これに対し、現行憲法は、行政裁判所を認めず、行政裁判も英米法系にならって司法裁判所の管轄に属せしめ、「特別裁判所は、これを設置することができない」（第76条2項前段）としたのである。したがって、日本国憲法にいう司法権には、民事裁判、刑事裁判のほかに行政裁判をも含むことになった。

　「行政機関は、終審として裁判を行ふことができない」（第76条2項後段）と規定し、行政機関による終審裁判の禁止を定めている。これは、ときとして、行政機関による裁判（たとえば、海難審判所の審判〔海難審判法第35条以下〕）が行なわれることがあるが、この場合も、あくまで前審としての裁判なので

176　第2編　憲　　法

あり、終審としての裁判ではないのである。これらの前審裁判に対して不服のときは、裁判所に出訴する途が講じられていなければならない。要するに、この規定は、特別裁判所の廃止と同様に、司法権の統一ということであり、また公正な裁判を保障するということでもある。

2　司法権の独立

1）裁判官の職権の独立

　憲法第76条3項は、「すべて裁判官は、その良心に従ひ独立してその職権を行ひ、この憲法及び法律にのみ拘束される」と規定するが、これは、司法権独立（the independence of the judicature）の原則を端的に示したものである。裁判が公正に行なわれなければならないという、司法権の本質的帰結である。司法権の独立の本来の意味は、裁判官の職権の独立である。すべての裁判官は、具体的事件の裁判にあたって、立法機関（国会）、行政機関（内閣）はもちろんのこと、他の裁判官から絶対に独立し、何人の指揮、監督、命令にも服しないのである。公平無私な態度で裁判をしなければならないことが要求される。

　職権を行使するにあたって、裁判官を拘束するのは、みずからの良心と憲法および法律のみである。憲法および法律とあるが、形式的な憲法および法律だけでなく、成文法はもとより不文法も、すでに定立されている法規範すべてを意味するのである。ここで良心とは、憲法第19条で規定する良心ではなく、裁判官としての資格において要求される職務的良心、すなわち裁判官的良心である。

2）裁判官の身分の保障

　司法権の独立すなわち裁判官の職権の独立の実効性を担保するためには、裁判官の身分が保障（地位の独立）されていなければならない。裁判官の身分が厳格に保障されていなければ、他の権力からの干渉によりその地位が奪われたり、左右されたりすることになり、公正かつ中立な裁判ができなくなるからである。その意味で、裁判官の身分の保障は裁判官の職権の独立の前提をなすものであり、両者は表裏一体をなす不可欠な条件であるといえる。

第7章 裁判所　*177*

憲法は、裁判官の身分を保障するため、その第78条において、「裁判官は、裁判により、心身の故障のために職務を執ることができないと決定された場合を除いては、公の弾劾によらなければ罷免されない。裁判官の懲戒処分は、行政機関がこれを行ふことはできない」と規定している。すなわち、憲法は裁判官の身分を保障するため、罷免をつぎの3つの場合に限定している。①執務不能の裁判による場合（第78条、裁判官分限法第1条）、②公の弾劾による場合（第78条、裁判官弾劾法第2条）、③最高裁判所の裁判官が国民審査により罷免される場合（第79条3項）、である。最高裁判所裁判官の国民審査は、任命されてから、最初に行なわれる衆議院議員総選挙の際に行なわれ、それ以後は10年ごとに国民審査に付される（同条2項）ことになっている。

裁判官の懲戒については、「職務上の義務に違反し、若しくは職務を怠り、又は品位を辱める行状があつたときは、別に法律で定めるところにより裁判によつて懲戒される」（裁判所法第49条）とする。しかし、「裁判官の懲戒処分は、行政機関がこれを行ふことはできない」（第78条後段、裁判所法第49条）のである。それに、裁判官は、法律の定める年齢に達すると退官する（第79条5項、裁判所法第50条）。裁判官は、上述したように身分が保障されているほか、在任中、定期に相当額の報酬を受ける。この報酬は、在任中、これを減額することができない（第79条6項、第80条2項）。報酬については、「裁判官の報酬等に関する法律」（昭和23法75号）に定められている。なお、司法権の独立を侵害した具体的事例として「大津事件」（1891〔明治24〕年5月11日）がある。

第2節　裁判所の組織

1　裁判所の種類と審級

裁判所とは、訴訟手続により司法作用を行なう国家機関のことである。裁判所は、最高裁判所と下級裁判所に大別され、下級裁判所は、高等裁判所、地方裁判所、家庭裁判所および簡易裁判所の4種類をもって構成されている

(第 76 条、裁判所法第 2 条)。最高裁判所は憲法で認められているが、下級裁判所は法律すなわち裁判所法に委ねられている。

　裁判所における審級については、原則として三審制がとられているが、これは裁判の審理を慎重にするというのが、その意図するところである。第一審判決に対して不服な者は、裁判による真実発見と公正を追求するために、さらに上級審へと上訴することができる仕組みになっている。事件の内容によって異なるが、原則として地方裁判所が第一審、高等裁判所が第二審 (控訴審)、最高裁判所が第三審 (上告審) である。第一審、第二審は事実審であり、第三審は憲法違反および判例違反についてする法律審である。上訴事件に関する限り、上級裁判所は、下級審の判決を拘束することができる (裁判所法第 4 条)。

2　最高裁判所

1）最高裁判所の構成

　「最高裁判所は、その長たる裁判官及び法律の定める員数のその他の裁判官でこれを構成」する (憲法第 79 条 1 項) と規定している。すなわち、最高裁判所は 1 人の長官と 14 人の判事とで構成されている。最高裁判所の裁判官は、識見の高い、法律の素養のある年齢 40 歳以上の者の中から任命され、そのうち少なくとも 10 人は、一定の長期間、法律家としての経歴をもつものでなければならない (裁判所法第 41 条)。最高裁判所の長官は、内閣の指名にもとづいて天皇が任命し、最高裁判所判事は内閣が任命する (憲法第 79 条 1 項)。

　最高裁判所の審理および裁判は、大法廷または小法廷で行なう。大法廷は全員の裁判官により、小法廷は 5 人の裁判官からなる合議体である (裁判所法第 9 条、最高裁判所裁判事務処理規則第 2 条 1 項)。事件を大法廷または小法廷のいずれで取り扱うかは、最高裁判所の定めるところであるが、ただし、違憲審査と判例変更に関する事件については大法廷の専管事項となっている (裁判所法第 10 条)。

第7章 裁 判 所　　*179*

2）最高裁判所の権能

　最高裁判所に認められている権能として、つぎのようなものがある。

　⑴　**一般裁判権**　　上告、および訴訟法において特に定める抗告について裁判権をもっている（裁判所法第7条）。

　⑵　**規則制定権**　　最高裁判所は、訴訟に関する手続、弁護士、裁判所の内部規律および司法事務処理に関する事項について、規則を定める権限を有している（憲法第77条1項）。

　⑶　**違憲立法審査権**　　最高裁判所は、一切の法律、命令、規則または処分が憲法に適合するかしないかを決定する権限を有する終審裁判所である（第81条）。

　⑷　**裁判官指名権**　　最高裁判所は、下級裁判所の裁判官を指名することができる（第80条1項前段）。

　⑸　**司法行政監督権**　　最高裁判所は、最高裁判所の職員ならびに下級裁判所およびその職員を監督する権能をもっている（裁判所法第80条1号）。

3　下級裁判所

1）高等裁判所

　⑴　**高等裁判所の構成**　　高等裁判所は、全国に8カ所おかれている。高等裁判所長官および相応な員数の判事で構成される（裁判所法第15条）。その審理および裁判は、3人の裁判官からなる合議体で行なう。ただし特別の事件については、5人の裁判官をもって構成する（裁判所法第18条）。

　⑵　**高等裁判所の裁判権**　　つぎのような裁判権をもっている（裁判所法第16条）。

　①　地方裁判所の第一審判決、家庭裁判所の判決および簡易裁判所の刑事に関する判決に対する控訴。

　②　最高裁判所が裁判権を有する抗告を除いて、地方裁判所および家庭裁判所の決定および命令ならびに簡易裁判所の刑事に関する決定および命令に対する抗告。

　③　刑事に関するものを除いて、地方裁判所の第二審判決および簡易裁判

所の判決に対する上告。

④　刑法第 77 条ないし第 79 条すなわち内乱罪にかかわる訴訟の第一審。

2）地方裁判所

(1)　地方裁判所の構成　　地方裁判所は、各都道府県庁の所在地とさらに北海道には函館、旭川、釧路計 50 カ所におかれている。地方裁判所は、相応な員数の判事および判事補で構成される（裁判所法第 23 条）。その審理および裁判は、原則として単独制であるが、例外として特定事件については、3人の裁判官からなる合議体で行なう（裁判所法第 26 条）。

(2)　地方裁判所の裁判権　　つぎのような裁判権をもっている（裁判所法第24 条）。

①　第 33 条 1 項 1 号すなわち訴訟の目的の価額が 140 万円を超えない請求以外の請求にかかる訴訟、およびこの請求にかかる訴訟のうち不動産に関する訴訟の第一審。

②　第 16 条第 4 号すなわち内乱罪および罰金以下の刑にあたる罪以外の罪にかかる訴訟の第一審。

③　高等裁判所が裁判権を有する場合を除いて、簡易裁判所の判決に対する控訴。

④　最高裁判所および高等裁判所が裁判権を有する場合を除いて、簡易裁判所の決定および命令に対する抗告。

3）家庭裁判所

(1)　家庭裁判所の構成　　家庭裁判所は、地方裁判所と同様に全国で、50カ所におかれている。家庭裁判所は、相応な員数の判事および判事補で構成される（同法第 31 条の 2）。その審判および裁判は、原則として 1 人の裁判官で行なうが、特に法で定めた場合は 3 人の裁判官の合議体で行なう（裁判所法第 31 条の 4 第 1 項・3 項）。

(2)　家庭裁判所の裁判権　　つぎのような裁判権をもっている（裁判所法第31 条の 3）。

①　家事事件手続法で定める家庭に関する事件の審判および調停。

②　人事訴訟法で定める人事訴訟の第一審の裁判。

③　少年法で定める少年の保護事件の審判。

４）簡易裁判所

(1)　**簡易裁判所の構成**　　簡易裁判所は、全国で 438 カ所におかれている。そして、相応な員数の簡易裁判所判事で構成される（裁判所法第 32 条）。裁判は、1 人の裁判官でこれを行なう（裁判所法第 35 条）。

(2)　**簡易裁判所の裁判権**　　つぎのような事項について第一審としての裁判権をもっている（裁判所法第 33 条）。

①　訴訟の目的の価額が 140 万円を超えない請求（行政事件訴訟にかかる請求を除く〔同条 1 項 1 号〕）。

②　罰金以下の刑にあたる罪、選択刑として罰金が定められている罪、刑法第 186 条すなわち常習賭博罪、刑法第 252 条すなわち横領罪もしくは第 256 条すなわち盗品譲受け等にかかる訴訟（同条 1 項 2 号）。

なお、簡易裁判所は禁錮以上の刑を科することができない。禁錮以上の刑を科するのを相当と認めるときは、訴訟法の定めるところにより事件を地方裁判所に移さなければならない（裁判所法第 33 条 2 項前段・3 項）。

５）下級裁判所の裁判官の任命

　下級裁判所の裁判官とは、高等裁判所長官、判事、判事補、簡易裁判所判事をいう。これらの裁判官は、最高裁判所の指名した者の名簿によって、内閣がこれを任命する（第 80 条 1 項）。高等裁判所の裁判官の任命は、天皇が認証する（裁判所法第 40 条 2 項）。下級裁判所の裁判官の任期は、10 年である。独善的になることを防止する趣旨である。ただし、再任が可能である（同条 3 項）。これらの裁判官の任用資格は、高等裁判所長官および判事は、10 年以上法律家として一定の職にあった者（裁判所法第 42 条 1 項）、判事補は、司法修習生の修習を終えた者（裁判所法第 43 条）、簡易裁判所判事は、高等裁判所長官もしくは判事の職にあった者、または多年司法事務にたずさわり、その職務に必要な学識経験のある者の中から任命される（裁判所法第 44 条、第 45 条）のである。

第3節　違憲立法審査権

　憲法第81条は、「最高裁判所は、一切の法律、命令、規則又は処分が憲法に適合するかしないかを決定する権限を有する終審裁判所である」と規定し、違憲立法審査権あるいは法令審査権を認めている。違憲立法審査権とは、裁判所が、憲法以外の法令やその他国家行為が、国の最高法規である憲法に違反しているかどうかを審査し、違憲の場合にはこれを無効と決定する権限をいう。

　違憲立法審査権については、大日本帝国憲法では、明文の規定が存在していなかった。しかし学説では、法令が適法な手続で成立したかどうかのいわゆる形式的審査権については認められていた。現行憲法は、アメリカの慣行に従って実質的審査権を認めた。

　違憲立法審査権は、具体的な訴訟事件が提起されて、はじめてその事件に適用される法令の効力が審査されることになるのである（最大判昭和27年10月8日民集6巻9号783頁）。したがって、具体的な訴訟事件と関係ない一般的抽象的審査は否定されている。

　審査の対象となるのは、一切の法律、命令、規則または処分である。ここで、条約については、第81条で規定されていないことを理由に、条約は審査権の対象となるかどうかが問題となる。憲法と条約では、その効力がいずれが優位かということになるが、条約の国家間の合意という特殊な性格からすると、司法審査になじまないとして裁判所の権外におかれる。

　ところで、違憲立法審査権は、最高裁判所だけに与えられているのかということである。第81条の規定からすると、必ずしも明らかではないが、違憲立法審査権なるものが、具体的な訴訟事件を裁判するにあたって、これに附随して認められる権限である以上、下級裁判所も前審として有するものとしている（通説・判例）。違憲問題に関して、下級裁判所は、終審たることはできず、最高裁判所へ上訴が認められる。

　ある法令について、違憲判決が下された場合、その判決はいかなる効力を

もつことになるのであろうか。学説上、①違憲とされた法令は、一般的に無効になる（一般的効力説）とするのと、②その法令は、その具体的当該事件についてだけ無効になる（個別的効力説）とするのとが存在するが、②説が通説の立場であり一般に多くとられている。違憲判決がなされた場合には、その法令の改廃手続が速かにとられるべきである。

第4節　裁判の公開

「裁判の対審及び判決は、公開法廷でこれを行ふ」（第82条1項）と、裁判公開の原則を定めている。裁判の公開は、裁判の公正を国民の直接の監視によって保障し、裁判に対する国民の信頼を高めるためにとられたものである。ここで対審とは、裁判官の面前で行なわれる原告と被告の事件の審理・弁論のことであり、判決とは、訴訟事件の実体についての裁判所の判定のことである。公開とは、一般の人々に対し傍聴を許すことである。

裁判公開の原則は、基本的人権の保障のために、広く近代諸国の憲法において認められている制度であるが、けれども例外として、「裁判所が、裁判官の全員一致で、公の秩序又は善良の風俗を害する虞があると決した場合には、対審は、公開しないでこれを行ふことができる」（第82条2項前段）としている。ただし政治犯罪、出版に関する犯罪またはこの憲法の第3章で保障する国民の権利が問題となっている事件の対審は、つねにこれを公開しなければならないのである。

第8章 地方自治

第1節 地方自治の基本原則

　大日本帝国憲法は、地方自治に関してなんら規定していなかったが、現行憲法では、特に第8章に「地方自治」（第92条～第95条）の1章を設けて、これを憲法上明確にした。すなわち憲法第92条は、「地方公共団体の組織及び運営に関する事項は、地方自治の本旨に基いて、法律でこれを定める」と規定し、地方自治の基本原則を定めている。

　地方自治の本旨とはなにを意味するか、その具体的内容については憲法自身明確にしていないが、地方自治の観念は、住民自治と団体自治との2つの要素から成立するということができる。地方の行政は、原則として国がこれに関与することなく、地方公共団体の事務として地方自治体みずからの手によって、みずからの費用、みずからの方針に従ってこれを処理すべきことであり、それは地方分権的自主行政を意味する。

第2節 地方公共団体

1 地方公共団体

　憲法でいう地方公共団体がなにを意味するものであるかについては、必ずしも明らかではない。憲法は、これについてただ組織、権能上の原則を示すにとどまっている。

　現在、地方公共団体については、第92条の規定を受けて制定された地方

自治法（昭和22法67号）に定められているが、これに従うと、地方公共団体として、都道府県と市町村（これを普通地方公共団体と呼ぶ）と、特別区、地方公共団体の組合および財産区（これを特別地方公共団体と呼ぶ）を定めている（第1条の3）。しかしながら、憲法第92条で保障している地方公共団体は、地方自治法が定めているすべてではなく、市町村と都道府県（普通地方公共団体）をさしているとされる（通説）。その理由とするところは、現状において考えるのに、現行憲法で保障しようとしている地方自治の本旨に最も適合した地方公共団体であるからとしている。

2　地方公共団体の機関

地方行政は、地方自治体で行なうことが原則である。このため、憲法第93条は、地方公共団体の機関として、議事機関として地方議会（都道府県の議会、市町村の議会）の設置を認め（1項）、そして執行機関としての地方公共団体の長（都道府県知事、市町村長）、その議会の議員および法律の定めるその他の吏員は、その地方公共団体の住民が、直接これを選挙する（2項）と定めている。地方自治の本旨である住民自治を明示したものである。

3　地方公共団体の権能

憲法は、第94条で地方公共団体の権能について、「地方公共団体は、その財産を管理し、事務を処理し、及び行政を執行する権能を有し、法律の範囲内で条例を制定することができる」と規定している。地方公共団体はこのような権能をもっているが、権能の具体的な内容については法律によって定められるのである。ここで、財産の管理とは、動産、不動産その他の財産保全や運営である。事務の処理とは、地方公共団体に属する一切の事務その他公益事業の経営のことである。行政の執行とは、警察権、課税権、強制権など概して権力的な事務の執行である。条例の制定とは、地方公共団体の自治権にもとづくもので、ひろく自主立法作用を意味する（第1編「法学総論」、第4章「法の淵源」33頁参照のこと）。

第3節　地方自治特別法

憲法第95条は、「一の地方公共団体のみに適用される特別法は、法律の定めるところにより、その地方公共団体の住民の投票においてその過半数の同意を得なければ、国会は、これを制定することができない」とする。

法律は、衆議院の意思と参議院との意思が合致して成立する（第59条1項）のをつねとするが、一の府県とか、市町村などのみに適用される地方自治特別法は、国会の議決だけでは成立せず、当該地方公共団体の住民の意思が加わることによって、はじめて法律となるのである（第95条）。憲法第59条の例外であると同時に、憲法第41条の例外にもなっている。このような地方自治特別法は、当該地方公共団体の住民の利害に関するところが非常に大きいわけである。そこで地方自治の本旨を尊重する立場から、国会の立法権を制約したものである（国会法第67条、地方自治法第261条参照）。

第9章 憲法の改正

第1節 憲法改正の意義

　憲法の改正 (Verfassungsänderung) とは、成典憲法について、その中の条項を修正したり、削除したり、新たな条項を追加したりして、既存の憲法に対し意図的に変改を加えることをいう。その意味で、憲法の制定あるいは憲法の変遷などとは異なる。

　憲法は、国家の構成・組織・作用に関する基本法として、最高法規性をもつものであるから、たやすくみだりに改正されることがあってはならない。憲法は、国家の根本原則を定めているので、特にその安定性と継続性が期されている。しかし、憲法といえども、刻々と移り変わる社会の実状につねに妥当し続けうるという永遠不変性をもつものではない。憲法もまた、長い期間の間には社会生活の変遷に伴って変化せざるをえない。このことをあらかじめ考慮して、一般に諸国の憲法は、普通の法律の改正の場合より厳重な手続による改正規定がおかれている。

第2節 憲法改正の手続

　憲法改正の手続について、「この憲法の改正は、各議院の総議員の3分の2以上の賛成で、国会が、これを発議し、国民に提案してその承認を経なければならない。この承認には、特別の国民投票又は国会の定める選挙の際行はれる投票において、その過半数の賛成を必要とする」(第96条1項)。「憲法改正について前項の承認を経たときは、天皇は、国民の名で、この憲法と一

188　第2編　憲　　法

体を成すものとして、直ちにこれを公布する」（第96条2項）と規定している。発議権は、国会にあって、政府にはない。憲法改正の重要性から主権の存する国民を代表し、国権の最高機関としての国会に発議権をもたせたのである。国会の議決は、各議院の総議員の3分の2以上の賛成を必要としている。憲法の固定性を維持するところから、議決に関して、衆議院と参議院とは対等の立場にあり、衆議院の優越性は認められていない。国会によって発議された憲法改正案は、国会の議決のほかに国民に提案してその承認を経なければならないのである。これは国民投票の形式によるが、民主憲法の民主的改正手続としていうまでもない。

　憲法の改正は、国民の承認によって確定的に成立するが、国民に対して効力を生ずるために天皇がこれを公布する。ここで、「国民の名で」というのは、憲法改正権者である国民の意思にもとづいて成立したものであることを明示する趣旨である。また、「この憲法と一体を成すものとして」というのは、改正憲法が、日本国憲法の一部を構成し、それと同一の形式的効力をもつという意味である。このようにして、憲法改正の手続は、慎重なる手続がとられているので、日本国憲法は、いわゆる硬性憲法の性格をもつものである。

　なお、国民投票の具体的な方法については、1947（昭和22）年の日本国憲法施行以来、定められていなかったが、「国民投票法」といわれる日本国憲法の改正手続に関する法律（平成19法51号）が2010（平成22）年5月18日に施行された。すなわち、「この法律は、日本国憲法第96条に定める日本国憲法の改正について、国民の承認に係る投票に関する手続を定めるとともに、あわせて憲法改正の発議に係る手続の整備を行うものとする」（日本国憲法の改正手続に関する法律第1条）としている。その後、2014（平成26）年6月に日本国憲法の改正手続に関する法律の一部を改正する法律（平成26法75号）が公布・施行された。

　憲法改正手続の流れは次のようになる（参照：総務省〔http://www.soumu.go.jp/senkyo/kokumin_touhyou/index.html〕）。

　まず、国会議員により憲法改正原案が提案され（衆議院の場合は100名以上の

議員の賛成、参議院の場合は 50 名以上の議員の賛成が必要である）、衆参各議院にお
いてそれぞれ憲法審査会（憲法改正原案等を審査する常設機関）で審査されたの
ちに、本会議に付される。衆参両議院それぞれの本会議にて 3 分の 2 以上の
賛成で可決した場合、国会が憲法改正の発議を行なう（憲法第 96 条）。合わせ
て、憲法改正の発議をした日から起算して 60 日以後 180 日以内の日に投票
日も決定される（日本国憲法の改正手続に関する法律第 2 条）。

　発議後、憲法改正案の広報に関する事務を行なうため、国会に、衆参両議
員の中から選任された同数の委員（各 10 人）で組織する国民投票広報協議会
が設けられる。その事務内容は、国民投票公報（憲法改正案の内容や賛成意見お
よび反対意見などを掲載する）の原稿や、投票所等において掲示する憲法改正案
の要旨の作成、憲法改正案の広報のための放送、新聞広告その他憲法改正案
の広報などである（日本国憲法の改正手続に関する法律第 11 条以下）。

　また、憲法改正案に対し、賛成・反対の投票を呼びかける「国民投票運
動」についても特に法律で定められている。国民投票が公正に行なわれるた
めの必要最小限の規制が定められ、さらに国民投票運動は表現の自由等と密
接に関連するため、規制や罰則の適用は、それらの自由を不当に侵害するこ
とがないよう留意することとされている（日本国憲法の改正手続に関する法律第
100 条以下）。

　国民投票の投票権を有するのは、日本国民で満 18 歳以上の者である（日
本国憲法の改正手続に関する法律第 3 条。2018〔平成 30〕年 6 月 21 日以降、満 18 歳以
上に引き下げ）。

　国会における憲法改正案はその内容が関連する事項ごとに提案されるため、
投票はそれぞれの改正案ごとに 1 人 1 票となる。投票に当たっては、期日前
投票や不在者投票、在外投票なども認められている。

　国民投票において、憲法改正案に対する賛成の投票の数が投票総数（賛成
の投票数と反対の投票数を合計した数）の 2 分の 1 を超えた場合に、憲法改正が
国民に承認されることとなる。

第3節　憲法改正の限界

　日本国憲法の改正は、以上の手続によって行なわれるが、その内容的限界について憲法自身になんらの規定もみあたらない。この点について、憲法改正は無制限に許されるか、それとも改正に一定の限界があるのか、ここに、憲法改正の限界につき問題が生ずる。①改正無限界説は、憲法改正について憲法で定められた所定の手続によれば、なんら制限はなく憲法のどの規定でも自由に改正することができるとする。②改正限界説は、憲法は、一定の基本的原理の上にたって制定されているものであるから、改正手続によってその基本原則を根底から覆す改正は、憲法そのものの否定となるので許されない（通説）とする。その意味で、既存の憲法の基礎をなす基本原理や基本的性格の同一性すなわち国民主権、基本的人権、統治機構などの大原則は、改正できないものといわなければならない。これらを否定する憲法改正は、もはや憲法の同一性を失なわせることになり、それは改正ではなく、自殺行為に等しいということになる。

第10章　最高法規

　日本国憲法第 10 章は、最高法規（supreme law）について規定している。その内容は、①基本的人権の確保（第 97 条）、②最高法規性の明示と条約および国際法規の遵守（第 98 条）、③憲法尊重擁護の義務（第 99 条）の 3 つの条文である。憲法が最高法規であるとは、憲法が国法秩序の中で、いかなる法に対しても優越し最も強い形式的効力を有する法規範であることを意味する。ところで、上述した 3 つの条文のうち、第 98 条のみが直接に最高法規性を規定しているが、他の規定もいろいろな角度から密接に関連し憲法の最高法規性を明らかにしているものといえる。

第 1 節　基本的人権の確保

　憲法第 97 条は、「この憲法が日本国民に保障する基本的人権は、人類の多年にわたる自由獲得の努力の成果であつて、これらの権利は、過去幾多の試錬に堪へ、現在及び将来の国民に対し、侵すことのできない永久の権利として信託されたものである」と規定している。近代国家の憲法に共通する特色は、なんといっても基本的人権の保障にある。本条は、すでに第 3 章で宣言されている国民の各種の自由と権利すなわち基本的人権の尊重の再確認をしたものである。本条は、一見して最高法規性と無関係な規定であるかのようにみうけられるが、実は、この再確認が最高法規の章の最初にかかげられたところに意義があるものといわなければならない。

第2節　最高法規性と国際条約の遵守

1　憲法の国家の最高法規性

　憲法第98条1項は、「この憲法は、国の最高法規であつて、その条規に反する法律、命令、詔勅及び国務に関するその他の行為の全部又は一部は、その効力を有しない」と規定している。憲法が、国法体系において、その最上位に位置する国の最高法規であるということは、憲法の一般的性格からして当然のことであるが、憲法は特にそのことを明文をもって宣言したものである。憲法の条規に違反した法律は無効であるが、個々の法律、命令などが憲法の条規に違反しているかどうかは、具体的事件を通じ訴訟の形式で行なわれ最高裁判所に最終の審査、決定権を認めている（第81条）。つぎに、本条は、大日本帝国憲法の下で制定された法令などの日本国憲法施行後の効力いかんという、一種の経過規定的意義をもつものである。すなわち、旧憲法下の法令などで、日本国憲法の条規に違反するものは当然に無効であるが、この憲法の条規に矛盾しないものは、旧憲法当時の旧法令であっても有効に存続しうることを定めているのである。ここで、効力を有しないとは、無効であるとの意味である。

2　国際条約等の遵守

　憲法第98条2項は、「日本国が締結した条約及び確立された国際法規は、これを誠実に遵守することを必要とする」と規定している。これは、前文3段でいう国際協調主義にもとづいて憲法を尊重すると共に、国際条約や国際法規も尊重しなければならないことを説いた規定である。条約（treaty）とは、国家間の文書による合意であり、協定、宣言、協約、覚書、議定書などといろいろに呼ばれている。

　ところで、条約および国際法規の遵守義務を求めているため、条約と憲法が抵触する場合の効力いかん、すなわちいずれが優先するかが問題となる。

条約と憲法との関係については、必ずしも定説があるわけではないが、学説上、条約が憲法に優先する条約優位説と憲法が条約に優先する憲法優位説とが対立している。条約優位説の根拠は、国際条約が政治的色彩の強いことからくるのであるが、①憲法第98条1項は、憲法が国の最高法規であるとし、これに反する法律、命令、詔勅、国務行為を無効としながら、しかしここに条約を規定していないこと、②憲法全体の精神、特に前文の国際協調主義の原則を宣言し、それを前提として自国の主権を維持することとしている、③憲法第81条で条約が違憲立法審査権の対象外におかれていること、などである。これに対し憲法優位説は、①憲法第98条1項の中に条約が明記されていないからといって、条約に対しては憲法は最高法規でないと解するのは早計である、②憲法第81条で条約を除外しているのは、条約が国家間の合意という性質をもつからであって、あえて条約の優位を認めたものではない、③条約の締結にあたる内閣と国会は、憲法を尊重し擁護する義務を負っているゆえ、憲法違反の条約を締結することはできない、④それに憲法改正には、一定の厳格なる手続が要求されているが、条約は衆議院の優越性による手続で議決されるので、条約優位説をとる限り、条約を締結することによって容易に別個の手続で憲法が改正されてしまう、⑤第99条の憲法遵守義務の規定のあること、などをその根拠としている。

第3節　憲法の尊重擁護義務

　憲法第99条は、「天皇又は摂政及び国務大臣、国会議員、裁判官その他の公務員は、この憲法を尊重し擁護する義務を負ふ」と規定している。日本国民が憲法を遵守すべきことはいうまでもないが、憲法は、特に国家権力を行使する者に対して、一般国民以上により強く積極的に憲法を尊重し擁護すべきことを義務づけている。憲法を尊重擁護する義務の主体は、本条列挙の者である。ここで、その他の公務員とは、国および地方公務員を意味する。この義務の性質であるが、これは原則として、倫理的、道徳的なものであって、法律的なものではない。憲法尊重擁護の義務者が、憲法に違反する行為をし

た場合については、憲法には直接の制裁規定はない。しかし、憲法の規定を受けて法律によって、憲法尊重義務違反の制裁を科していることもある（たとえば、国家公務員の懲戒事由〔国家公務員法第82条1項2号〕、裁判官弾劾事由〔裁判官弾劾法第2条1号〕）。その他、法律的責任が生じなくとも、政治的責任を問われることもある。

なお、いうまでもなく憲法は、権力の乱用をふせぎ、国家権力を縛り、国民の権利をまもるものである。憲法第99条は立憲主義的発想を象徴的に示している。

資　料

日　本　国　憲　法
大　日　本　帝　国　憲　法
アメリカ合衆国憲法

◆日本国憲法

昭和21年11月3日公布
昭和22年 5 月3日施行

朕は、日本国民の総意に基いて、新日本建設の礎が、定まるに至つたことを、深くよろこび、枢密顧問の諮詢及び帝国憲法第73条による帝国議会の議決を経た帝国憲法の改正を裁可し、ここにこれを公布せしめる。

```
御 名 御 璽
  昭和二十一年十一月三日
    内閣総理大臣兼
    外 務 大 臣            吉 田   茂
    国 務 大 臣  男爵  幣原喜重郎
    司 法 大 臣        木村篤太郎
    内 務 大 臣        大村 清一
    文 部 大 臣        田中耕太郎
    農 林 大 臣        和田 博雄
    国 務 大 臣        斎藤 隆夫
    逓 信 大 臣        一松 定吉
    商 工 大 臣        星島 二郎
    厚 生 大 臣        河合 良成
    国 務 大 臣        植原悦二郎
    運 輸 大 臣        平塚常次郎
    大 蔵 大 臣        石橋 湛山
    国 務 大 臣        金森徳次郎
    国 務 大 臣        膳 桂之助
```

日本国憲法

日本国民は、正当に選挙された国会における代表者を通じて行動し、われらとわれらの子孫のために、諸国民との協和による成果と、わが国全土にわたつて自由のもたらす恵沢を確保し、政府の行為によつて再び戦争の惨禍が起ることのないやうにすることを決意し、ここに主権が国民に存することを宣言し、この憲法を確定する。そも

そも国政は、国民の厳粛な信託によるものであつて、その権威は国民に由来し、その権力は国民の代表者がこれを行使し、その福利は国民がこれを享受する。これは人類普遍の原理であり、この憲法は、かかる原理に基くものである。われらは、これに反する一切の憲法、法令及び詔勅を排除する。

日本国民は、恒久の平和を念願し、人間相互の関係を支配する崇高な理想を深く自覚するのであつて、平和を愛する諸国民の公正と信義に信頼して、われらの安全と生存を保持しようと決意した。われらは、平和を維持し、専制と隷従、圧迫と偏狭を地上から永遠に除去しようと努めてゐる国際社会において、名誉ある地位を占めたいと思ふ。われらは、全世界の国民が、ひとしく恐怖と欠乏から免かれ、平和のうちに生存する権利を有することを確認する。

われらは、いづれの国家も、自国のことのみに専念して他国を無視してはならないのであつて、政治道徳の法則は、普遍的なものであり、この法則に従ふことは、自国の主権を維持し、他国と対等関係に立たうとする各国の責務であると信ずる。

日本国民は、国家の名誉にかけ、全力をあげてこの崇高な理想と目的を達成することを誓ふ。

第1章 天 皇

第1条【天皇の地位・国民主権】天皇は、日本国の象徴であり日本国民統合の象徴であつて、この地位は、主権の存する日本国民の総意に基く。

第2条【皇位の継承】皇位は、世襲のものであつて、国会の議決した皇室典範の定めるところにより、これを継承する。

第3条【天皇の国事行為に対する内閣の助言と承認】天皇の国事に関するすべての行為には、内閣の助言と承認を必要とし、内閣が、その責任を負ふ。

第4条【天皇の権能の限界、天皇の国事行為の委任】天皇は、この憲法の定める国事に関する行為のみを行ひ、国政に関する権能を有しない。

② 天皇は、法律の定めるところにより、

その国事に関する行為を委任することができる。

第5条【摂政】皇室典範の定めるところにより摂政を置くときは、摂政は、天皇の名でその国事に関する行為を行ふ。この場合には、前条第1項の規定を準用する。

第6条【天皇の任命権】天皇は、国会の指名に基いて、内閣総理大臣を任命する。

② 天皇は、内閣の指名に基いて、最高裁判所の長たる裁判官を任命する。

第7条【天皇の国事行為】天皇は、内閣の助言と承認により、国民のために、左の国事に関する行為を行ふ。

1　憲法改正、法律、政令及び条約を公布すること。

2　国会を召集すること。

3　衆議院を解散すること。

4　国会議員の総選挙の施行を公示すること。

5　国務大臣及び法律の定めるその他の官吏の任免並びに全権委任状及び大使及び公使の信任状を認証すること。

6　大赦、特赦、減刑、刑の執行の免除及び復権を認証すること。

7　栄典を授与すること。

8　批准書及び法律の定めるその他の外交文書を認証すること。

9　外国の大使及び公使を接受すること。

10　儀式を行ふこと。

第8条【皇室の財産授受】皇室に財産を譲り渡し、又は皇室が、財産を譲り受け、若しくは賜与することは、国会の議決に基かなければならない。

第2章　戦争の放棄

第9条【戦争の放棄、軍備及び交戦権の否認】日本国民は、正義と秩序を基調とする国際平和を誠実に希求し、国権の発動たる戦争と、武力による威嚇又は武力の行使は、国際紛争を解決する手段としては、永久にこれを放棄する。

② 前項の目的を達するため、陸海空軍その他の戦力は、これを保持しない。国の交戦権は、これを認めない。

第3章　国民の権利及び義務

第10条【国民の要件】日本国民たる要件は、法律でこれを定める。

第11条【基本的人権の享有】国民は、すべての基本的人権の享有を妨げられない。この憲法が国民に保障する基本的人権は、侵すことのできない永久の権利として、現在及び将来の国民に与へられる。

第12条【自由・権利の保持の責任とその濫用の禁止】この憲法が国民に保障する自由及び権利は、国民の不断の努力によつて、これを保持しなければならない。又、国民は、これを濫用してはならないのであつて、常に公共の福祉のためにこれを利用する責任を負ふ。

第13条【個人の尊重と公共の福祉】すべて国民は、個人として尊重される。生命、自由及び幸福追求に対する国民の権利については、公共の福祉に反しない限り、立法その他の国政の上で、最大の尊重を必要とする。

第14条【法の下の平等、貴族の禁止、栄典】すべて国民は、法の下に平等であつて、人種、信条、性別、社会的身分又は門地により、政治的、経済的又は社会的関係において、差別されない。

② 華族その他の貴族の制度は、これを認めない。

③ 栄誉、勲章その他の栄典の授与は、いかなる特権も伴はない。栄典の授与は、現にこれを有し、又は将来これを受ける者の一代に限り、その効力を有する。

第15条【公務員の選定及び罷免の権利、公務員の本質、普通選挙の保障、秘密投票の保障】公務員を選定し、及びこれを罷免することは、国民固有の権利である。

② すべて公務員は、全体の奉仕者であつて、一部の奉仕者ではない。

③ 公務員の選定については、成年者による普通選挙を保障する。

④ すべて選挙における投票の秘密は、これを侵してはならない。選挙人は、その選択に関し公的にも私的にも責任を問はれない。

第16条【請願権】何人も、損害の救済、

公務員の罷免、法律、命令又は規則の制定、廃止又は改正その他の事項に関し、平穏に請願する権利を有し、何人も、かかる請願をしたためにいかなる差別待遇も受けない。

第17条【国及び公共団体の賠償責任】何人も、公務員の不法行為により、損害を受けたときは、法律の定めるところにより、国又は公共団体に、その賠償を求めることができる。

第18条【奴隷的拘束及び苦役からの自由】何人も、いかなる奴隷的拘束も受けない。又、犯罪に因る処罰の場合を除いては、その意に反する苦役に服させられない。

第19条【思想及び良心の自由】思想及び良心の自由は、これを侵してはならない。

第20条【信教の自由】信教の自由は、何人に対してもこれを保障する。いかなる宗教団体も、国から特権を受け、又は政治上の権力を行使してはならない。

② 何人も、宗教上の行為、祝典、儀式又は行事に参加することを強制されない。

③ 国及びその機関は、宗教教育その他いかなる宗教的活動もしてはならない。

第21条【集会・結社・表現の自由、通信の秘密】集会、結社及び言論、出版その他一切の表現の自由は、これを保障する。

② 検閲は、これをしてはならない。通信の秘密は、これを侵してはならない。

第22条【居住・移転及び職業選択の自由、外国移住及び国籍離脱の自由】何人も、公共の福祉に反しない限り、居住、移転及び職業選択の自由を有する。

② 何人も、外国に移住し、又は国籍を離脱する自由を侵されない。

第23条【学問の自由】学問の自由は、これを保障する。

第24条【家族生活における個人の尊厳と両性の平等】婚姻は、両性の合意のみに基いて成立し、夫婦が同等の権利を有することを基本として、相互の協力により、維持されなければならない。

② 配偶者の選択、財産権、相続、住居の選定、離婚並びに婚姻及び家族に関するその他の事項に関しては、法律は、個人

の尊厳と両性の本質的平等に立脚して、制定されなければならない。

第25条【生存権、国の社会的使命】すべて国民は、健康で文化的な最低限度の生活を営む権利を有する。

② 国は、すべての生活部面について、社会福祉、社会保障及び公衆衛生の向上及び増進に努めなければならない。

第26条【教育を受ける権利、教育の義務】すべて国民は、法律の定めるところにより、その能力に応じて、ひとしく教育を受ける権利を有する。

② すべて国民は、法律の定めるところにより、その保護する子女に普通教育を受けさせる義務を負ふ。義務教育は、これを無償とする。

第27条【勤労の権利及び義務、勤労条件の基準、児童酷使の禁止】すべて国民は、勤労の権利を有し、義務を負ふ。

② 賃金、就業時間、休息その他の勤労条件に関する基準は、法律でこれを定める。

③ 児童は、これを酷使してはならない。

第28条【勤労者の団結権】勤労者の団結する権利及び団体交渉その他の団体行動をする権利は、これを保障する。

第29条【財産権】財産権は、これを侵してはならない。

② 財産権の内容は、公共の福祉に適合するやうに、法律でこれを定める。

③ 私有財産は、正当な補償の下に、これを公共のために用ひることができる。

第30条【納税の義務】国民は、法律の定めるところにより、納税の義務を負ふ。

第31条【法定の手続の保障】何人も、法律の定める手続によらなければ、その生命若しくは自由を奪はれ、又はその他の刑罰を科せられない。

第32条【裁判を受ける権利】何人も、裁判所において裁判を受ける権利を奪はれない。

第33条【逮捕の要件】何人も、現行犯として逮捕される場合を除いては、権限を有する司法官憲が発し、且つ理由となつてゐる犯罪を明示する令状によらなければ、逮捕されない。

第34条【抑留・拘禁の要件、不法拘禁に対する保障】何人も、理由を直ちに告げられ、且つ、直ちに弁護人に依頼する権利を与へられなければ、抑留又は拘禁されない。又、何人も、正当な理由がなければ、拘禁されず、要求があれば、その理由は、直ちに本人及びその弁護人の出席する公開の法廷で示されなければならない。

第35条【住居の不可侵】何人も、その住居、書類及び所持品について、侵入、捜索及び押収を受けることのない権利は、第33条の場合を除いては、正当な理由に基いて発せられ、且つ捜索する場所及び押収する物を明示する令状がなければ、侵されない。

② 捜査又は押収は、権限を有する司法官憲が発する各別の令状により、これを行ふ。

第36条【拷問及び残虐刑の禁止】公務員による拷問及び残虐な刑罰は、絶対にこれを禁ずる。

第37条【刑事被告人の権利】すべて刑事事件においては、被告人は、公平な裁判所の迅速な公開裁判を受ける権利を有する。

② 刑事被告人は、すべての証人に対して審問する機会を充分に与へられ、又、公費で自己のために強制的手続により証人を求める権利を有する。

③ 刑事被告人は、いかなる場合にも、資格を有する弁護人を依頼することができる。被告人が自らこれを依頼することができないときは、国でこれを附する。

第38条【自己に不利益な供述、自白の証拠能力】何人も、自己に不利益な供述を強要されない。

② 強制、拷問若しくは脅迫による自白又は不当に長く抑留若しくは拘禁された後の自白は、これを証拠とすることができない。

③ 何人も、自己に不利益な唯一の証拠が本人の自白である場合には、有罪とされ、又は刑罰を科せられない。

第39条【遡及処罰の禁止・一事不再理】何人も、実行の時に適法であつた行為又は既に無罪とされた行為については、刑事上の責任を問はれない。又、同一の犯罪について、重ねて刑事上の責任を問はれない。

第40条【刑事補償】何人も、抑留又は拘禁された後、無罪の裁判を受けたときは、法律の定めるところにより、国にその補償を求めることができる。

第4章 国 会

第41条【国会の地位・立法権】国会は、国権の最高機関であつて、国の唯一の立法機関である。

第42条【両院制】国会は、衆議院及び参議院の両議院でこれを構成する。

第43条【両議院の組織】両議院は、全国民を代表する選挙された議員でこれを組織する。

② 両議院の議員の定数は、法律でこれを定める。

第44条【議員及び選挙人の資格】両議院の議員及びその選挙人の資格は、法律でこれを定める。但し、人種、信条、性別、社会的身分、門地、教育、財産又は収入によつて差別してはならない。

第45条【衆議院議員の任期】衆議院議員の任期は、4年とする。但し、衆議院解散の場合には、その期間満了前に終了する。

第46条【参議院議員の任期】参議院議員の任期は、6年とし、3年ごとに議員の半数を改選する。

第47条【選挙に関する事項】選挙区、投票の方法その他両議院の議員の選挙に関する事項は、法律でこれを定める。

第48条【両議院議員兼職の禁止】何人も、同時に両議院の議員たることはできない。

第49条【議員の歳費】両議院の議員は、法律の定めるところにより、国庫から相当額の歳費を受ける。

第50条【議員の不逮捕特権】両議院の議員は、法律の定める場合を除いては、国会の会期中逮捕されず、会期前に逮捕された議員は、その議院の要求があれば、

会期中これを釈放しなければならない。

第51条【議員の発言・表決の無責任】両議院の議員は、議院で行つた演説、討論又は表決について、院外で責任を問はれない。

第52条【常会】国会の常会は、毎年1回これを召集する。

第53条【臨時会】内閣は、国会の臨時会の召集を決定することができる。いづれかの議院の総議員の4分の1以上の要求があれば、内閣は、その召集を決定しなければならない。

第54条【衆議院の解散・特別会、参議院の緊急集会】衆議院が解散されたときは、解散の日から40日以内に、衆議院議員の総選挙を行ひ、その選挙の日から30日以内に、国会を召集しなければならない。

② 衆議院が解散されたときは、参議院は、同時に閉会となる。但し、内閣は、国に緊急の必要があるときは、参議院の緊急集会を求めることができる。

③ 前項但書の緊急集会において採られた措置は、臨時のものであつて、次の国会開会の後10日以内に、衆議院の同意がない場合には、その効力を失ふ。

第55条【資格争訟の裁判】両議院は、各々その議員の資格に関する争訟を裁判する。但し、議員の議席を失はせるには、出席議員の3分の2以上の多数による議決を必要とする。

第56条【定足数、表決】両議院は、各々その総議員の3分の1以上の出席がなければ、議事を開き議決することができない。

② 両議院の議事は、この憲法に特別の定のある場合を除いては、出席議員の過半数でこれを決し、可否同数のときは、議長の決するところによる。

第57条【会議の公開、会議録、表決の記載】両議院の会議は、公開とする。但し、出席議員の3分の2以上の多数で議決したときは、秘密会を開くことができる。

② 両議院は、各々その会議の記録を保存し、秘密会の記録の中で特に秘密を要す

ると認められるもの以外は、これを公表し、且つ一般に頒布しなければならない。

③ 出席議員の5分の1以上の要求があれば、各議員の表決は、これを会議録に記載しなければならない。

第58条【役員の選任、議院規則・懲罰】両議院は、各々その議長その他の役員を選任する。

② 両議院は、各々その会議その他の手続及び内部の規律に関する規則を定め、又、院内の秩序をみだした議員を懲罰することができる。但し、議員を除名するには、出席議員の3分の2以上の多数による議決を必要とする。

第59条【法律案の議決、衆議院の優越】法律案は、この憲法に特別の定のある場合を除いては、両議院で可決したとき法律となる。

② 衆議院で可決し、参議院でこれと異なつた議決をした法律案は、衆議院で出席議員の3分の2以上の多数で再び可決したときは、法律となる。

③ 前項の規定は、法律の定めるところにより、衆議院が、両議院の協議会を開くことを求めることを妨げない。

④ 参議院が、衆議院の可決した法律案を受け取つた後、国会休会中の期間を除いて60日以内に、議決しないときは、衆議院は、参議院がその法律案を否決したものとみなすことができる。

第60条【衆議院の予算先議、予算議決に関する衆議院の優越】予算は、さきに衆議院に提出しなければならない。

② 予算について、参議院で衆議院と異なつた議決をした場合に、法律の定めるところにより、両議院の協議会を開いても意見が一致しないとき、又は参議院が、衆議院の可決した予算を受け取つた後、国会休会中の期間を除いて30日以内に、議決しないときは、衆議院の議決を国会の議決とする。

第61条【条約の承認に関する衆議院の優越】条約の締結に必要な国会の承認については、前条第2項の規定を準用する。

第62条【議院の国政調査権】両議院は、

各々国政に関する調査を行ひ、これに関して、証人の出頭及び証言並びに記録の提出を要求することができる。

第63条【閣僚の議院出席の権利と義務】内閣総理大臣その他の国務大臣は、両議院の一に議席を有すると有しないとにかかはらず、何時でも議案について発言するため議院に出席することができる。又、答弁又は説明のため出席を求められたときは、出席しなければならない。

第64条【弾劾裁判所】国会は、罷免の訴追を受けた裁判官を裁判するため、両議院の議員で組織する弾劾裁判所を設ける。

② 弾劾に関する事項は、法律でこれを定める。

第5章 内 閣

第65条【行政権】行政権は、内閣に属する。

第66条【内閣の組織、国会に対する連帯責任】内閣は、法律の定めるところにより、その首長たる内閣総理大臣及びその他の国務大臣でこれを組織する。

② 内閣総理大臣その他の国務大臣は、文民でなければならない。

③ 内閣は、行政権の行使について、国会に対し連帯して責任を負ふ。

第67条【内閣総理大臣の指名、衆議院の優越】内閣総理大臣は、国会議員の中から国会の議決で、これを指名する。この指名は、他のすべての案件に先だつて、これを行ふ。

② 衆議院と参議院とが異なつた指名の議決をした場合に、法律の定めるところにより、両議院の協議会を開いても意見が一致しないとき、又は衆議院が指名の議決をした後、国会休会中の期間を除いて10日以内に、参議院が、指名の議決をしないときは、衆議院の議決を国会の議決とする。

第68条【国務大臣の任免及び罷免】内閣総理大臣は、国務大臣を任命する。但し、その過半数は、国会議員の中から選ばれなければならない。

② 内閣総理大臣は、任意に国務大臣を罷免することができる。

第69条【内閣不信任決議の効果】内閣は、衆議院で不信任の決議案を可決し、又は信任の決議案を否決したときは、10日以内に衆議院が解散されない限り、総辞職をしなければならない。

第70条【総理の欠欠・新国会の召集と内閣の総辞職】内閣総理大臣が欠けたとき、又は衆議院議員総選挙の後に初めて国会の召集があつたときは、内閣は、総辞職をしなければならない。

第71条【総辞職後の内閣】前2条の場合には、内閣は、あらたに内閣総理大臣が任命されるまで引き続きその職務を行ふ。

第72条【内閣総理大臣の職務】内閣総理大臣は、内閣を代表して議案を国会に提出し、一般国務及び外交関係について国会に報告し、並びに行政各部を指揮監督する。

第73条【内閣の職務】内閣は、他の一般行政事務の外、左の事務を行ふ。

1　法を誠実に執行し、国務を総理すること。

2　外交関係を処理すること。

3　条約を締結すること。但し、事前に、時宜によつては事後に、国会の承認を経ることを必要とする。

4　法律の定める基準に従ひ、官吏に関する事務を掌理すること。

5　予算を作成して国会に提出すること。

6　この憲法及び法律の規定を実施するために、政令を制定すること。但し、政令には、特にその法律の委任がある場合を除いては、罰則を設けることができない。

7　大赦、特赦、減刑、刑の執行の免除及び復権を決定すること。

第74条【法律・政令の署名】法律及び政令には、すべて主任の国務大臣が署名し、内閣総理大臣が連署することを必要とする。

第75条【国務大臣の特典】国務大臣は、その在任中、内閣総理大臣の同意がなければ、訴追されない。但し、これがため、訴追の権利は、害されない。

202　日本国憲法

第6章　司　法

第76条【司法権・裁判所、特別裁判所の禁止、裁判官の独立】すべて司法権は、最高裁判所及び法律の定めるところにより設置する下級裁判所に属する。

② 特別裁判所は、これを設置することができない。行政機関は、終審として裁判を行ふことができない。

③ すべて裁判官は、その良心に従ひ独立してその職権を行ひ、この憲法及び法律にのみ拘束される。

第77条【最高裁判所の規則制定権】最高裁判所は、訴訟に関する手続、弁護士、裁判所の内部規律及び司法事務処理に関する事項について、規則を定める権限を有する。

② 検察官は、最高裁判所の定める規則に従はなければならない。

③ 最高裁判所は、下級裁判所に関する規則を定める権限を、下級裁判所に委任することができる。

第78条【裁判官の身分の保障】裁判官は、裁判により、心身の故障のために職務を執ることができないと決定された場合を除いては、公の弾劾によらなければ罷免されない。裁判官の懲戒処分は、行政機関がこれを行ふことはできない。

第79条【最高裁判所の裁判官、国民審査、定年、報酬】最高裁判所は、その長たる裁判官及び法律の定める員数のその他の裁判官でこれを構成し、その長たる裁判官以外の裁判官は、内閣でこれを任命する。

② 最高裁判所の裁判官の任命は、その任命後初めて行はれる衆議院議員総選挙の際国民の審査に付し、その後10年を経過した後初めて行はれる衆議院議員総選挙の際更に審査に付し、その後も同様とする。

③ 前項の場合において、投票者の多数が裁判官の罷免を可とするときは、その裁判官は、罷免される。

④ 審査に関する事項は、法律でこれを定める。

⑤ 最高裁判所の裁判官は、法律の定める年齢に達した時に退官する。

⑥ 最高裁判所の裁判官は、すべて定期に相当額の報酬を受ける。この報酬は、在任中、これを減額することができない。

第80条【下級裁判所の裁判官の任期・定年・報酬】下級裁判所の裁判官は、最高裁判所の指名した者の名簿によつて、内閣でこれを任命する。その裁判官は、任期を10年とし、再任されることができる。但し、法律の定める年齢に達した時には退官する。

② 下級裁判所の裁判官は、すべて定期に相当額の報酬を受ける。この報酬は、在任中、これを減額することができない。

第81条【法令審査権と最高裁判所】最高裁判所は、一切の法律、命令、規則又は処分が憲法に適合するかしないかを決定する権限を有する終審裁判所である。

第82条【裁判の公開】裁判の対審及び判決は、公開法廷でこれを行ふ。

② 裁判所が、裁判官の全員一致で、公の秩序又は善良の風俗を害する虞があると決した場合には、対審は、公開しないでこれを行ふことができる。但し、政治犯罪、出版に関する犯罪又はこの憲法第3章で保障する国民の権利が問題となつてゐる事件の対審は、常にこれを公開しなければならない。

第7章　財　政

第83条【財政処理の基本原則】国の財政を処理する権限は、国会の議決に基いて、これを行使しなければならない。

第84条【課税】あらたに租税を課し、又は現行の租税を変更するには、法律又は法律の定める条件によることを必要とする。

第85条【国費の支出及び国の債務負担】国費を支出し、又は国が債務を負担するには、国会の議決に基くことを必要とする。

第86条【予算】内閣は、毎会計年度の予算を作成し、国会に提出して、その審議を受け議決を経なければならない。

第87条【予備費】予見し難い予算の不足

に充てるため、国会の議決に基いて予備費を設け、内閣の責任でこれを支出することができる。

② すべて予備費の支出については、内閣は、事後に国会の承諾を得なければならない。

第88条【皇室財産・皇室の費用】すべて皇室財産は、国に属する。すべて皇室の費用は、予算に計上して国会の議決を経なければならない。

第89条【公の財産の支出又は利用の制限】公金その他の公の財産は、宗教上の組織若しくは団体の使用、便益若しくは維持のため、又は公の支配に属しない慈善、教育若しくは博愛の事業に対し、これを支出し、又はその利用に供してはならない。

第90条【決算検査、会計検査院】国の収入支出の決算は、すべて毎年会計検査院がこれを検査し、内閣は、次の年度に、その検査報告とともに、これを国会に提出しなければならない。

② 会計検査院の組織及び権限は、法律でこれを定める。

第91条【財政状況の報告】内閣は、国会及び国民に対し、定期に、少くとも毎年1回、国の財政状況について報告しなければならない。

第8章 地方自治

第92条【地方自治の基本原則】地方公共団体の組織及び運営に関する事項は、地方自治の本旨に基いて、法律でこれを定める。

第93条【地方公共団体の機関、その直接選挙】地方公共団体には、法律の定めるところにより、その議事機関として議会を設置する。

② 地方公共団体の長、その議会の議員及び法律の定めるその他の吏員は、その地方公共団体の住民が、直接これを選挙する。

第94条【地方公共団体の権能】地方公共団体は、その財産を管理し、事務を処理し、及び行政を執行する権能を有し、法律の範囲内で条例を制定することができる。

第95条【特別法の住民投票】一の地方公共団体のみに適用される特別法は、法律の定めるところにより、その地方公共団体の住民の投票においてその過半数の同意を得なければ、国会は、これを制定することができない。

第9章 改 正

第96条【改正の手続、その公布】この憲法の改正は、各議院の総議員の3分の2以上の賛成で、国会が、これを発議し、国民に提案してその承認を経なければならない。この承認には、特別の国民投票又は国会の定める選挙の際行はれる投票において、その過半数の賛成を必要とする。

② 憲法改正について前項の承認を経たときは、天皇は、国民の名で、この憲法と一体を成すものとして、直ちにこれを公布する。

第10章 最高法規

第97条【基本的人権の本質】この憲法が日本国民に保障する基本的人権は、人類の多年にわたる自由獲得の努力の成果であつて、これらの権利は、過去幾多の試錬に堪へ、現在及び将来の国民に対し、侵すことのできない永久の権利として信託されたものである。

第98条【最高法規、条約及び国際法規の遵守】この憲法は、国の最高法規であつて、その条規に反する法律、命令、詔勅及び国務に関するその他の行為の全部又は一部は、その効力を有しない。

② 日本国が締結した条約及び確立された国際法規は、これを誠実に遵守することを必要とする。

第99条【憲法尊重擁護の義務】天皇又は摂政及び国務大臣、国会議員、裁判官その他の公務員は、この憲法を尊重し擁護する義務を負ふ。

第11章 補 則

第100条【憲法施行期日、準備手続】この憲法は、公布の日から起算して6箇月を経過した日から、これを施行する。

② この憲法を施行するために必要な法律の制定、参議院議員の選挙及び国会召集の手続並びにこの憲法を施行するために必要な準備手続は、前項の期日よりも前に、これを行ふことができる。

第101条【経過規定—参議院未成立の間の国会】この憲法行の際、参議院がまだ成立してゐないときは、その成立するまでの間、衆議院は、国会としての権限を行ふ。

第102条【同前—第1期の参議院議員の任期】この憲法による第1期の参議院議員のうち、その半数の者の任期は、これを3年とする。その議員は、法律の定めるところにより、これを定める。

第103条【同前—公務員の地位】この憲法施行の際現に在職する国務大臣、衆議院議員及び裁判官並びにその他の公務員で、その地位に相応する地位がこの憲法で認められてゐる者は、法律で特別の定をした場合を除いては、この憲法施行のため、当然にはその地位を失ふことはない。但し、この憲法によつて、後任者が選挙又は任命されたときは、当然その地位を失ふ。

◆大日本帝国憲法

明治 22 年 2 月 11 日公布
明治 23 年 11 月 29 日施行

憲法発布勅語

朕国家ノ隆昌ト臣民ノ慶福トヲ以テ中心
ノ欣栄トシ朕カ祖宗ニ承クルノ大権ニ依
リ現在及将来ノ臣民ニ対シ此ノ不磨ノ大
典ヲ宣布ス
惟フニ我カ祖我カ宗ハ我カ臣民祖先ノ協
力輔翼ニ倚リ我カ帝国ヲ肇造シ以テ無窮
ニ垂レタリ此レ我カ神聖ナル祖宗ノ威徳
ト並ニ臣民ノ忠実勇武ニシテ国ヲ愛シ公
ニ殉ヒ以テ此ノ光輝アル国史ノ成跡ヲ貽
シタルナリ朕我カ臣民ハ即チ祖宗ノ忠良
ナル臣民ノ子孫ナルヲ回想シ其ノ朕カ意
ヲ奉体シ朕カ事ヲ奨順シ相与ニ和衷協同
シ益々我カ帝国ノ光栄ヲ中外ニ宣揚シ祖
宗ノ遺業ヲ永久ニ鞏固ナラシムルノ希望
ヲ同クシ此ノ負担ヲ分ツニ堪フルコトヲ
疑ハサルナリ

朕祖宗ノ遺烈ヲ承ケ万世一系ノ帝位ヲ践
ミ朕カ親愛スル所ノ臣民ハ即チ朕カ祖宗
ノ恵撫慈養シタマヒシ所ノ臣民ナルヲ念
ヒ其ノ康福ヲ増進シ其ノ懿徳良能ヲ発達
セシメムコトヲ願ヒ又其ノ翼賛ニ依リ与
ニ倶ニ国家ノ進運ヲ扶持セムコトヲ望ミ
乃チ明治十四年十月十二日ノ詔命ヲ履践
シ茲ニ大憲ヲ制定シ朕カ率由スル所ヲ示
シ朕カ後嗣及臣民及臣民ノ子孫タル者ヲ
シテ永遠ニ循行スル所ヲ知ラシム
国家統治ノ大権ハ朕カ之ヲ祖宗ニ承ケテ
之ヲ子孫ニ伝フル所ナリ朕及朕カ子孫ハ
将来此ノ憲法ノ条章ニ循ヒ之ヲ行フコト
ヲ愆ラサルヘシ
朕ハ我カ臣民ノ権利及財産ノ安全ヲ貴重
シ及之ヲ保護シ此ノ憲法及法律ノ範囲内
ニ於テ其ノ享有ヲ完全ナラシムヘキコト

ヲ宣言ス帝国議会ハ明治二十三年ヲ以テ
之ヲ召集シ議会開会ノ時ヲ以テ此ノ憲法
ヲシテ有効ナラシムルノ期トスヘシ
将来若此ノ憲法ノ或ル条章ヲ改定スルノ
必要ナル時宜ヲ見ルニ至ラハ朕及朕カ継
統ノ子孫ハ発議ノ権ヲ執リ之ヲ議会ニ付
シ議会ハ此ノ憲法ニ定メタル要件ニ依リ
之ヲ議決スルノ外朕カ子孫及臣民ハ敢テ
之カ紛更ヲ試ミルコトヲ得サルヘシ
朕カ在廷ノ大臣ハ朕カ為ニ此ノ憲法ヲ施
行スルノ責ニ任スヘク朕カ現在及将来ノ
臣民ハ此ノ憲法ニ対シ永遠ニ従順ノ義務
ヲ負フヘシ

御 名 御 璽
明治二十二年二月十一日

内閣総理大臣 伯爵 黒田清隆
枢 密 院 議 長 伯爵 伊藤博文
外 務 大 臣 伯爵 大隈重信
海 軍 大 臣 伯爵 西郷従道
農商務大臣 伯爵 井上 馨
司 法 大 臣 伯爵 山田顕義
大 蔵 大 臣
　　　　　　　　伯爵 松方正義
兼 内 務 大 臣
陸 軍 大 臣 伯爵 大山 巌
文 部 大 臣 子爵 森 有礼
逓 信 大 臣 子爵 榎本武揚

大日本帝国憲法

第1章　天　皇

第 1 条　大日本帝国ハ万世一系ノ天皇之
ヲ統治ス

第 2 条　皇位ハ皇室典範ノ定ムル所ニ依
リ皇男子孫之ヲ継承ス

第 3 条　天皇ハ神聖ニシテ侵スヘカラス

第 4 条　天皇ハ国ノ元首ニシテ統治権ヲ
総攬シ此ノ憲法ノ条規ニ依リ之ヲ行フ

第 5 条　天皇ハ帝国議会ノ協賛ヲ以テ立
法権ヲ行フ

第 6 条　天皇ハ法律ヲ裁可シ其ノ公布及
執行ヲ命ス

第 7 条　天皇ハ帝国議会ヲ召集シ其ノ開
会閉会停会及衆議院ノ解散ヲ命ス

第 8 条　天皇ハ公共ノ安全ヲ保持シ又ハ

其ノ災厄ヲ避クル為緊急ノ必要ニ由リ帝国議会閉会ノ場合ニ於テ法律ニ代ルヘキ勅令ヲ発ス

② 此ノ勅令ハ次ノ会期ニ於テ帝国議会ニ提出スヘシ若議会ニ於テ承諾セサルトキハ政府ハ将来ニ向テ其ノ効力ヲ失フコトヲ公布スヘシ

第9条 天皇ハ法律ヲ執行スル為ニ又ハ公共ノ安寧秩序ヲ保持シ及臣民ノ幸福ヲ増進スル為ニ必要ナル命令ヲ発シ又ハ発セシム但シ命令ヲ以テ法律ヲ変更スルコトヲ得ス

第10条 天皇ハ行政各部ノ官制及文武官ノ俸給ヲ定メ及文武官ヲ任免ス但シ此ノ憲法又ハ他ノ法律ニ特例ヲ掲ケタルモノハ各々其ノ条項ニ依ル

第11条 天皇ハ陸海軍ヲ統帥ス

第12条 天皇ハ陸海軍ノ編制及常備兵額ヲ定ム

第13条 天皇ハ戦ヲ宣シ和ヲ講シ及諸般ノ条約ヲ締結ス

第14条 天皇ハ戒厳ヲ宣告ス

② 戒厳ノ要件及効力ハ法律ヲ以テ之ヲ定ム

第15条 天皇ハ爵位勲章及其ノ他ノ栄典ヲ授与ス

第16条 天皇ハ大赦特赦減刑及復権ヲ命ス

第17条 摂政ヲ置クハ皇室典範ノ定ムル所ニ依ル

② 摂政ハ天皇ノ名ニ於テ大権ヲ行フ

第2章　臣民権利義務

第18条 日本臣民タルノ要件ハ法律ノ定ムル所ニ依ル

第19条 日本臣民ハ法律命令ノ定ムル所ノ資格ニ応シ均ク文武官ニ任セラレ及其ノ他ノ公務ニ就クコトヲ得

第20条 日本臣民ハ法律ノ定ムル所ニ従ヒ兵役ノ義務ヲ有ス

第21条 日本臣民ハ法律ノ定ムル所ニ従ヒ納税ノ義務ヲ有ス

第22条 日本臣民ハ法律ノ範囲内ニ於テ居住及移転ノ自由ヲ有ス

第23条 日本臣民ハ法律ニ依ルニ非スシテ逮捕監禁審問処罰ヲ受クルコトナシ

第24条 日本臣民ハ法律ニ定メタル裁判官ノ裁判ヲ受クルノ権ヲ奪ハル、コトナシ

第25条 日本臣民ハ法律ニ定メタル場合ヲ除ク外其ノ許諾ナクシテ住所ニ侵入セラレ及捜索セラル、コトナシ

第26条 日本臣民ハ法律ニ定メタル場合ヲ除ク外信書ノ秘密ヲ侵サル、コトナシ

第27条 日本臣民ハ其ノ所有権ヲ侵サル、コトナシ

② 公益ノ為必要ナル処分ハ法律ノ定ムル所ニ依ル

第28条 日本臣民ハ安寧秩序ヲ妨ケス及臣民タルノ義務ニ背カサル限ニ於テ信教ノ自由ヲ有ス

第29条 日本臣民ハ法律ノ範囲内ニ於テ言論著作印行集会及結社ノ自由ヲ有ス

第30条 日本臣民ハ相当ノ敬礼ヲ守リ別ニ定ムル所ノ規程ニ従ヒ請願ヲ為スコトヲ得

第31条 本章ニ掲ケタル条規ハ戦時又ハ国家事変ノ場合ニ於テ天皇大権ノ施行ヲ妨クルコトナシ

第32条 本章ニ掲ケタル条規ハ陸海軍ノ法令又ハ紀律ニ牴触セサルモノニ限リ軍人ニ準行ス

第3章　帝国議会

第33条 帝国議会ハ貴族院衆議院ノ両院ヲ以テ成立ス

第34条 貴族院ハ貴族院令ノ定ムル所ニ依リ皇族華族及勅任セラレタル議員ヲ以テ組織ス

第35条 衆議院ハ選挙法ノ定ムル所ニ依リ公選セラレタル議員ヲ以テ組織ス

第36条 何人モ同時ニ両議院ノ議員タルコトヲ得ス

第37条 凡テ法律ハ帝国議会ノ協賛ヲ経ルヲ要ス

第38条 両議院ハ政府ノ提出スル法律案ヲ議決シ及各々法律案ヲ提出スルコトヲ得

第39条 両議院ノ一ニ於テ否決シタル法

律案ハ同会期中ニ於テ再ヒ提出スルコ
トヲ得ス

第 40 条 両議院ハ法律又ハ其ノ他ノ事件
ニ付各々其ノ意見ヲ政府ニ建議スルコ
トヲ得但シ其ノ採納ヲ得サルモノハ同
会期中ニ於テ再ヒ建議スルコトヲ得ス

第 41 条 帝国議会ハ毎年之ヲ召集ス

第 42 条 帝国議会ハ三箇月ヲ以テ会期ト
ス必要アル場合ニ於テハ勅命ヲ以テ之
ヲ延長スルコトアルヘシ

第 43 条 臨時緊急ノ必要アル場合ニ於テ
常会ノ外臨時会ヲ召集スヘシ

② 臨時会ノ会期ヲ定ムルハ勅命ニ依ル

第 44 条 帝国議会ノ開会閉会会期ノ延長
及停会ハ両院同時ニ之ヲ行フヘシ

② 衆議院解散ヲ命セラレタルトキハ貴
族院ハ同時ニ停会セラルヘシ

第 45 条 衆議院解散ヲ命セラレタルトキ
ハ勅命ヲ以テ新ニ議員ヲ選挙セシメ解
散ノ日ヨリ五箇月以内ニ之ヲ召集スヘ
シ

第 46 条 両議院ハ各々其ノ総議員三分ノ
一以上出席スルニ非サレハ議事ヲ開キ
議決ヲ為スコトヲ得ス

第 47 条 両議院ノ議事ハ過半数ヲ以テ決
ス可否同数ナルトキハ議長ノ決スル所
ニ依ル

第 48 条 両議院ノ会議ハ公開ス但シ政府
ノ要求又ハ其ノ院ノ決議ニ依リ秘密会
ト為スコトヲ得

第 49 条 両議院ハ各々天皇ニ上奏スルコ
トヲ得

第 50 条 両議院ハ臣民ヨリ呈出スル請願
書ヲ受クルコトヲ得

第 51 条 両議院ハ此ノ憲法及議院法ニ掲
クルモノ、外内部ノ整理ニ必要ナル諸
規則ヲ定ムルコトヲ得

第 52 条 両議院ノ議員ハ議院ニ於テ発言
シタル意見及表決ニ付院外ニ於テ責ヲ
負フコトナシ但シ議員自ラ其ノ言論ヲ
演説刊行筆記又ハ其ノ他ノ方法ヲ以テ
公布シタルトキハ一般ノ法律ニ依リ処
分セラルヘシ

第 53 条 両議院ノ議員ハ現行犯罪又ハ内
乱外患ニ関ル罪ヲ除ク外会期中其ノ院

ノ許諾ナクシテ逮捕セラル、コトナシ

第 54 条 国務大臣及政府委員ハ何時タリ
トモ各議院ニ出席シ及発言スルコトヲ
得

第 4 章 国務大臣及枢密顧問

第 55 条 国務各大臣ハ天皇ヲ輔弼シ其ノ
責ニ任ス

② 凡テ法律勅令其ノ他国務ニ関ル詔勅
ハ国務大臣ノ副署ヲ要ス

第 56 条 枢密顧問ハ枢密院官制ノ定ムル
所ニ依リ天皇ノ諮詢ニ応ヘ重要ノ国務
ヲ審議ス

第 5 章 司 法

第 57 条 司法権ハ天皇ノ名ニ於テ法律ニ
依リ裁判所之ヲ行フ

② 裁判所ノ構成ハ法律ヲ以テ之ヲ定ム

第 58 条 裁判官ハ法律ニ定メタル資格ヲ
具フル者ヲ以テ之ニ任ス

② 裁判官ハ刑法ノ宣告又ハ懲戒ノ処分
ニ由ルノ外其ノ職ヲ免セラル、コトナ
シ

③ 懲戒ノ条規ハ法律ヲ以テ之ヲ定ム

第 59 条 裁判ノ対審判決ハ之ヲ公開ス但
シ安寧秩序又ハ風俗ヲ害スルノ虞アル
トキハ法律ニ依リ又ハ裁判所ノ決議ヲ
以テ対審ノ公開ヲ停ムルコトヲ得

第 60 条 特別裁判所ノ管轄ニ属スヘキモ
ノハ別ニ法律ヲ以テ之ヲ定ム

第 61 条 行政官庁ノ違法処分ニ由リ権利
ヲ傷害セラレタリトスルノ訴訟ニシテ
別ニ法律ヲ以テ定メタル行政裁判所ノ
裁判ニ属スヘキモノハ司法裁判所ニ於
テ受理スルノ限ニ在ラス

第 6 章 会 計

第 62 条 新ニ租税ヲ課シ及税率ヲ変更ス
ルハ法律ヲ以テ之ヲ定ムヘシ

② 但シ報償ニ属スル行政上ノ手数料及
其ノ他ノ収納金ハ前項ノ限ニ在ラス

③ 国債ヲ起シ及予算ニ定メタルモノヲ
除ク外国庫ノ負担トナルヘキ契約ヲ為
スハ帝国議会ノ協賛ヲ経ヘシ

第 63 条 現行ノ租税ハ更ニ法律ヲ以テ之

ヲ改メサル限ハ旧ニ依リ之ヲ徴収ス

第64条 国家ノ歳出歳入ハ毎年予算ヲ以テ帝国議会ノ協賛ヲ経ヘシ

② 予算ノ款項ニ超過シ又ハ予算ノ外ニ生シタル支出アルトキハ後日帝国議会ノ承諾ヲ求ムルヲ要ス

第65条 予算ハ前ニ衆議院ニ提出スヘシ

第66条 皇室経費ハ現在ノ定額ニ依リ毎年国庫ヨリ之ヲ支出シ将来増額ヲ要スル場合ヲ除ク外帝国議会ノ協賛ヲ要セス

第67条 憲法上ノ大権ニ基ツケル既定ノ歳出及法律ノ結果ニ由リ又ハ法律上政府ノ義務ニ属スル歳出ハ政府ノ同意ナクシテ帝国議会之ヲ廃除シ又ハ削減スルコトヲ得ス

第68条 特別ノ須要ニ因リ政府ハ予メ年限ヲ定メ継続費トシテ帝国議会ノ協賛ヲ求ムルコトヲ得

第69条 避クヘカラサル予算ノ不足ヲ補フ為ニ又ハ予算ノ外ニ生シタル必要ノ費用ニ充ツル為ニ予備費ヲ設クヘシ

第70条 公共ノ安全ヲ保持スル為緊急ノ需要アル場合ニ於テ内外ノ情形ニ因リ政府ハ帝国議会ヲ召集スルコト能ハサルトキハ勅令ニ依リ財政上必要ノ処分ヲ為スコトヲ得

② 前項ノ場合ニ於テハ次ノ会期ニ於テ帝国議会ニ提出シ其ノ承諾ヲ求ムルヲ要ス

第71条 帝国議会ニ於テ予算ヲ議定セス又ハ予算成立ニ至ラサルトキハ政府ハ前年度ノ予算ヲ施行スヘシ

第72条 国家ノ歳出歳入ノ決算ハ会計検査院之ヲ検査確定シ政府ハ其ノ検査報告ト倶ニ之ヲ帝国議会ニ提出スヘシ

② 会計検査院ノ組織及職権ハ法律ヲ以テ之ヲ定ム

第7章 補 則

第73条 将来此ノ憲法ノ条項ヲ改正スルノ必要アルトキハ勅命ヲ以テ議案ヲ帝国議会ノ議ニ付スヘシ

② 此ノ場合ニ於テ両議院ハ各々其ノ総員三分ノ二以上出席スルニ非サレハ議事ヲ開クコトヲ得ス出席議員三分ノ二以上多数ヲ得ルニ非サレハ改正ノ議決ヲ為スコトヲ得ス

第74条 皇室典範ノ改正ハ帝国議会ノ議ヲ経ルヲ要セス

② 皇室典範ヲ以テ此ノ憲法ノ条規ヲ変更スルコトヲ得ス

第75条 憲法及皇室典範ハ摂政ヲ置クノ間之ヲ変更スルコトヲ得ス

第76条 法律規則命令又ハ何等ノ名称ヲ用キタルニ拘ラス此ノ憲法ニ矛盾セサル現行ノ法令ハ総テ遵由ノ効力ヲ有ス

② 歳出上政府ノ義務ニ係ル現在ノ契約又ハ命令ハ総テ第六十七条ノ例ニ依ル

◆アメリカ合衆国憲法

〔前文〕

われら合衆国の人民は、より完全な連邦を形成し、正義を樹立し、国内の平穏を保障し、共同の防衛に備え、一般の福祉を増進し、われらとわれらの子孫のうえに自由のもたらす恵沢を確保する目的をもって、アメリカ合衆国のために、この憲法を制定する。

第1条 〔立法府〕

第1節 この憲法によって付与されるすべての立法権は、合衆国連邦議会に帰属する。連邦議会は上院と下院で構成される。

第2節 (1)下院は、各州の人民が2年ごとに選出する議員で組織される。各州の選挙人は、州議会で議員数の多い一院の選挙人に必要な資格を備えていなければならない。

(2)何人も、25歳に達していない者、7年以上合衆国市民でない者、また選挙された時にその選出州の住民でない者は、下院議員となることができない。

(3)〈下院議員および直接税は、この連邦に加入する各州の人口に比例して、各州の間で配分される。各州の人口は、年期契約奉公人を含み課税されないインディアンを除外した自由人の総数に、自由人以外のすべての人数の5分の3を加えたものとする〉。実際の人口の算定は、合衆国連邦議会の最初の集会から3年以内に、そしてそれ以後10年ごとに、議会が法律で定める方法に従って行う。下院議員の定数は、人口3万人に対し1人の割合を超えてはならない。ただし、各州は少なくとも1人の下院議員を持つものとする。上述の算定が行われるまでは、ニューハンプシャー州は3名、マサチューセッツ州は8名、ロード・アイランド州およびプロビデンス定住地は1名、コネチカット州は5名、ニューヨーク州は6名、ニ

ュージャージー州は4名、ペンシルベニア州は8名、デラウェア州は1名、メリーランド州は6名、バージニア州は10名、ノースカロライナ州は5名、サウスカロライナ州は5名、ジョージア州は3名、それぞれ選出する権利を有する。〔〈　〉内は修正第14条第2節で改正〕

(4)いずれの州においても、その選出下院議員に欠員が生じた場合、その州の行政府はそれを補充するため選挙施行の命令を発しなければならない。

(5)下院は、その議長および他の役員を選任し、また弾劾の権限を専有する。

第3節 (1)合衆国上院は、各州が2名ずつ選出する上院議員で組織される。〈その選出は州議会が行い〉、その任期は6年とする。各上院議員は、1票の投票権を有する。〔〈　〉内は修正第17条で改正〕

(2)第1回選挙の結果に基づいて、上院議員が集会した時、直ちにこれをできるだけ均等な3部に分ける。第1部の議員は2年目の終わりに、第2部の議員は4年目の終わりに、第3部の議員は6年目の終わりに、それぞれ議席を失うものとする。これにより、議員の3分の1が2年ごとに改選されるようになる。〈もし、いずれの州においても、州議会の休会中に、辞職その他の理由で欠員を生じた場合には、州の行政府は、州議会253が次の開会時に補充を行うまでの間、臨時の任命をすることができる〉。〔〈　〉内は修正第17条第2節で改正〕

(3)何人も、30歳に達しない者、9年以上合衆国市民でない者、また選挙された時にその選出州の住民でない者は、上院議員となることができない。

(4)合衆国の副大統領は、上院の議長となる。ただし、可否同数の場合を除き、表決には加わらない。

(5)上院は、議長を除く上院の他の役員を選任し、また副大統領が欠席するかあるいは合衆国大統領の職務を行う場合には、臨時議長を選任する。

(6)上院はすべての弾劾を審判する権限を専有する。この目的のために開会され

る場合には、議員は宣誓あるいは確約しなければならない。合衆国大統領が審判される場合には、最高裁判所長官が議長となる。何人といえども、出席議員の3分の2の同意がなければ、有罪の判決を受けることはない。

(7)弾劾事件の判決は、免官、および合衆国政府の下に名誉、信任または報酬を伴う官職に就任、在職する資格を剝奪すること以上に及んではならない。ただし、有罪の判決を受けた者でも、なお法律の規定に従って、起訴、審理、判決、処罰を受けることを免れない。

第4節 (1)上院議員および下院議員の選挙を行う日時、場所および方法は、各州において州議会が定める。しかし、連邦議会はいつでも、法律でその規則を制定あるいは変更することができる。ただし、上院議員の選挙を行う場所に関してはこの限りでない。

(2)連邦議会は、少なくとも毎年1回集会する。その集会は、法律で別の日を定めない限り、〈12月の第1月曜日とする〉。〔〈 〉内は修正第20条第2節で改正〕

第5節 (1)各議院は、その議員の選挙、選挙結果の報告および資格について判定を行う。各議院の議員の過半数をもって、議事を行うに必要な定足数とする。定足数に満たない場合は、その当日に休会し、また各議院の定める方法や制裁をもって、欠席議員の出席を強制することができる。

(2)各議院はそれぞれ、議事規則を定め、院内の秩序を乱した議員を懲罰し、また3分の2の同意によって議員を除名することができる。

(3)各議院はそれぞれ、議事録を作成し、各議院が秘密を要すると判断する事項を除いて、随時これを公表する。各議院の議員の賛否は、いかなる議題であれ、出席議員の5分の1の請求がある時は、これを議事録に記載しなければならない。

(4)連邦議会の会期中、いずれの議院も他の議院の同意がなければ、3日以上休会し、またはその議場を両議院の開会中の場所以外へ移してはならない。

第6節 (1)上院議員および下院議員は、その役務に対し、法律で確定され、合衆国国庫から支出される報酬を受ける議院の議員は、反逆罪、重罪および公安を害する罪以外のあらゆる場合において院に出席中、あるいはこれへの往復途上で、逮捕されない特権を有する。議員はまた、議院内における発言あるいは討議について、議院外で審問されることはない。

(2)上院および下院の議員は、その任期中に新設、または増俸された合衆国の文官職にその選出された任期の間任命されてはならない。また何人といえども、合衆国の官職にある者は、その在職中にいずれの議院の議員にもなることはできない。

第7節 (1)歳入の徴収に関するすべての法案は、まず下院で発議されなければならない。ただし、他の法案におけると同じく、上院はこれに対し修正案を発議するか、または修正を付して同意することができる。

(2)下院および上院を通過したすべての法案は、法律となるに先立ち、合衆国大統領に送付されなければならない。大統領が承認する時はこれに署名し、承認しない時には拒否理由を添えて、これを発議した議院に還付する。その議院は、その拒否理由の全部を議事録に記載し、法案を再審議する。再審議の結果、その議院の3分の2がその法案の通過に同意した場合は、法案は大統領の拒否理由と共に他の議院に送付され、他の議院でも同様に再審議を行う。そして再び3分の2をもって可決された場合には、その法案は法律となる。すべてこれらの場合に、両議院における表決は、賛否の表明によってなされ、法案の賛成投票者および反対投票者の氏名は、各議院の議事録に記載されるものとする。もし法案が大統領に送付されてから10日以内(日曜日を除く)に還付されない時は、その法案は大統領が署名した場合と同様に法律となる。ただし、連邦議会の休会により、法案を還付することができない場合は法律とは

ならない。

(3)上院および下院の同意を必要とする命令、決議あるいは表決（休会決議を除く）はすべて、これを合衆国大統領に送付するものとする。それが効力を生ずるに先立ち、大統領の承認を得なければならない。大統領の承認のない場合には、法案の場合について定められた規則および制限に従って、上院および下院の3分の2により、再び可決されねばならない。

　第8節　(1)連邦議会は次の権限を有する。合衆国の国債を支払い、共同の防衛および一般の福祉に備えるために、租税、関税、付加金、消費税を賦課徴収すること。ただし、すべての関税、付加金、消費税は、合衆国全土で同一でなければならない。

(2)合衆国の信用において金銭を借り入れること。

(3)諸外国との通商、および各州間ならびにインディアン部族との通商を規定すること。

(4)合衆国全土で同一の帰化の規則および破産に関する法律を定めること。

(5)貨幣を鋳造し、その価値および外国貨幣の価値を定め、また度量衡の標準を定めること。

(6)合衆国の証券および通貨の偽造に関する罰則を定めること。

(7)郵便局および郵便道路を建設すること。

(8)著作者および発明者に、一定期間それぞれの著作および発明に対し独占的権利を保障することによって、学術および技芸の進歩を促進すること。

(9)最高裁判所の下に、下級裁判所を組織すること。

(10)公海における海賊行為および他の重罪ならびに国際法に反する犯罪を定義し、処罰すること。

(11)戦争を宣言し、敵国船拿捕免許状を付与し、陸上および海上における捕獲に関する規則を設けること。

(12)陸軍を募集し、維持すること。ただし、この目的で使われる歳出予算は、2

年を超える期間にわたってはならない。

(13)海軍を創設し、維持すること。

(14)陸海軍の統轄および規律に関する規則を定めること。

(15)連邦の法律を施行し、反乱を鎮圧し、また侵略を撃退するための民兵の招集に関する規定を設けること。

(16)民兵の編制、武装および規律に関し、また合衆国の軍務に服する民兵の統轄に関して規定を設けること。ただし、各州は、将校を任命し、また連邦議会の規定に従って、民兵を訓練する権限を留保する。

(17)ある州が譲渡し、連邦議会が受諾することにより、合衆国政府の所在地となる地区（ただし10マイル平方を超えてはならない）に対して、いかなる事項に関しても、独占的な立法権を行使すること。要塞、武器庫、造兵廠、造船所およびその他必要な建造物の建設のために、それが所在する州の議会の同意を得て購入した区域すべてに対し、同様の権限を行使すること。

(18)上記の権限、およびこの憲法によって合衆国政府またはその省庁あるいは公務員に対し与えられた他のすべての権限を行使するために、必要かつ適当なすべての法律を制定すると。

　第9節　(1)現存の諸州のいずれかが、入国を適当と認める人々の移住および輸入に対しては、連邦議会は1808年以前においてこれを禁止することはできない。しかし、そのような輸入にして、1人当たり10ドルを超えない租税または入国税を課すことができる。

(2)人身保護令状の特権は、反乱または侵略に際し公共の安全上必要とされる場合のほか、これを停止してはならない。

(3)私権剥奪法または遡及処罰法はこれを制定してはならない。

(4)人頭税〈その他の直接税〉は、前に規定した国勢調査または算定に基づく割合によらなければ、これを賦課してはならない。〔〈　〉内は修正第16条で改正〕

(5)各州から輸出される物品には、租税

または関税を賦課してはならない。

(6)通商または徴税を規定することによって、1州の港湾を他州の港湾より優遇してはならない。また1州に向かう船舶あるいは1州より出港した船舶を強制して、他州に入港させ、出入港手続きをさせたり、あるいは関税の支払いをさせてはならない。

(7)国庫からの支出は、法律で定める歳出予算に従う以外は一切行われてはならない。すべての公金の収支に関する正式の予算決算書を随時公表しなければならない。

(8)合衆国は貴族の称号を授与してはならない。何人も、合衆国政府の下に報酬または信任を伴う官職にある者は、連邦議会の同意なくして、国王、公侯あるいは外国から、いかなる種類の贈与、俸給、官職または称号も受けてはならない。

第10節 (1)各州は条約、同盟あるいは連合を結び、敵国船拿捕免許状を付与し、貨幣を鋳造し、信用証券を発行し、金銀貨幣以外のものを債務弁済の法定手段とし、私権剥奪法、遡及処罰法あるいは契約上債務を損うような法律を制定し、または貴族の称号を授与してはならない。

(2)各州は、その検査法施行のために絶対に必要な場合を除き、連邦議会の同意なしに、輸入または輸出に対し、付加金または関税を課することはできない。各州によって輸出入に課された関税または付加金の純収入は、合衆国国庫の用途に充てられる。この種の法律は、すべて連邦議会の修正および管轄に服する。

(3)各州は、連邦議会の同意なしに、トン税を賦課し、平時において軍隊または軍艦を備え、他州あるいは外国と協約あるいは協定を結び、または現実に侵略を受けた場合、あるいは猶予しがたい急迫の危険がある場合でない限り、戦争行為をしてはならない。

第2条 〔行政府〕
第1節 (1)行政権は、アメリカ合衆国大統領に帰属する。大統領の任期は4年

とし、同一任期で選任される副大統領と共に、左記の方法で選挙される。

(2)各州はその州議会の定める方法により、その州から邦議会に選出できる上院および下院の議員の総数と等しい数の選挙人を任命する。ただし、両院の議員、または合衆国政府の下で信任あるいは報酬を受ける官職にある者は、選挙人に任命されてはならない。

(3)〈選挙人はそれぞれの州で会合し、秘密投票によって2名を選挙する。その中の少なくとも1名は、選挙人と同一州の住民であってはならない。選挙人は得票者およびそれぞれの得票数の表を作成し、これに署名し証明をした上で封印をし、上院議長に宛て、合衆国政府の所在地に送付する。上院議長は、上院議員および下院議員の出席の下に、すべての証明書を開封し、次いで投票が計算される。最多得票数が選挙人総数の過半数である場合には、その最多得票者が大統領となる。過半数を得た者が1名を超え、その得票数が同じ場合には、下院は直ちに秘密投票により、その中の1名を大統領に選任する。また、もし過半数を得た者のない場合は、前述の表の中で最多得票者五名の内から、同じ方法により下院が大統領を選任する。ただし、この方法で大統領を選挙する場合、各州の下院議員団はそれぞれ1票を有するものとし、投票は州を単位として行う。この目的のための定足数は、全州の3分の2から1名またはそれ以上の議員が出席することによって成立し、また選任のためには全州の過半数が必要である。いずれの場合においても、大統領に選任された者に次いで最多得票をした者が副大統領となる。しかし、もしその場合、同数の得票者が2名以上あれば、上院がその中から秘密投票によって副大統領を選任する〉。〔本項は修正第12条で改正〕

(4)連邦議会は、選挙人を選任する時期および彼らが投票を行う日を定めることができる。この日は合衆国全土を通じて同じ日でなければならない。

(5)何人も、出生による合衆国市民ある
いはこの憲法確定時に合衆国市民でなけ
れば、大統領となることはできない。35
歳に達しない者、また14年以上合衆国の
住民でない者は、大統領となることはで
きない。

(6)大統領が免職、死亡、辞任し、また
はその権限および義務を遂行する能力を
失った場合は、その職務権限は副大統領
に帰属する。連邦議会は、大統領および
副大統領が共に、免職、死亡、辞任ある
いは能力喪失の場合について法律で規定
し、その場合に大統領の職務を行うべき
公務員を定めることができる。この公務
員は、これにより、右のような能力喪失
の状態が除去されるか、あるいは大統領
が選任されるまで、その職務を行う。

(7)大統領はその役務に対して定時に報
酬を受け、その額はその任期中増減され
ることはない。大統領はその任期中、合
衆国または各州から他のいかなる報酬も
受けてはならない。

(8)大統領はその職務の遂行を開始する
前に、次のような宣誓あるいは確約をし
なければならない。「私は合衆国大統領の
職務を忠実に遂行し、全力を尽して合衆
国憲法を維持、保護、擁護することを厳
粛に誓う（あるいは確約する）」。

第2節 (1)大統領は、合衆国の陸海軍
および合衆国の軍務に実際に就くため召
集された各州の民兵の最高司令官である。
大統領は行政各部の長官から、それぞれ
の部の職務に関するいかなる事項につい
ても、文書による意見を求めることがで
きる。大統領はまた合衆国に対する犯罪
につき、弾劾の場合を除いて、刑の執行
延期および恩赦を行う権限を有する。

(2)大統領は、上院の助言と同意を得て、
条約を締結する権限を有する。ただしこ
の場合には、上院の出席議員の3分の2
の賛同が必要である。大統領はまた、大
使その他の外交使節ならびに領事、最高
裁判所判事、および本憲法にその任命に
関する特別の規定がなく、また法律によ
って設置される他のすべての合衆国公務

員を指名し、上院の助言と同意を得て、
これを任命する。ただし連邦議会は、そ
の適当と認める下級公務員任命権を法律
によって、大統領のみに、または司法裁
判所あるいは各省の長官に与えることが
できる。

(3)大統領は、上院の閉会中に生じたす
べての欠員を、任命により補充する権限
を有する。ただし、その任命は次の会期
の終わりに効力を失う。

第3節 大統領は連邦議会に対し、随
時連邦の状況に関する情報を提供し、ま
た自ら必要かつ適切と考える施策につい
て議会に審議を勧告する。大統領は非常
の場合には、両議院またはその一院を招
集することができる。また閉会の時期に
関して両議院の間に意見の一致を欠く場
合には、自ら適当と考える時期まで休会
させることができる。大統領は大使その
他の外交使節を接受する。大統領は法律
が忠実に施行されるよう配慮し、また合
衆国のすべての公務員を任命する。

第4節 大統領、副大統領および合衆
国のすべての文官は、反逆罪、収賄罪ま
たはその他の重罪および軽罪につき弾劾
され、かつ有罪の判決を受けた場合は、
その職を免ぜられる。

第3条 〔司法府〕

第1節 合衆国の司法権は、1つの最
高裁判所および連邦議会が随時制定、設
置する下級裁判所に帰属する。最高裁判
所および下級裁判所の判事は、善行を保
持する限り、その職を保ち、またその役
務に対し定時に報酬を受ける。その額は
在職中減ぜられることはない。

第2節 (1)司法権は次の諸事件に及ぶ。
すなわち、本憲法、合衆国の法律および
合衆国の権限により締結され、または将
来締結される条約の下に発生するすべて
の普通法および衡平法上の事件、大使そ
の他の外交使節および領事に関するすべ
ての事件、海事裁判および海上管轄に関
するすべての事件、合衆国が当事者の一
方である争訟、2つまたはそれ以上の州

の間の争訟、〈1州と他州の市民との間の争訟〉、異なる州の市民の間の争訟、異なる諸州の付与に基づく土地の権利を主張する1州の市民間の争訟、ならびに1州またはその市民と他の国家〈または外国市民あるいは臣民〉の間の争訟。〔〈 〉内は修正第11条で改正〕

(2)大使その他の外交使節および領事に関する事件、ならびに州が当事者たるすべての事件については、最高裁判所は第1審管轄権を有する。前項に述べたその他すべての事件については、最高裁判所は、連邦議会の定める例外の場合を除き、またその定める規定に従い、法律および事実に関し、上訴管轄権を有する。

(3)弾劾の場合を除き、すべての犯罪の裁判は陪審によって行われるものとする。裁判はその犯罪が行われた州で行われる。ただし、犯罪地がいずれの州にも属さない場合は、裁判は連邦議会が法律で指定する場所で行われる。

第3節 (1)合衆国に対する反逆罪は、合衆国に対して戦争を始め、または敵に援助および便宜を与えてこれに加担する行為のみに限られる。何人も、同一の明白な行為に対する2人の証人の証言があるか、または公開の法廷における自白に基づく場合を除いては、反逆罪として有罪の宣告を受けることがない。

(2)連邦議会は反逆罪の刑罰を宣告する権限を有する。しかし、反逆罪の判決に基づく私権剥奪によって、その処罰を受けた者の生存中を除くほか、血統汚損または財産没収が生じてはならない。

第4条 〔州間の関係および州と連邦との関係〕

第1節 各州は、他州の法令、記録および司法上の手続きに対して十分な信頼および信用を与えなくてはならない。連邦議会は、これらの法令、記録および手続きを証明する方法とその効力につき、一般の法律で規定することができる。

第2節 (1)各州の市民は、諸州において市民が持つすべての特権および免除を等しく享受する権利を有する。

(2)1州において反逆罪、重罪あるいはその他の犯罪について告発された者は、裁判を逃れて他州内で発見された時には、その逃れ出た州の行政当局の要求に応じて、その犯罪の裁判管轄権を有する州に移すために引き渡されなくてはならない。

(3)〈何人も、1州においてその法律の下に服役または労働に従う義務ある者は、他州に逃亡することによって、その州の法律または規則により、右の服役または労働から解放されることはなく、右の服役または労働に対し権利を有する当事者の請求に応じて引き渡されねばならない〉。〔本項は修正第13条で無効となった〕

第3節 (1)新しい州は、連邦議会の決定によって、この連邦への加入を許されるものとする。しかし、連邦議会と関係諸州の議会の同意なくして、他の州の管轄内に新しい州を形成または創設し、あるいは2つかそれ以上の州または州の一部が合併して州を形成してはならない。

(2)連邦議会は、合衆国に直属する領土またはその他の財産を処分し、これに関して必要なすべての規則および規定を定める権限を有する。この憲法のいかなる規定も、合衆国または（アメリカ合衆国憲法）特定の1州の有する権利を損うように解釈されてはならない。

第4節 合衆国は、この連邦内の各州に共和政体を保障し、また侵略に対し各州を防護し、また州内の暴動に対し、州議会あるいは（州議会の招集が可能でない時は）州行政府の請求に応じて、各州に保護を与えなければならない。

第5条 〔憲法改正手続き〕

連邦議会は、両議院の3分の2が必要と認める時は、この憲法に対する修正を発議し、または全州の3分の2の議会の請求がある時は、修正発議のための憲法会議を招集しなくてはならない。いずれの場合でも修正は、全州の4分の3の議会によって承認されるか、または4分の

アメリカ合衆国憲法　　*215*

3の州における憲法会議によって承認される時は、あらゆる意味において、この憲法の一部として効力を有する。いずれの承認方法を採るかは、連邦議会が提案することができる。ただし、1808年以前に行われる修正によって、第1条第9節第1項および第4項の規定に変更を及ぼすことはできない。また、いずれの州もその同意なくして、上院における平等の投票権を奪われることはない。

第6条　〔連邦優位の規定〕

(1)この憲法の確定以前に契約されたすべての債務および締結されたすべての約定は、連合規約の下におけると同じく、この憲法の下においても合衆国に対して有効である。

(2)この憲法、これに準拠して制定される合衆国の法律、および合衆国の権限をもってすでに締結され、また将来締結されるすべての条約は、国の最高の法規である。これによって各州の裁判官は、各州憲法または州法の中に反対の規定がある場合でも、これに拘束される。

(3)前述の上院議員および下院議員、各州議会の議員、ならびに合衆国および各州のすべての行政官および司法官は、宣誓または確約により、この憲法を擁護する義務を負う。しかし、合衆国のいかなる官職または信任による公職についても、その資格として宗教上の審査を課せられることはない。

第7条　〔憲法の承認〕

9つの州の憲法会議による承認がある時は、本憲法を承認した諸州の間において同憲法が確定発効するに十分であるとする。

アメリカ合衆国独立12年目にあたる、紀元1787年の9月17日に、列席諸州は、憲法会議において、全会一致でこの憲法を定めた。その証明として、われらはここに署名する。

ジョージ・ワシントン
議長にしてバージニア州代表

ニューハンプシャー州
ジョン・ラングドン
ニコラス・ギルマン
マサチューセッツ州
ナサニエル・ゴーラム
ルーファス・キング
コネチカット州
ウィリアム・サミュエル・ジョンソン
ロジャー・シャーマン
ニューヨーク州
アレグザンダー・ハミルトン
ニュージャージー州
ウィリアム・リビングストン
デイビッド・ブリアリー
ウィリアム・パターソン
ジョナサン・デイトン
ペンシルベニア州
ベンジャミン・フランクリン
トマス・ミフリン
ロバート・モリス
ジョージ・クライマー
トマス・フィッツシモンズ
ジャレッド・インガソル
ジェームズ・ウィルソン
グーブナー・モリス
デラウェア州
ジョージ・リード
ガニング・ベッドフォード2世
ジョン・ディッキンソン
リチャード・バセット
ジェコブ・ブルーム
メリーランド州
ジェームズ・マクヘンリー
ダン・オブ・セント・トマス・ジェニファー
ダニエル・キャロル
バージニア州
ジョン・ブレア
ジェームズ・マディソン2世
ノースカロライナ州
ウィリアム・ブラウント
リチャード・ドッブズ・スペイト
ヒュー・ウィリアソン
サウスカロライナ州
ジョン・ラトレッジチャールズ・コーツ
ワース・ピンクニー

チャールズ・ピンクニー
ピアース・バトラー
ジョージア州
ウイリアム・フュー
エイブラハム・ボードウィン
　書記ウィリアム・ジャクソン、認証する。

合衆国憲法修正箇条

　(アメリカ合衆国憲法第 5 条に準拠して、連邦議会が発議し、各州の議会が承認した同憲法の追加条項ならびに修正条項)

修正第 1 条　連邦議会は、国教を樹立し、あるいは信教上の自由な行為を禁止する法律、または言論あるいは出版の自由を制限し、または人民が平穏に集会し、また苦痛の救済を求めるため政府に請願する権利を侵す法律を制定してはならない。

修正第 2 条　規律ある民兵は、自由な国家の安全にとって必要であるから、人民が武器を保有しまた携帯する権利は、これを侵してはならない。

修正第 3 条　平時においては、所有者の承諾なしには、何人の住居にも兵士を宿営させてはならない。戦時においても、法律に定める方法によるのでなければ、宿営させてはならない。

修正第 4 条　不合理な捜索および逮捕押収に対し、身体、住居、書類および所有物の安全を保障される人民の権利は、これを侵害してはならない。令状はすべて、宣誓あるいは確約によって支持される相当な根拠に基づいていない限り、また捜索する場所および逮捕押収する人または物が明示されていない限り、これを発してはならない。

修正第 5 条　何人も、大陪審の告発または起訴によるのでなければ、死刑または自由刑を科せられる犯罪の責を負わされることはない。ただし、陸海軍または戦時あるいは公共の危険に際し、現役の民兵の間に起こった事件については、この限りでない。何人も同一の犯罪について、再度生命身体の危険に臨まされることはない。また何人も刑事事件において、自己に不利な供述を強制されない。また正当な法の手続きによらないで、生命、自由または財産を奪われることはない。また正当な賠償なしに、私有財産を公共の用途のために徴収されることはない。

修正第 6 条　すべての刑事上の訴追において、被告人は、犯罪が行われた州および、あらかじめ法律で定められる地区の公平な陪審によって行われる、迅速な公開裁判を受け、また公訴実の性質と原因とについて告知を受ける権利を有する。被告人はまた、自己に不利な証人との対審を求め、自己に有利な証人を得るために強制的な手続きを取り、また自己の弁護のために弁護人の援助を受ける権利を有する。

修正第 7 条　普通法上の訴訟において、係争の価額が 20 ドルを超える時は、陪審による審理の権利を認められるべきものとする。陪審により審理された事実は、普通法の規則によるほか、合衆国のいずれの裁判所においても再審されることはない。

修正第 8 条　過大な額の保釈金を要求し、または過重な罰金を科してはならない。また残酷で異常な刑罰を科してはならない。

修正第 9 条　本憲法中に特定の権利を列挙した事実をもって、人民の保有する他の諸権利を否定あるいは軽視するものと解釈してはならない。

修正第 10 条　本憲法によって合衆国に委任されず、また州に対して禁止されなかった権限は、それぞれの州または人民に留保される。

修正第 11 条　〔1795 年確定〕合衆国の司法権は、その 1 州に対し、他州の市民、または外国の市民あるいは臣民によって提起あるいは訴追された普通法あるいは衡平法上のいかなる訴訟にも及ぶものと解釈してはならない。

修正第 12 条　〔1804 年確定〕選挙人は各々その州に会合し、秘密投票によって、大統領および副大統領を決定する。この 2 人の内、少なくとも 1 人は、選挙人と

同じ州の住民であってはならない。選挙
人は、その投票において大統領として投
票する者を指名し、別の投票において副
大統領として投票する者を指名する。ま
た選挙人は、大統領として投票されたす
べての者あるいは副大統領として投票さ
れたすべての者の表ならびに各人の得票
数の表を作成し、これらの表に署名し証
明した上、封印をして上院議長に宛て、
合衆国政府の所在地に送付しなければな
らない。上院議長は、上下両院議員出席
の下に、すべての証書を開封し、次いで
投票が計算される。大統領として最多得
票を獲得した者を大統領とする。ただし、
その数は任命された選挙人総数の過半数
でなければならない。もし何人も右の過
半数を得なかった時は、大統領として投
票された者の内、3名を超えない最高得
票者の中から、下院が直ちに秘密投票に
より大統領を選任しなければならない。
大統領の選任に際して、各州の下院議員
団は1票を有するものとし、投票は州を
単位として行う。この目的のための定足
数は、全州の3分の2の州から1名また
はそれ以上の議員が出席することによっ
て成立し、また選任のためには全州の過
半数が必要である。もし右の選任権が下
院に委譲された場合に、下院が〈次の3
月4日まで〉大統領を選任しない時は、
大統領の死亡またはその他の憲法上の不
能力を生じた場合と同様に、副大統領が
大統領の職務を遂行する。副大統領とし
て最多得票をした者を、副大統領とする。
ただし、その数は任命された選挙人総数
の過半数でなければならない。もし何人
も上の過半数を得なかった時は、上の表
の内、2名の最高得票者の中から、上院
が副大統領を選任しなければならない。
この目的のための定足数は、上院議員の
総数の3分の2とし、また選任のために
は総数の過半数が必要である。しかし何
人といえども、憲法上大統領職に就く資
格のない者は、合衆国副大統領の職に就
くことができない。〔〈　〉内は修正第20
条で改正〕

修正第13条 〔1865年確定〕

第1節　奴隷および本人の意に反する
労役は、当事者が犯罪に対する刑罰とし
て正当に有罪の宣告を受けた場合以外は、
合衆国内またはその管轄に属するいかな
る地域内にも存在してはならない。

第2節　連邦議会は、適当な法律の制
定によって、本条の規定を施行する権限
を有する。

修正第14条 〔1868年確定〕

第1節　合衆国において出生し、また
はこれに帰化し、その管轄権に服するす
べての者は、合衆国およびその居住する
州の市民である。いかなる州も合衆国市
民の特権または免除を制限する法律を制
定あるいは施行してはならない。またい
かなる州も、正当な法の手続きによらな
いで、何人からも生命、自由たは財産を
奪ってはならない。またその管轄内にあ
る何人に対しても法律の平等な保護を拒
んではならない。

第2節　下院議員は、各州の人口に応
じて、各州の間に配分される。各州の人
口は、納税義務のないインディアンを除
いた総人口とする。しかし、もし合衆国
大統領および副大統領の選挙人の選任、
連邦下院議員、各州の行政官および司法
官、またはその州議会の議員の選挙に際
して、いずれかの州が自州の住民である
男子の内、21歳に達しかつ合衆国市民で
ある者に対して、反乱の参与またはその
他の犯罪以外の理由で、投票の権利を拒
み、または何らかの形で制限する場合に
は、その州より選出される下院議員の数
は、これらの男子市民の数がその州にお
ける21歳以上の男子市民の総数に占める
割合に応じて、減少される。

第3節　かつて連邦議会の議員、合衆
国の公務員、州議会の議員、または州の
行政官あるいは司法官として、合衆国憲
法の擁護を宣誓したのちに合衆国に対す
る暴動または反乱に参与し、または合衆
国の敵に援助あるいは便宜を与えた者は、
何人も連邦議会の議員、大統領および副
大統領の選挙人となり、または合衆国あ

るいは各州の下において文武の官職に就くことはできない。しかし、連邦議会はそれぞれの議院の3分の2の表決によってこの欠格を解除することができる。

第4節　暴動または反乱を鎮圧するための軍務に対する恩給および賜金を支払う目的で起債された公債を含め、合衆国の法律で認められた国債の効力は、これを争うことができない。しかし、合衆国に対する暴動あるいは反乱を援助するために生じた負債あるいは債務に対し、または奴隷の喪失あるいは解放を理由とする請求に対しては、合衆国あるいはいかなる州もこれを負担あるいは支弁してはならない。すべてこれらの負債、債務および請求は、違法にして無効である。

第5節　連邦議会は、適当な法律の制定によって、本条の規定を施行する権限を有する。

修正第15条　〔1870年確定〕

第1節　合衆国市民の投票権は、人種、体色または過去における労役の状態を理由として、合衆国または州によって拒否または制限されることはない。

第2節　連邦議会は、適当な法律の規定によって、本条の規定を施行する権限を有する。

修正第16条　〔1913年確定〕

連邦議会は、いかなる源泉から生ずる所得に対しても、各州の間に配分することなく、また国勢調査あるいは人口算定に準拠することなしに、所得税を賦課徴収する権限を有する。

修正第17条　〔1913年確定〕

第1節　合衆国の上院は、各州から2名ずつ6年を任期として、その州の人民によって選挙される上院議員で組織される。各上院議員は、1票の投票権を有する。各州における選挙人は、州議会の議員数の多い一院の選挙人に必要な資格を備えていなければならない。

第2節　上院における州の代表に欠員を生じた場合には、その州の行政府は、これを補充するため選挙施行の命令を発しなければならない。ただし、州議会は、

人民が州議会の定めるところに従って、選挙により上の欠員を補うまでの間、その州の行政府に臨時の任命をする権限を与えることができる。

第3節　この修正は、本憲法の一部として効力を発する以前に選出されたいかなる上院議員の選挙または任期にも、影響を及ぼすものと解釈されてはならない。

修正第18条　〔1919年確定〕

第1節　本条の承認から1年を経たのちは、合衆国およびその管轄権に従属するすべての領土において、飲用の目的で酒精飲料を醸造、販売あるいは運搬し、またはその輸入あるいは輸出を行うことを禁止する。

第2節　連邦議会と各州とは、適当な法律の制定によって、本条を施行する権限を共に有する。

第3節　本条は、連邦議会がこれを各州に提議した日から7年以内に、本憲法の規定に従って各州の議会により、本憲法の修正として承認されない場合は、その効力を生じない。

修正第19条　〔1920年確定〕

第1節　合衆国市民の投票権は、性別を理由として、合衆国またはいかなる州によっても、これを拒否または制限されてはならない。

第2節　連邦議会は、適当な法律の制定によって、本条を施行する権限を有する。

修正第20条　〔1933年確定〕

第1節　大統領および副大統領の任期は、もし本修正箇条が承認されていなかった場合の任期が終了する年の1月20日の正午に終了し、上下両院議員の任期はそれぞれの任期が終わる年の1月3日の正午に終了する。その後任者の任期はその時に開始する。

第2節　連邦議会は少なくとも毎年1回集会する。その集会は、同議会が法律で別の日を定めない限り、1月3日の正午に開始する。

第3節　大統領の任期の開始期と定められた時点で、次期大統領として当選し

た者が死亡している場合には、次期副大統領として当選した者が大統領となる。大統領の任期の開始期と定められた時までに大統領が選出されていない場合、または大統領の当選者がその資格を備えるにいたらない場合には、副大統領の当選者は、大統領がその資格を備えるにいたるまで大統領の職務を行う。連邦議会は、大統領の当選者および副大統領の当選者が共にその資格を備えるにいたらない場合に、何人が大統領の職務を行うか、あるいはいかなる方法でその職務を行う者を選出するかを法律で定めることができる。この場合にはその者は、大統領または副大統領がその資格を備えるにいたるまで大統領の職務を行う。

第4節　連邦議会は、下院が大統領の選出権を持つにいたった時に、同議院が大統領を選定すべき者の中に死亡者の生じた場合、および上院が副大統領の選出権を持つにいたった時に、同議院が副大統領を選定すべき者の中に死亡者の生じた場合について、法律で規定することができる。

第5節　第1節および第2節は本条が承認された後の最初の10月15日に効力を生ずる。

第6節　本条は、その提出日から7年以内に、全州の4分の3の議会によって本憲法の修正として承認されない場合は、その効力を生じない。

修正第21条〔1933年確定〕

第1節　合衆国憲法修正第18条は、ここにこれを廃止する。

第2節　合衆国の州、領土または属領の法律に違反して、それらの地域において引き渡しまたは使用するために、酒精飲料をその地域に輸送または移入することは、ここに禁止する。

第3節　本条は、連邦議会がこれを各州に提出した日から7年以内に、本憲法の規定に従って各州の憲法会議により本憲法の修正として承認されない場合は、その効力を生じない。

修正第22条〔1951年確定〕

第1節　何人も、2回を超えて大統領の職に選出されてはならない。他の者が大統領として選出された場合、その任期内に2年以上にわたって大統領の職にあった者または大統領の職務を行った者は、何人であれ1回を超えて大統領の職に選任されてはならない。ただし、本条の規定は、本条が連邦議会によって発議された時に大統領の職にある者に対しては適用されない。また、本条の規定は、それが効力を生ずる時に任期中の大統領の職にある者またはその大統領の職務を行う者が、その任期の残余期間中大統領の職にあり、または大統領の職務を行うことを妨げるものではない。

第2節　本条は、連邦議会がこれを各州に提出した日から7年以内に、全州の4分の3の議会によって憲法の修正として承認されない場合は、その効力を生じない。

修正第23条〔1961年確定〕

第1節　合衆国政府の所在地を構成する地区は、連邦議会の定める方法により、もし同地区が州であると仮定すれば連邦議会に送ることのできる上院および下院の議員総数と等しい数の選挙人を選任する。ただし、その数は、いかなる場合にも、人口の最も少ない州の選任する選挙人の数を超えてはならない。同地区任命の選挙人は、各州任命の選挙人に加えられ、大統領および副大統領の選挙の目的のためには、各州選任の選挙人とみなされ、同地区に会合して、修正第12条の規定する義務を履行するものとする。

第2節　連邦議会は、適当な法律の制定によって、本条を施行する権限を有する。

修正第24条〔1964年確定〕

第1節　大統領あるいは副大統領、大統領あるいは副大統領の選挙人、または連邦議会の上院議員あるいは下院議員のための、予備選挙その他の選挙に対する合衆国市民の投票権は、合衆国またはいかなる州も、人頭税その他の租税を支払わないことを理由として、これを拒否ま

たは制限してはならない。

第 2 節　連邦議会は、適当な法律の制定によって、本条を施行する権限を有する。

修正第 25 条　〔1967 年確定〕

第 1 節　大統領の免職、死亡、辞職の場合には、副大統領が大統領となる。

第 2 節　副大統領職が欠員の時は、大統領は副大統領を指名し、指名された者は連邦議会両院の過半数の承認を経て、副大統領職に就任する。

第 3 節　大統領が、その職務上の権限と義務の遂行が不可能であるという文書による申し立てを、上院の臨時議長および下院議長に送付する時は、大統領がそれと反対の申し立てを文書により、それらの者に送付するまで、副大統領が大統領代理として大統領職の権限と義務を遂行する。

第 4 節　副大統領および行政各部の長官の過半数または連邦議会が法律で定める他の機関の長の過半数が、上院の臨時議長および下院議長に対し、大統領がその職務上の権限と義務を遂行することができないという文書による申し立てを送付するには、副大統領は直ちに大統領代理として、大統領職の権限と義務を遂行するものとするその後、大統領が上院の臨時議長および下院議長に対し、不能が存在しないという文書による申し立てを送付する時には、大統領はその職務上の権限と義務を再び遂行する。ただし副大

統領および行政各部の長官の過半数、または連邦議会が法律で定める他の機関の長の過半数が、上院の臨時議長および下院議長に対し、大統領がその職務上の権限と義務の遂行ができないという文書による申し立てを 4 日以内に送付する時は、この限りでない。この場合、連邦議会は、開会中でない時には、48 時間以内にその目的のために会議を招集し、問題を決定する。もし、連邦議会が後者の文書による申し立てを受理してから 21 日以内に、または議会が開会中でない時は会議招集の要求があってから 21 日以内に、両議院の 3 分の 2 の投票により、大統領がその職務上の権限と義務を遂行することができないと決定する場合は、副大統領が大統領代理としてその職務を継続する。その反対の場合には、大統領はその職務上の権限と義務を再び行うものとする。

修正第 26 条　〔1971 年確定〕

第 1 節　18 歳またはそれ以上の合衆国市民の投票権は、年齢を理由として、合衆国またはいかなる州もこれを拒否または制限してはならない。

第 2 節　連邦議会は、適当な法律の制定によって、本条を施行する権限を有する。

修正第 27 条　〔1992 年確定〕上院議員および下院議員の役務に対する報酬を変更する法律は、下院議員の選挙が施行されるまで、その効力を生じない。

［在日米国大使館のサイト］
http://206.130.124.231/j/jusaj-constitution.html
在日米国大使館広報・文化交流部

主要参考文献 (順不同)

(1) 川島武宜『科学としての法律学』弘文堂
(2) 田中英夫『実定法学入門』岩波書店
(3) 田中周友『法学概論』有信堂
(4) ラートブルフ著　碧海純一訳『法学入門』東京大学出版会
(5) 高田章『法学要論』泉文堂
(6) 原田清司『法学・憲法』評論社
(7) 善家幸敏『法学概論第二版』成文堂
(8) 斎藤静敬『法学序説』八千代出版
(9) 馬屋原成男『改訂法学・憲法』八千代出版
(10) 末川博・天野和夫『法学通論』大明堂
(11) 土屋生・斎藤静敬『教養法学講義』成文堂
(12) 宮沢俊義『憲法』有斐閣
(13) 清宮四郎『憲法要論』法文社
(14) 伊藤正己『憲法入門』有斐閣
(15) 佐藤功『日本国憲法概説』学陽書房
(16) 中原精一『日本国憲法講義 I・II』成文堂
(17) 桜井昭平『要説日本国憲法』成文堂
(18) 木村亀二『全訂新刑法読本』法文社
(19) 覚正豊和『現代社会における法の基礎』八千代出版
(20) 斎藤静敬『憲法要説』成文堂
(21) 吉田善明『現代憲法の構造』勁草書房
(22) 芦部信喜『憲法判例を読む』岩波書店
(23) 佐藤功『憲法解釈の諸問題』有斐閣
(24) 米沢広一『憲法と教育15講』北樹出版
(25) 中川善之助『民法大要（下巻）』勁草書房
(26) 島津一郎『家族法入門』有斐閣
(27) 有泉享『新版 親族法・相続法 補正版』弘文堂
(28) 兼子一・竹下守夫『裁判法〔新版〕』有斐閣
(29) ジュリスト『憲法判例百選』有斐閣
(30) ジュリスト『刑法判例百選』有斐閣
(31) ジュリスト『民法判例百選』有斐閣
(32) 鈴木・林屋編『教材法学資料』第一法規
(33) 西村・西井・初宿『判例法学』有斐閣

索　引

ア　行

朝日訴訟事件	149
現人神	109
意思拘束説	89
意思説	79
居住、移転、職業選択および国籍離脱の自由	136
一事不再理	147,164
一般裁判権	179
一般法	47
委任命令	31
違法立法審査権	179,182
永久平和主義	105
営利法人	92

カ　行

会期	160
会議公開の原則	164
会期不継続の原則	161
概念法学	59
下級裁判所	56
拡張解釈	62
学問の自由	137
学理解釈	62
家族説	18
家庭裁判所	57,180
簡易裁判所	181
慣行説	39
慣習法	35
感情法学	60
間接民主制	23,156
議院運営委員会	28
議院規則	32
——制定権	166
議員懲罰権	166
議院内閣制	169
議院の権能	166
議員の権能	167
擬制	54
規則	32

規則制定権	179
既得権尊重の原則	75
基本的人権	123
——尊重主義	106
義務	78,89
休会	162
宮廷費	114
教育の義務	91,154
教育を受ける権利	151
強行法	48
供述拒否権	146
行政権	169
強制規範	10
強制執行手続	56
協約憲法	98
共和制	22
臨時会	161
欽定憲法	98
勤労者の団結権	152
勤労の義務	91,154
勤労の権利	151
君主主権	21
君主制	22
形式上憲法	26
継受法	49
刑罰法規不遡及	147
契約説	18
血統主義	20
元首	110
憲法	26
——の改正	187
憲法改正草案要綱	102
憲法尊重擁護	193
憲法優位説	193
権利	78
——の行使	84
——の濫用	86
権利学説	79
行為規範	10
皇位継承	110
公益法人	92

拘禁	140	裁判所	177
公権	81	作為義務	91
皇室の経済	114	参議院	158
皇室用財産	114	——の緊急集会	28,163
公序良俗	36	三権分立主義	107
硬性憲法	27,99	三審制	56,178
交戦権	118	参政権	152
控訴	56	最高法規	191
皇族費	114	自衛権	81,120
交通権	81	私権	82
高等裁判所	56,179	施行規則	31
公法	44	施行令	31
拷問	141	自然人	91
国際条約	192	自然法	51
国際法	50	自然法説	67
国際法規	192	思想および良心の自由	133
国政調査権	166	自治法規	33
国籍	19	執行命令	31
国内法	50	実体法	47
国民	19	実定法	52
国民公権	82	実力説	18,68
国民主権	21,104	支配権	83
国民投票	188	自白強要の禁止	146
国務大臣	172	私法	44
国会	156	司法行政監督権	179
——の権能	165	司法権	175
国会中心主義	105	——独立	176
国家公権	82	社会規範	4
国家構成の3要素	19	社会権	148
国家承認説	39	社会の秩序	5
国家法説	17	社会法	46
国権の最高機関	156	社会法説	17
固有法	49	社団法人	92
		集会・結社の自由	135
サ 行		衆議院	158
		——の解散	162
罪刑法定主義	139	——の再議決	28
最高裁判所	56,178	住居および財産の安全保障	141
最高裁判所規則	32	自由権	132
財産権	82	自由権的基本権	125
——の不可侵	137	周知期間	72
財産説	18	自由法論	60
財団法人	92	縮小解釈	63
裁判官指名権	179	主権	21,104
裁判官弾劾裁判	165	主体説	45
裁判規範	10		

純粋法学	5	地方議会	185
常会	161	地方公共団体	33,184
上告	56	地方裁判所	56,180
召集	161	地方自治	184
承認説	68	地方特別法	29
条約	34,191	直接民主制	23
条約憲法	98	通信の秘密	136
条約優位説	193	定足数	163
条理	43	手続法	47
省令	31	天皇	109
条例	33	——の国事行為	112
——の制定	185	道徳	6
神意説	17,67	特別会	161
人格権	83	特別法	47
信教の自由	133	独立権	81

ナ　行

人権宣言	123		
人身の自由	132		
迅速な裁判を受ける権利	143	内閣総理大臣	171
推定	54	内閣の権能	173
生活関係説	45	内閣の助言と承認	112
請求権	83,153	内閣の責任	174
制限解釈	63	内閣の総辞職	172
生存権	148	内閣府令	31
生地主義	20	内廷費	114
制定法	12,25	軟性憲法	99
成文憲法	98	二院制	158
成文法	25	二重国籍	20
——主義国	26	二重処罰の禁止	147
政令	31	日本国憲法	101
責任説	89	任意法	48
摂政	113	納税の義務	91,155
専制国家	22		

ハ　行

戦争放棄	116		
戦力	119	判決手続	55
属人主義	76	反対解釈	63
属地主義	76	判例法	40
組織規範	10	判例法主義	40
		非制定法	34
		表決数	164

タ　行

		表現の自由	135
大日本帝国憲法	100	平等権	81,128
代表民主制	23	不作為義務	91
高田事件	144	不文憲法	98
単一国家	23	不文法	25,34
単行法	30	プログラム規定	149
治外法権	77		

文理解釈	62	民定憲法	98
平和主義の原理	116	無国籍	19
変更解釈	63	明治憲法	100
法確信説	39	命令	30
法人	92	命令説	68
法段階説	69	勿論解釈	63
法廷承認説	39		
法的安定性	15	**ヤ　行**	
法典	30	唯一の立法機関	157
法と国家	17	有権解釈	61
法の淵源	25	抑留	140
法の解釈	58	世論説	69
法の効力	66		
法の理念	12	**ラ　行**	
法力説	80	利益説	44,80
法律	27	立憲国家	22
——の公布	29	領域	20
法律不遡及の原則	73	領海	20
法律関係	78	領空	20
法律関係説	45	領土	20
法令審査権	182	類推解釈	63
補正解釈	63	令状主義	140
		歴史法説	67
マ　行		連邦国家	23
身分権	83	論理解釈	62
民主主義の原理	105		

〈著者紹介〉

斎藤靜敬（さいとう　よしゆき）

現在　千葉大学名誉教授（法学博士）

〈主著〉

『新版　法学序説』八千代出版（1991年）、『憲法要説』成文堂（1998年）、『新版　死刑再考論（第二版）』成文堂（1999年）、『刑事政策の諸問題』創成社（1999年）、『刑法への招待（総論・各論)』創成社（2007年）　他

覺正豊和（かくしょう　とよかず）

現在　敬愛大学名誉教授（法学博士）

〈主著〉

『刑罰の限界』東京新有堂（1988年）、『現代社会における法の基礎』八千代出版（1993年）、『犯罪学の新展開』東京新有堂（2001年）、『刑法への招待（総論・各論)』創成社（2007年）、『刑事政策論』八千代出版（2017年）　他

法学・憲法要説

2018年5月15日　第1版1刷発行
2022年5月15日　第1版2刷発行

著　者——斎　藤　靜　敬
　　　　　覺　正　豊　和
発行者——森　口　恵美子
印刷所——壮光舎印刷株式会社
製本所——渡邉製本株式会社
発行所——八千代出版株式会社
　　　　〒101-0061　東京都千代田区神田三崎町2-2-13
　　　　TEL　03-3262-0420
　　　　FAX　03-3262-0723
　　　　振替　00190-4-168060
　　　　＊定価はカバーに表示してあります。
　　　　＊落丁・乱丁本はお取り替えいたします。

ISBN 978-4-8429-1722-1　©2018 Y. Saito & T. Kakusho